소준섭의
정명론

초판1쇄 인쇄 2013년 4월 3일
초판1쇄 발행 2013년 4월 9일

지은이 소준섭
펴낸이 김지훈
펴낸곳 도서출판 어젠다
마케팅 최미정
관 리 류현숙

출판등록 2012년 2월 9일 (제406-2012-000007호)
주 소 경기도 파주시 광인사길 217
전 화 (031)955-5897 | **팩스** (031)945-8460
이메일 agendabooks@naver.com

ⓒ 소준섭, 2013
ISBN 978-89-97712-4-5 03300
이 도서의 국립중앙도서관 출판시도서목록(CIP)은 e-CIP홈페이지(http://www.nl.go.kr/ecip)와
국가자료공동목록시스템(http://www.nl.go.kr/kolisnet)에서 이용하실 수 있습니다.(CIP제어번호:CIP2013001535)

이 책은 저작권법에 따라 보호받는 저작물이므로 무단전재와 무단복제를 금지합니다.

소준섭의 정명론

개념을 지배하는 자가 세상을 지배한다

正名論

명실상부 그리고
지행합일

　개념 있는 언어의 사용은 개념 있는 삶의 요체다. 언어는 인간의 삶에 있어 가장 기본이 되는 도구다. 언어는 개념을 담는 그릇으로서 언어생활은 인간의 사고방식을 자세히 규정한다. 그러므로 만약 그 도구에 잘못이 있다면 삶 전체에 걸쳐 커다란 문제가 초래될 수밖에 없다.
　무엇보다도 사회에서 사용되는 '명칭'이란 진실로 명실상부名實相符해야 한다. 내세우는 명칭이름, '간판'이 그 내용을 채우지 못한 채 허구화되거나 심지어는 그 내용과 정반대의 경우도 종종 발견된다. 털끝만큼의 작은 잘못으로 인해 천 리의 착오가 생기기도 한다.
　우리 언어에 끼친 일본 언어의 영향은 너무나 크고, 그 영향력은 오늘날까지 지속된다. 근본 문제일수록 해결이 더욱 어려운 아이러니가 존재한다. 그러나 대중의 관심이 모아지고 치밀한 정책이 추진된다면 시간이 좀 걸리더라도 바꿔낼 수 있다. 이에 대한 우리 사회의 관심은 지극히 적다.

서문

국가정책은 더욱 취약하다.

정확한 언어의 선택, 사용, 이해는 사회 약속 이행의 시작이다.
이 글은 이러한 관점으로부터 출발하고자 한다.

희망

사람들은 우리 사회가 희망이 없다고 말한다. 그러나 어둠이 깊을수록 희망은 바로 그 안에서 자라는 법이다. 희망이란 거창한 사회운동이나 그럴듯한 명분으로 포장된 허명虛名에서 만들어지기보다는 자기가 발 딛고 있는 그 자리에서 성실하게 '명名'과 '실實'을 부합시키는 삶을 묵묵히 실천할 때 솟구친다. 원칙과 기본을 지키고 정도正道를 걷는 데서 비롯된다.

지행합일知行合一—이야말로 인간의 기본 임무가 아닐 수 없다. 자신이 발 딛고 있는 바로 그 자리에서 정도正道를 걸어가는 것, 그것이 한 인간으로서 마땅히 지녀야 할 임무다. 개개인 모두가 그렇게 될 때 비로소 사회 전체가 올바른 길로 나아갈 수 있다고 확신한다.

명실상부와 지행합일이 이뤄진다면, 우리 사회는 진실로 신뢰할 수 있는 공동체로서의 희망을 발견할 수 있을 것이다.

필자는 이 글에서 사회의 기본 약속과 신뢰, 명실상부와 지행합일 그리고 희망이라는 논의를 담고 싶었다.

이 글은 인터넷매체 《프레시안》에 〈소준섭의 정명론〉이라는 제목으로 연재했던 원고다. 그것을 지금의 시제와 논거에 맞춰 몇 년에 걸쳐 수정보완했다. 연재 당시 적지 않은 독자가 관심, 격려, 비판, 질정을 해주셨다. 또 많은 분이 출판되어 한 권의 책으로 다시 읽고 싶다는 의견을 주셨다.

필자는 그런 분의 관심에 부응하기 위해 노력했지만, 이 책에서 다루는 내용은 대단히 정교하고 철저한 고증과 논의가 필요한 문제일 수밖에 없다.

아무쪼록 많은 논의와 질정을 거듭 부탁드린다.

2013년 3월
소준섭

1장

정명正名
개념을 지배하는 자가 세상을 지배한다 ——— 15

'한반도 비(非)핵화'가 아닌 '한반도 무(無)핵화'
무리를 지어 자신의 이익만을 취하는 '정당(政黨)'
오역에서 비롯된 '주의(主義, -ism)'라는 일본 번역어 • 재고해야 할 '친일'이라는 용어
언어의 등급 • 정명(正名)이란 무엇인가?
털끝만큼의 작은 잘못으로 인해 천 리의 착오가 생긴다
'공산주의'와 '공동체주의' • 잘못된 언어로부터 잘못된 개념이 나온다
공정 경쟁을 파괴한 '명품(名品)'이라는 말 • 사랑하는 사람은 과연 누구여야 하는가?-애인(愛人)
국가 주권의 주요 구성 요소이자 사회 연대의 필요조건으로서의 언어
'통일된 중국'의 원동력, 문자(文字) • 프랑스의 언어 정책 • '영원불멸'의 아카데미 프랑세즈

차례   서문 04

2장

우리 언어를 지배하는
일본식 용어
왜곡된 언어 사용은 민족공동체의 정체성 파괴

1 사방을 둘러봐도 모두 일본식 용어뿐 ─────────── 38

    횡단보도와 횡령・회복(回復)과 철회・촌지(寸志)와 요금(料金)・모국어(母國語)
    해외교포(海外僑胞)・분장(分掌)과 수당(手當)・'분골쇄신'과 '분신쇄골'
    '현관(玄關)'과 '비상구(非常口)'・일본의 국책형 신조어 - 긴축(緊縮)과 절약(節約)
    소강(小康)과 연하(年下)・사서(司書)와 자료(資料)・출세, 시합, 돌발・교과서와 반도
    사진과 발명 그리고 진보・'꽃미남 허문학'・'국회 본회의'
    '주식회사'도 바뀌어야 하고, '노동조합'도 바뀌어야
    자동차(自動車)와 공해(公害)・'문화재(文化財)'・입차(入車), 출차(出車), 주차장
    향응과 인기・'가슴이 아픈' 일본어의 '간섭'・훈독(訓讀) 한자어로 된 일제한어(日制漢語)
    '불법(不法)'과 '위법(違法)', 어떤 차이인가?・번역 용어에 대한 중국에서의 논의

2 '현재진행형'인 일본어에의 종속 ─────────── 69

    본좌, 초식남, 간지・문장 표현에서의 일본식 표현・언어생활은 사고를 규정한다

3 '언어판言語版 식민지 근대화론' 극복을 위해 ─────────── 78

    '강박'된 언어・'서거(逝去)' 역시 일본 용어・국어사전부터 바꿔야
    "일제 한자어를 추방하면, 한국인은 한 문장도 쓸 수 없다."
    '언어판(言語版) 식민지 근대화론'을 넘어서
    인식의 매체로서의 언어・몇 가지 학술 번역 용어에 대한 검토

3장
개념 언어를 찾아서

1 '대통령'도 일본식 용어 ——————————— 105
중국 청나라 시기 군 장교 직위인 '통령' · '대통령'이라는 용어에 담긴 일본 정신
일본 신사(神社)를 지키는 신(神)을 국가수반의 호칭으로 사용할 수는 없다

2 국회國會의 '정명正名'을 위해 ——————————— 112
'국가의 대표'가 아닌 '시민의 대표'로서의 국회, '國' 자를 사용해서는 안 된다
'국가(國家)' 용어의 기원 · '국가 신민(國家 臣民)' 개념으로서의 '국가(國家)'와 '국민(國民)'
'국회 행정조직'의 '정명(正名)'을 위해

3 공공 영역에서의 정명론正名論 ——————————— 138
체포와 검거 · 부의(附議)와 번안(飜案) · 변명(辨明)과 제출(提出) 그리고 상정(上程)
'제 · 개정'이라는 표현은 잘못된 표기 방식이다
'수집'의 한자는 '蒐集'인가? '收集'인가? 아니면 '粹集'인가?
관공서 언어의 '특권 영역 표시' · '공인(公人)'과 '사회지도층' · 변호사, 변리사, 판사

4 조선과 숙신 그리고 여진 ——————————— 151
용어의 기원과 유래 · 여진과 말갈 그리고 맥족 · 신라가 만주에 위치했었다?
계림주(鷄林州)의 설치 · 중국 금나라 시조는 고려인 · '적벽대전'은 없었다
삼국지의 세 나라는 위오촉인가? · 관운장의 키가 9척이라니!
'옥석구분'은 무슨 의미인가? · 잘못 사용되는 '독불장군'이라는 말
'지금까지'라는 용어는 잘못된 표현 · '배우'란 무슨 의미일까?
'성곽'은 어떤 뜻인가? · '총명'이란 무슨 의미일까?
경기도의 '경기' 유래 · '공화(共和)'의 유래 · 범수인가, 범저인가?
졸본부여의 '졸본'과 개마고원의 '개마' · 키타이족은 어느 민족일까?
삼국 시대 사람은 같은 언어를 사용했을까? · 고구려, 백제, 신라, 일본, 중국 명칭의 유래
중국에 한족(漢族)은 없다 · '상업(商業)'이라는 용어의 유래
'방정식(方程式)'과 '기하학(幾何學)' 용어의 유래

4장

'공公'과 '법法'에 대해

1 '공公'이란 무엇인가? ─────── 183

'공(公)의 실현'이 전제되어야 할 공무원 신분보장 • 과거(科擧) 제도와 똑같은 고시제도
공무원 선발제도, 다원화되어야 • 고위 공무원 전면 자유경쟁, 외부에서 진입할 수 있어야
잘못 진행되는 '낙하산 인사'의 이데올로기

2 '법法'이란 무엇인가? ─────── 195

법의 기원과 정신 • 헌법(憲法), 형(刑), 죄(罪) • 고대 법률의 기원
법의 도구가 아닌, 법의 본질로서의 언어 • '국회법'의 '정명(正名)'을 위해
법률을 가장 잘 지켜야 할 공무원과 대학에서 벌어지는 '편법'
'겸임'과 '겸직' • 우리 헌법 바로 쓰기

3 대통령이 법률에 서명하면서 서명일자를 쓰지 않는 이유는? ─── 215

오용되는 법률 '공포' 개념 • '기준'과 '원칙'이 있는 사회를 위해
대통령의 법률 서명이 일종의 '가(假)서명' 상태로 된 까닭
최근 개정된 '법령 등 공포에 관한 법률'은 잘못 개정되었다
과연 법률의 확정 시점은 어디인가?
세계 각국의 법률상 '공포' 개념 고찰을 통한 우리나라 '공포' 규정의 개선 방안

5장

맺음말
정확한 언어의 선택과 사용은 사회 약속 이행의 시작 ─── 247

동사, 명사, 명분론, 실용주의, 사람을 '문맹'으로 만드는 잘못된 용어
우리 문장 구조의 특성으로부터 강화된 '명분론'
한자의 유입으로 인해 억제당한 우리 민족의 '실천성'
촌철살인, '말'이 갖는 파괴력과 주도권
'무책임'과 '판단 부재'를 초래하는 주어(主語) 없는 문장 구조
말의 소리, 발음도 중요하다 • 언어는 인간 정신의 가장 좋은 거울이다
지식인으로서의 책무

개념을 지배하는 자가
세상을 지배한다

　언어는 인간을 인간 되게 만드는 가장 근본으로서 인간의 사고를 구체화하는 효율성 있는 표현 수단이다. 그것은 인간 생활 전반에 깊숙이 관련되면서 인간의 본질, 인간생활과 깊은 연관성을 지닌다.
　언어는 개념을 담는 그릇으로서 언어생활은 인간의 사고방식을 자세히 규정한다. 어떠한 용어를 사용하는가에 따라 서로 다른 개념과 이미지가 용어라는 그릇에 담겨져 사용되고 그것은 확대·심화의 과정을 거친다.
　개념이란 특정 언어로 표현되어 특정한 내용을 내포하는 것으로서, 언어를 지배하는 자가 곧 세상을 지배한다. 공자 사상이 수천 년 동안 동양 사회에서 견고하게 군림할 수 있었던 것은 공자가 '개념'을 배타성 있게 확고히 지배했기 때문이다. 일본은 근대 이후 동아시아 한자문화권에서 개념과 언어를 지배했기에 동아시아를 지배할 수 있었다.
　지금도 우리 생활 곳곳에 스며 있는 일본이 만들어낸 개념에 의해, 일본인의 언어에 지배당하는 한, 우리는 앞으로도 일본의 지배를 벗어날 수 없을 것이다.

'한반도 비非핵화'가 아닌 '한반도 무無핵화'

흔히 말하는 '한반도 비핵화非核化'라는 말도 잘못 사용되는 용어다.

'비핵非核'이라는 말을 직역하면 '핵이 아니다.'라는 뜻으로서 결국 '한반도 비핵화'는 '한반도는 핵이 아니다.'라는 의미로밖에 해석할 수 없다. '한반도 비핵화'라는 용어를 사용할 때 그것이 의미하고자 하는 뜻은 '한반도를 핵이 없는 상태로 만들기'다.

따라서 '한반도 비핵화'는 '한반도 무핵화無核化'라고 바꿔 사용해야 정확하다.

무리를 지어 자신의 이익만을 취하는 '정당 政黨'

'party'라는 영어 단어는 '정당'으로 번역된다.

'당黨'이라는 한자어는 예로부터 좋지 않은 의미로 사용되어 왔다. 실제로《논어》에도 "君子, 群而不黨"이라 했다. "군자는 사람과 잘 어울리지만, 무리를 이뤄 사사로이 이익을 취하지 않는다."는 말이다. 주자朱子는《사서집주四書集注》에서 '당黨'에 대해 "相助匿非曰黨", "서로 잘못을 감추는 것을 黨이라 한다."고 해석한다. 또한《설문說文》에는 "黨, 不鮮也"라고 풀이되어 있다. '당黨'이란 "흐릿하여 선명하지 못하다."라는 의미다.

이렇듯 '당黨'이라는 글자는 "공동의 이익을 위해 함께 거짓말로 사람을 속이다."는 의미다. 언젠가 대학교수가 '올해의 성어'로 추천했던 '당동벌이黨同伐異' 역시 "자기와 같은 무리는 편들고, 자기편이 아니면 공격한다."는 좋지 못한 뜻으로 쓰인다. "불편부당不偏不黨해야 한다."는 명제에서도 '당黨'이라는 단어의 이미지는 '악惡'의 범주를 뛰어넘지 못한다. '당쟁黨爭', '붕당朋黨', '작당作黨하다'의 '작당' 역시 마찬가지다.

당黨을 아무리 잘 만들고 활동을 잘 해본들 모두 '작당', '당리당략'이라는 좋지 않은 부정 이미지의 틀을 결코 넘어설 수 없다.

우리나라 '정당'이 이렇듯 좋지 못한 의미를 담은 '당黨'이라는 용어를 사용함으로 인해 '당黨'의 원래 의미를 너무도 충실히 '실천'하기 위해 '모두 모여서 잘못을 감추고', '거짓말로 사람을 속이고', '싸운다'고 볼 수 있다. '정당政黨'이라는 용어를 사용하면서부터 당원이나 그 정당 소속 국회의원이 부지부식 간에 '당黨'이라는 말이 지니는 좋지 않은 이미지대로 '패거리를 짓고', '상대방을 공격하면서', '함께 사사로이 이익을 취하는' 행위를 통해 '정당' 본연의 성격이라고 스스로 합리화·정당화시킨다.

'정당'의 '당' 자 대신 '사社'나 '회會'를 사용해 '정사政社' 또는 '정회政會'라는 용어를 채택했다고 가정해보자. '사社'와 '회會'에는 '당黨'에 내포된 '패거리', '편법' 등의 의미가 없고 대신 '일정한 규율성을 띤'의 이미지가 내포되기 때문에 거기에 소속해 활동하는 자세나 태도 역시 달라질 가능성이 높다.

오역에서 비롯된 '주의主義, -ism'라는 일본 번역어

자본주의, 사회주의라는 용어에서 '주의主義'라는 단어 역시 일본이 만들어낸 말이다. 애초부터 이 말은 오역으로부터 비롯되었다.

'ism'이라는 영어 번역어로서 일본이 만들어낸 '주의'라는 용어의 출전은 《사기史記·태사공자서》〈원앙조착열전袁盎鼂錯列傳〉중에 나오는 '敢汎顔色以達主義'라는 문장이다. 일본에서 출판된 《대한화사전大漢和詞典》은 《태사공자서》 중의 상기한 문장을 '주의主義'라는 용어의 한문漢文 출전으로 기술한다.

이는 흥미로운 오역, 착오로부터 비롯되었다.

위 문장에 대한 정확한 해석은 "감히 올바른 말로 직간해 군주의 얼굴색이 변하는 것도 개의치 아니함으로써 군주의 언행이 도의道義에 부합되게 했으며"이다.

다시 말해 《사기史記·태사공자서》에 나오는 '주主'는 주상主上을 가리키며, 따라서 '달주의達主義'는 "자신의 신념을 실현시킨다."는 의미가 아니라 "주상主上으로 하여금 도의에 부합되게 하다."는 의미다. 더구나 여기에서 사용된 '주의主義'는 처음부터 독립된 언어의 구성 성분으로 볼 수조차 없다.

재고해야 할 '친일'이라는 용어

2009년 민족문제연구소에서 편찬한 《친일인명사전》은 박정희 전 대통령 등 4,389명을 친일파로 규정해 사회의 관심을 끌었던 적이 있다. 이는 광복 후 친일파가 전혀 청산되지 않고 '반민족특위' 활동마저도 무위로 돌아간 우리의 슬픈 역사와 아픔을 딛고 이뤄낸 쾌거였다.

그런데 과연 '친일'이라는 용어는 적절한가?
'친일親日'을 문자 그대로 풀이하면 '일본에 가깝다, 친하다.'는 뜻이다. 그렇다면 이완용과 같이 '적극 매국賣國 행위를 한 사람'을 단지 '일본에 가까운 사람, 친한 사람'이라는 의미의 '친일파' 지칭은 과연 적절한 표현으로 볼 수 있겠는가?

언어의 등급

언어에는 그 단어의 '자격'과 '신분'이 존재한다. 어떤 언어를 사용하느냐에 따라 그 언어의 '격格'이 결정된다.
고대 시기 황제가 직접 군대를 이끌고 전쟁에 나가는 것을 '정征'이라 했다. 도적을 물리치기 위해 군대를 동원할 때에는 '정征'이라는 글자의 사용이 금지되었다. 이때는 오직 '탕蕩'자만 사용할 수 있었다. '정征', '벌伐', '토討', '평平', '탕蕩'은 모두 유사한 의미의 단어지만, 의미의 분명한 등급grade이 있어서 어떠한 단어를 맞게 써야 하는가의 문제에서 '자격'과 '신분'이 엄격하게 고려되었다.

　식민지 시기 일본의 강요에 의해 '마지못해' 성금을 낸 사람을 이완용과 같은 매국 행위자와 함께 '친일'이라는 큰 범주에 묶어 규정하는 것은 공평하지 못하다는 지적을 받을 수 있다. 일본의 편에 서서 명백한 매국 행위를 자행한 인물과 마지못해 또는 강제에 의해 억지로 일본을 도운 사람은 구분할 필요가 있다.

　엄격히 따지면 지금 널리 사용되는 '친일'이라는 말은 그 행위의 정도와 수준이 가장 낮은 단계를 표현하는 용어라 할 수 있다. 심하게 표현하면 '친일'이라는 용어는 '매국 행위'를 축소하고 추상화시키며 나아가 은폐시킨다.

　이완용과 같이 그 죄가 무거운 사람은 '친일'이라는 용어만으로는 부족하다. 마땅히 '매국노'라고 지칭함이 타당하다. "국가에 반역이 되는 일에 동조하거나 가담하다."는 뜻의 '부역附逆'이나 '부일附日'이라는 용어도 참조할 필요가 있다. '매국', '부일', '친일', '협력' 등 등급이 다른 분류가 연구될 필요도 있다. 그럼으로써 일제 시기 반민족 행위에 대한 정확한 '이름표'를 달아줄 수 있기 때문이다.

　프랑스에서 독일 나치에 협력한 프랑스인을 분류한 '협력자'라는 개념을 사용한 사례는 참고할 만하다.

　프랑스는 협력자를 '중성 협력자', '무조건 협력자', '조건 협력자', '암묵 협력자'의 네 가지 범주로 분류했다. '중성 협력자'란 '생존할 수밖에 없어서 협력했다.'는 범주고, '암묵 협력자'란 '나치도 돕지만 레지스탕스도 도왔다.'는 유형의 범주다. 또 '조건 협력자'는 '나치 이념이 좋다고 생각해 협력한' 범주고, '무조건 협력자'는 '적극 차원에서의 협력'을 지칭한다.

우리나라의 '친일파' 분류 작업에도 이러한 개념을 적극 활용할 필요가 있다.

정명正名이란 무엇인가?

"名不正則言不順, 言不順則事不成."

《논어》에 나오는 유명한 말로서 "이름名이 바르지 않으면 말이 순조롭지 않고, 말言이 순조롭지 않으면 하는 일이 이뤄지지 않는다."는 의미다.

'명名'은 주자朱子에 의해 '명분'으로 해석되었다. 그리하여 '정명正名'이란 '올바른 명분'으로 널리 알려져 왔다.

한漢나라의 유명한 학자였던 정현鄭玄은 "正名, 謂正書字也. 古者曰名, 今世曰字정명이란, 올바르게 문자를 쓰는 것이다. 옛날엔 명이라 했고, 지금은 문자라 한다."라고 해석했다. 또 《주례周禮》〈외사外史〉를 보면, "古曰名, 今曰字옛날 명이라 했고, 지금은 문자라 한다."라 하여 '명名이 글자字임을 말한다.'

이밖에도 《예의儀禮》〈석문釋文〉에 "名, 謂文字也", "명名이란 문자文字를 말한다."라고 설명된다. 곽말약郭沫若 역시 "'정명正名'이란 후세 사람이 말하는 대의명분을 가리키는 말이 아니고, 일상의 모든 사물의 이름, 특히 사회 관계상의 용어다."라고 규정했다.

'명名'이란 '문자文字' 또는 '글자'의 의미다.

털끝만큼의 작은 잘못으로 인해 천 리의 착오가 생긴다

"털끝만큼의 작은 잘못이 천 리나 되는 엄청난 착오를 나타나게 한다失之毫厘, 差以千里：《陳書》."

공자가 《춘추》를 저술할 때 어느 용어를 선택할 것인가를 놓고 한 글자 한 글자에 심혈을 기울였다. 오나라와 초나라의 군주는 스스로 왕을 칭했으나, 공자는 《춘추》에 당초 주나라 왕이 책봉했던 등급에 의거해 그들을 '자'작子爵으로 낮춰서 기록했다. 또 '천토踐土의 회맹會盟'[1]은 실제 진나라 문공이 천자를 부른 것이었으나 그것을 좋지 않게 평가해 '주나라 천자가 하양河陽까지 순수巡狩하다.'라고만 기록했다.

이러한 '춘추필법'에 의해 당시 사람의 행위가 예법에 위배되는가의 기준을 삼고자 했다. 공자는 관직에 있을 때 혼자서 행하지 않고 모든 일을 다른 사람과 상의했다. 그러나 《춘추》는 끝까지 혼자 집필하고 손수 교정까지 보았다. 학식이 높은 제자인 자하에게조차 한 글자의 도움도 구하지 않았다. 공자는 세계를 '해석'함으로써 세계를 '변화'시키고자 했다.

이처럼 어떤 용어를 선택해 사용하는가는 매우 중요한 기준이 된다.

1 　중국 춘추전국시대 진(晉)나라 문공이 초나라를 물리친 후 여러 제후국의 제후와 천토라는 곳에서 회합한 것을 가리킨다. 여기에서 진 문공은 천하의 패자로 인정받았다.

예전에 '자본주의 맹아萌芽 논쟁'이 있었다. 일본 제국주의가 강제로 조선에 자본주의를 이식했지만, 당시 조선 사회에 자본주의의 맹아가 존재했느냐의 여부에 관한 논쟁이었다. 이 논쟁은 '자본주의'라는 개념에 대한 의견 차이를 둘러싸고 발생했으며, 결국 "과연 '자본주의'란 무엇인가?"라는 논쟁으로 귀결되었다.

여기에서 주목해야 할 점은 바로 '자본'이라는 용어와 '주의'라는 용어 모두 일본인이 새로 만든 말이었고, 영어의 'capitalism'을 '자본주의'로 번역한 것 역시 일본인이었다는 사실이다. 이를테면 근대화 시기 중국의 저명한 학자 옌푸嚴復는 'capital'을 '자본'이라고 번역한 일본 방식을 반대하면서 대신 '모재母財'라는 용어를 사용했다. 만약 이러한 방식으로 'capitalism'이 '자본주의'라는 용어로 번역되지 않고 다른 용어로 번역되었다면, 이 '자본주의 맹아' 논쟁 역시 다른 내용으로 전개되었을 가능성도 충분하다.

'공산주의'와 '공동체주의'

'공산주의'라는 용어 역시 일본인이 'communism'을 번역한 용어다. 'communism'의 정확한 해석은 'communism'의 어원인 'community'가 단체, 군락, 공중, 공동체라는 의미므로 '공동주의' 또는 '공동체주의'라고 해야 정확하다. 사실 마르크스나 엥겔스도 공산주의 사회를 '연합체'라고 지칭했다.

중국의 마오쩌둥은 사회주의 혁명 성공 후 인민공사人民公社라는 집단농

장을 조직해 위험을 무릅쓰고 대약진운동을 전개했다. 이러한 '인민공사'나 '대약진운동'은 'communism'을 '공동체주의'가 아니라 '모두 함께 생산한다.'는 '공동생산'이라는 의미의 '공산주의'로 이해한 데서 비롯된 것으로도 해석할 수 있다.

만약 'communism'이 '공산주의'가 아니라 '공동체주의'라는 용어로 사용되었다면, 우리 사회에서 극대화되었던 '공산주의'에 대한 심각했던 공포감과 적대감이 상당히 약화되었을 가능성이 높다.

서방 국가는 중국이 공산주의 이념을 포기했다고 비판한다. 이 지점에서 'communism'을 '공동체주의'로 다시 정의할 수 있다면, 오늘의 중국은 '공동체주의'를 포기하지 않았다고 해석할 수도 있으리라.

이처럼 명칭이란 개념을 근본으로 규정짓고, 그 이미지와 과정, 결과를 결정짓는 중차대한 문제다.

잘못된 언어로부터 잘못된 개념이 나온다

공정 경쟁을 파괴한 '명품名品'이라는 말

명품을 사기 위해 수십 미터씩 줄을 선다는 뉴스가 심심치 않게 들린다. 이른바 '명품名品'이란 "뛰어나거나 이름난 물건 또는 그런 작품"이라는 의미를 지닌 단어로서 역시 일본에서 만들어졌다.

'명품'이란 사람에게 '월등하게 뛰어난 물건'이라는 너무도 확실한 가치관과 판단의 기준을 제공하는 용어다. '명품'이란 영어 'luxury goods'의 번역어는 '사치품', '유명상표', '고가품'의 뜻을 나타낸다. 만일 '사치품', '유명상표', '고가품'이라는 용어로 정확하게 표현된다면, 그 나름대로의 '합당한' 판단 기준에 의해 상품에 대한 인식을 할 것이다.

하지만 '명품'이라는 용어는 용어 자체에서 이미 합당한 판단 기준을 압도해 공정한 경쟁을 근본부터 와해시킨다. 결국 '명품과 같은 용어는 합당한 판단 기준을 파괴하고 나아가 공정 경쟁을 붕괴시켜 '건전한' 시장경제 시스템을 왜곡시키는 중요한 요인이 된다.

'명품'이 '고가품'이나 '사치품'이라는 원래의 용어로 올바르게 사용된다면, 오늘날 우리 사회에 나타나는 광기어린 '명품 쇼핑'과 '명품'을 향한 무한한 탐욕과 갈망도 크게 축소될 것임에 분명하다.

'명품'이라는 용어는 언어가 인간의 삶에서 얼마나 중요한 의미를 지니는지를 알려주는 하나의 사례며, 아울러 우리 사회와 국가의 운명과도 직접 관련된다는 점을 잘 보여준다.

사랑하는 사람은 과연 누구여야 하는가? - 애인愛人

우리가 너무나 자주 부르고 싶고 듣고 싶어 하는 '애인愛人'이라는 말이 정작 중국에서는 자신의 부인婦人이나 남편이라는 뜻으로 사용된다.

> 여기에서 중국의 조어 방식을 소개하고 인용하는 것은 반드시 중국 방식이 더욱 정확하고 타당하다는 의미는 아니다. 그보다는 일본식 한자어, 일제한어日制漢語가 지배한 우리의 언어 상황에서 우리와 다른 조어 방식의 용어를 소개함으로써 문제 있는 용어에 대해 비교 검토하고 대안을 모색하는 차원임을 밝힌다. 다만 한자어가 지니는 원래 어의와 문법상 타당성에 비추어 중국의 조어 방식이 일본의 조어 방식보다 정확하고 타당한 측면이 많다는 점은 인정할 수밖에 없다고 생각한다.

'애인愛人'이라는 말은 사실 대단히 문제 있는 용어다. '사랑하는 사람'이 당연히 남편이나 부인이어야지 그렇지 않고 다른 사람이라면 곤란하지 않은가? 우리가 사용하는 '애인'이라는 의미는 '정인情人'이라는 용어로 대체되어야 정확하고 타당하다.

'애인'이란 용어는 이 용어를 흔히 사용하는 대중의 사랑, 애정, 가족관에 있어, "진정 사랑하는 사람은 가족 외의 다른 사람이다."라는 잘못된 가치관과 사고방식을 심어준다. '애인愛人'이라는 이 한 단어가 지니는 내용과 이미지는 특히 애정 문제에 예민한 청소년에게 큰 영향을 미칠 수밖에 없다.

국가 주권의 주요 구성 요소이자 사회 연대의
필요조건으로서의 언어
– 언어정책과 언어기구의 정립

중국은 왜 유럽처럼 분열되지 않았을까?

러시아를 제외한 유럽 대륙과 중국 중, 어느 곳이 더 면적이 클까? 유럽이라고 대답할 사람도 적지 않을 것이다. 그러나 중국이 유럽 대륙보다 크다. 그것도 훨씬 크다. 러시아를 제외한 유럽 대륙의 면적은 490여만 제곱킬로미터로서 960만 제곱킬로미터에 달하는 중국의 절반 정도다. 인구로 따지면 유럽 인구가 4억 9,800만 명으로서 13억 명의 중국에 훨씬 미치지 못한다. 유럽 대륙에는 모두 마흔다섯 개의 국가가 존재한다.

유럽이 민족, 종교 등 다양성의 차이로 인해 최대한 원심력이 작동된 곳이라면, 중국은 그 다양성을 통제하는 구심력이 전일하게 작동된 곳이다.

'통일된 중국'의 원동력,
문자文字

중국이 이렇듯 유럽처럼 분열되지 않은 가장 중요한 요인은 바로 문자文字다.

중국은 한자漢字라는 상형象形 문자가 있다. 종족이 분산 거주하면서 발음상 다른 점이 나타나도 뜻을 알 수 있는 상형 문자에 의해 서로 의사소통을 하는 데 지장이 없었다.

한자라는 중국의 상형 문자는 발음상의 차이를 초월해 동일한 함의를 표현할 수 있으며, 이로 인해 한자는 다른 언어를 가진 종족 간 교류와 결합의 유대紐帶로서 기능했다. 중앙 왕조는 통일된 문자에 의해 각 지역과의 안정된 정보 체계를 구축했으며 정치, 군사, 경제 결합도 보장되었다. 비록 지리상으로 광활하고 교통은 불편했지만, 중국은 한자라는 문자를 토대로 국토 통일을 유지시킬 수 있었다.

진시황이 중국을 통일시킨 후 서로 다른 각국의 문자를 통일시켰다는 주장이 정설화되어 있다. 그러나 이는 타당하지 못한 견해다. 《사기·진시황본기》에는 "一法度衡石丈尺. 車同軌. 書同文字."라고 기록되어 있다. 여기에 나오는 '서동문자書同文字'는 흔히 알려진 것처럼 문자를 통일시켰다는 의미가 아니다.

진시황이 천하를 통일하기 전의 전국시대에는 각국마다 여러 가지 서체가 혼용되었는데, 그것을 진시황이 천하통일 후 진나라가 사용하던 소전小篆체로 통일시켰다는 의미다. 진나라는 천하통일 후 정부 문건의 표준 서체를 소전체로 통일시킨 것이다. 이후 한나라 때에는 예서隸書로 통일했다.

이와 반대로 유럽은 원래 동일한 언어를 사용했지만, 그 언어는 표음表音 문자여서 지리상 거주지마다 발음이 달라졌다. 이에 따라 문자도 당연히 달라지면서 서로 간의 의사소통도 불가능해졌고 결국 모든 민족이 산산이 분열했다.

여기에다 종이紙의 존재가 유럽과 중국의 차이를 더욱 극명하게 드러나게 만들었다. 중국은 한나라 때부터 종이가 발명되어 문자를 종이에 기록해 성문화成文化했다. 이로써 문자는 정보활동의 중심 역할을 수행했고, 전 국토와 종족의 통일을 기할 수 있었다. 13세기에 이르기까지 종이가 없었던 유럽은 고작 양가죽에 문자를 기록할 수밖에 없었다. 양가죽은 너무 무겁고 비쌌으며 또 문자를 대량으로 기록할 수 없었기 때문에 중국과 같은 '문자에 의한 통일' 효과가 나타날 수 없었다.

이제 우리도 프랑스의 '아카데미 프랑세즈'나 중국의 '국가언어문자공작위원회國家語言文字工作委員會' 같은 기관처럼 정부 차원의 권위 있는 기구를 만들어야 한다. 국가 기관이 나서 용어의 통일과 정리에 앞장서고, 용어 사용에서 불필요한 혼란으로 인한 사회 비용을 줄여나가야 한다.

언어란 국가의 정체성, 역사, 문화를 구성하는 주요한 요소다. 자국어의 지위에 대한 재확인은 국가의 하나됨을 상징한다. 언어는 그것이 지니는 사회에 대한 지배력을 토대로 시민 생활에서의 완전한 통합을 이끄는 힘으로 작용한다. 그리하여 언어는 국가 주권의 주요 구성 요소이며 사회 연대를 위한 중요한 조건이 된다.

프랑스의 언어 정책

프랑스어는 지구상에서 가장 우아하고 고상한 언어 가운데 하나로 널리 인정받는다.

프랑스어가 다른 어떤 언어보다도 '분명하고 사교성이 있으며, 합당한 것'으로 만인에게 인정받기까지, 나아가서 '분명하지 않은 것은 프랑스어가 아니다.'라고 자신 있게 말할 수 있기까지 하루아침에 만들어진 것은 결코 아니다. 프랑스 정부 차원에서 오랫동안 끊임없이 자국어의 보호와 발전을 위해 노력을 기울였기 때문에 가능했던 일이었다. 국어를 국가의 문제로 인식하고 논의를 거듭해 온 국가 정책의 뒷받침이 있었기 때문이기도 했다.

프랑스에서 최초로 자국어의 순화에 관심을 기울이게 된 시기는 1635년 '아카데미 프랑세즈'를 설립한 때라고 할 수 있다. 프랑스어를 순화해 올바른 국어로 확립시키고 사전의 편찬과 문법책을 간행하는 일 등을 목적으로 설립되었다. 당시 재상이었던 리슐리외Richelieu는 이 기구의 설립 목적으로 "정치와 관련해 분란이 심한 국가에서 결속력을 굳히기 위한 수단으로 통합된 하나의 언어가 필요하기 때문이다."라고 천명했다.

'아카데미 프랑세즈'는 언어의 규범화codification라는 목적을 지닌 언어 정책 기구다. 전 국민이 프랑스어를 보다 잘 이해할 수 있도록 프랑스어의 규칙을 정하고, 프랑스어가 학문과 예술의 언어가 될 수 있도록 순수하고 풍요롭게 만드는 게 그 임무였다. 회원은 40여 명으로서 종신제 회원은 '불멸immortalité'이라는 칭호를 부여받았다.

'영원불멸'의 아카데미 프랑세즈

이는 아카데미 프랑세즈의 창설자 리슐리외가 아카데미에 부여한 직인 위에 새겨진 '영원불멸à l'immortalité'이라는 글귀에서 유래했다. 아카데미 프랑세즈 회원은 정부 기관의 통제를 받지 않고 형식상 대통령의 직속기구로 편제되어 있다.

아카데미 프랑세즈는 1694년 최초의 《프랑스어 사전》을 편찬한 이래 1935년 제8권이 출판될 때까지 당대에 사용되는 단어를 집대성해 사전에 수록하는 작업을 기본 과제로 설정해왔다. 1958년부터는 '바른 용법에 어긋나는 단어와 표현' 리스트를 작성해 간행하기로 결정했다. 그 일환으로 1964년 《경계해야 할 표현들》이라는 소책자를 처음 발행하고, 신어新語를 사전에 추가하거나 사용 안 하는 낱말을 폐기하는 등의 국어 순화운동을 적극 전개했다.

또한 프랑스 정부는 1972년 용어, 신조어를 관리하기 위해 정부 각 부처에 반드시 '전문용어위원회'를 설치하도록 했다. 새로 유입되는 외국어나 외래어에 적절한 번역 용어를 지정하거나, 새로 출현한 물건이나 개념을 지칭할 단어를 제정하는 등 관련 제반 업무를 그곳에서 처리하도록 했다.

이 위원회의 결정은 법령으로 제정되어 《신어관보新語官報》에 게재되며 프랑스에서 법의 구속력을 갖는다. 여기에서 결정된 전문용어는 모든 공문서와 국가 간 맺는 모든 계약서에 강제로 사용된다.

전문용어는 사회 각 영역에 걸쳐 상당한 정도의 문제를 초래할 가능성이 있기 때문에 해당 부처와 교육성이 관련 법령의 제정을 주도하고 법령의 범위를 정한다. 국무총리 직속인 '전문용어와 신조어위원회'는 새로운 전문용어, 일상용어의 도입을 통해 프랑스어를 풍요롭게 하기 위한 제도상 장치다.

이 위원회는 전문용어, 신조어에 관한 여러 전문위원회의 업무를 조정하고 그 개별 위원회와 아카데미 프랑세즈 간의 협력을 관장한다. 위원회는 총 19인의 위원으로 구성되며, 의장은 4년 임기로 국무총리가 임명한다. 아카데미 프랑세즈의 종신 의장을 비롯한 다섯 명의 위원과 문화부 장관이 관련 부처 장관의 추천을 받아 임명하는 4년 임기의 열세 명의 위원으로 구성된다. 위원회는 월 1회 소집되며, 위원들 외에도 많은 전문가가 여기에 참여한다.

1975년의 〈바-로리올법〉은 언론 매체와 산업 현장에서 프랑스어 사용을 의무화했고, 여기에는 각종 광고, 양식, 사용설명서 등도 포함되었다. 1992년에는 프랑스 헌법 제2조에 "프랑스의 언어는 프랑스어로 한다."라고 명기했다. 매스컴을 포함한 모든 공식 문건에서 사용되는 용어와 신조어는 아카데미 프랑세즈의 승인을 받도록 규정되었다.

한편 중국의 '국가언어문자공작위원회國家語言文字工作委員會'는 국무원 직속의 국가문자개혁기구로서 "언어문자 업무에 관한 방침과 정책을 세우고, 언어문자 표준을 제정하며, 언어문자 관리 규정을 발표하고, 언어문자의 규범화와 표준화를 촉진할 것"을 그 직무로 삼는다.

한 국가가 제대로 서고 오랫동안 발전하기 위해서는 무엇보다도 그 기본과 기초가 튼튼해야 한다. 기초가 분명히 다져지기 위해서는 모름지기 '정명正名'이 실현되어야 하고, 또 이러한 '정명'이 이뤄지기 위해서는 말이 제대로 정립되고 사용되어야 한다. 실로 용어의 정확한 정립은 나라의 중요한 기초다.

자국 언어를 소중히 가꾸고 이를 제도로 구축해온 프랑스는 우리가 반드시 본받아야 할 모범 사례다. 특히 말과 글을 일제에 강제로 빼앗긴 역사를 지닌 민족으로서 말과 글의 소중함을 이처럼 쉽게 망각해서는 안 된다.

　나라와 민족의 얼과 혼을 살리는 차원에서 정부가 모든 자원을 적극 투자하고, 정부 차원의 언어정책기구를 설치하는 등 정책과 제도로 뒷받침되어야 할 시점이다.

2장

우리 언어를 지배하는 일본식 용어

왜곡된 언어 사용은 민족공동체의 정체성 파괴

언어의 교류란 상호 평등하고 서로 영향을 미치는 것으로 설명된다.

하지만 실제 언어의 교류란 전혀 '평등'하지 않으며, 오히려 적나라한 '약육강식'이 전개되는 살벌한 세계다. 정치문화의 중심지, 부유한 곳에서 사용되는 언어가 주도권을 장악한다. 일본이 만들어낸 일본식 언어가 우리나라에서 주도권을 쥐는 현상도 이러한 맥락에서 파악될 수 있다.

언어 교류는 마치 물이 흐르듯 높은 곳에서 낮은 곳으로 흘러 억지로 막아내기 어렵다. 그러한 교류또는 침투와 간섭의 과정을 거쳐 언어 자체가 활력을 얻고 풍부해짐을 부인할 수 없다. 하지만 이것도 정도와 수준의 문제다.

언어는 공동체 구성원 사이에 맺어진 일종의 계약에 기초해 존재한다. 이러한 의미에서 언어는 규약convention이다. 하지만 지금도 '현재진행형'으로 확대·심화되는 일본어의 우리 언어에 대한 지배성은 공동체 구성원의 규약이나 계약의 차원을 넘어 공동체의 정체성 그 자체까지도 심각하게 침해하는 질적質的 임계점에 이르렀다고 볼 수 있다.

흔히 우리가 사용하는 한자어가 중국에서 수입된 용어로 알지만, 사실 대다수의 한자어는 일본에서 만들어져 들어온 일본식 조어다. 중국 학계에 의하면 중국인이 현재 사용하는 한자 용어조차도 60퍼센트 정도는 일본에서 '수입'된 것이라고 한다.

개방과 교류는 당연히 필요하지만 그렇다고 해서 그것이 종속과 지배의 범주로 전락되어서는 결코 안 된다.

1

사방을 둘러봐도 모두 일본식 용어뿐

횡단보도와 횡령

'횡단보도橫斷步道'라는 말을 일상생활에서 자주 사용하는데, '횡단橫斷'이라는 단어는 "옆으로 끊는다."는 뜻으로 아무리 좋게 해석하려 해도 어색한 말이 아닐 수 없다. 물론 일본에서 만들어진 일본식 한자어다.

우리가 사용하는 '횡단보도'라는 말의 의미는 '걸어서 옆으로 통과하는 길'로서, 여기에 '옆으로 끊는 길'이라는 뜻을 지닌 '횡단橫斷'이라는 한자어의 사용은 억지 조어다. 중국에서는 '통과하다'는 뜻을 지닌 '천穿'을 붙여 '횡천橫穿'이라는 용어를 사용하거나 '옆으로 가는 길'이라는 의미의 '횡행도橫行道'나 '횡행도로橫行道路'라는 표현을 쓴다.

중국에 '횡단橫斷산맥'이 있다고 한다. 재미있는 것은 중국 사천성四川省과 운남성雲南省에 위치한 이 산맥이 동서 간의 교통을 '횡으로 끊어 놓'기 때문에 '횡단橫斷산맥이라고 불린다고 한다.

유럽과 아시아를 잇는 열차를 '횡단열차'라고 부르는 것은 더욱 모순이다. 그 열차는 분명 유럽과 아시아를 '횡으로 끊어 놓는' 열차가 아니라 '횡으로 이어주는' 열차가 아닌가? "교수노조, 국토종단 행진에 나서"라는 신문기사 제목이나 '국토종단 마라톤' 등에서 보이는 '종단縱斷'이라는 용어 역시 '종으로 끊는' 것이 아니라 '종으로 이어주는' 것이다. 이는 명백히 논리에 위반되는 '비논리' 조어造語에 해당된다.

비논리 용어의 범람은 이 용어를 사용하는 사람으로 하여금 논리 사고를 가로막고, 결국 국가의 발전에 심각한 장애 요인으로 작용한다.

'보도步道'라는 말도 '걸어서 가는 길'이라는 의미의 용어이므로 '보步'를 단독으로 사용하는 것보다 '보행步行'을 사용해 '보행도步行道'라고 쓰는 것이 더욱 타당하다. 다른 나라에서 잘못 만들어진 문제 있는 용어는 당연히 올바르게 고쳐 사용해야 한다.

'횡령橫領'이라는 말도 자주 쓰이는데, 이 말은 일본의 역사에서 비롯된 용어다. 고대에 일본 병사를 통솔하고 감독하는 의미를 지닌 '압령押領'이라는 용어가 있었는데, 헤이안平安 시대부터 이 말은 "다른 사람의 영지를 힘으로 빼앗다."는 의미로 사용되기 시작해 "타인의 물건을 빼앗다."는 의미로 전용되었다.

'횡령橫領'이라는 용어는 메이지明治 초기까지는 출현하지 않았는데, 빼앗는 대상이 토지만이 아니라 금품까지도 포함됨에 따라 '횡취橫取'라는 말로부터 유추되어 '횡橫'이라는 글자가 부가되면서 '횡령橫領'의 용어가 나타났다고 설명된다. 일본에서조차 그 유래가 분명치 않은 용어를 정확함을 생명으로 하는 형법 법률 용어로 사용하는 것은 상당한 문제의 소지가 있다고 할 수 있다.

이는 마치 '함흥차사'라는 말을 일본인이 사용하는 것과 동일하다. '함흥'이 무슨 말인지, '차사'가 어떤 의미인지, 이 말에 어떤 유래가 있는지에 대해 전혀 알지 못하면서 사용하는 것과 동일한 상황이다.

참고로 "횡재했다!"고 좋아하는 '횡재橫財'라는 말은 우리 사회에서 '운 좋게 얻은 것'으로 사용되지만, 원래 이 말은 "불법으로 얻은 의외의 소득"이라는 부정의 의미다.

회복回復과 철회

'회복성 정의Restorative Justice'라는 용어가 심심치 않게 사용된다. '회복성 정의'란 주로 보복성 위주였던 기존의 전통 '사법 정의Criminal Justice' 용어를 대체해 범죄의 피해자나 범죄자가 함께 입은 상처를 회복시킨다는 차원에서 사용되는 개념이다.

'회복성 정의'의 '회복'은 '회복回復'이라는 한자어로 쓴다. 이 '회복回復'이라는 한자어의 사전 의미는 '원래의 상태로 돌아가다.'는 'restore'가 아니라 '대답하다'는 'reply'다. 중국에서 '回復'은 '답신答信'이라는 뜻으로 사용된다. 따라서 'restore'의 뜻을 지닌 정확한 한자어는 '회복恢復'이 더욱 타당하다고 할 수 있다. 이러한 용어의 혼선 때문에 일본에서도 '회복성 정의'의 '회복'이라는 말 대신 '수복修復'이라는 용어가 널리 사용된다.

우리나라 형법에서 사용하는 '철회撤回'라는 용어는 한자 그대로의 뜻을 살핀다면 '소환하다', '철수하다'다. '철회' 역시 일본 법률에서 차용한 용어다. 우리나라 형법에서 사용하는 '구류拘留'나 '체포逮捕'를 중국 형법에서도 각각 '체포', '구류'라는 용어를 사용하는데, 우리나라의 법률 용어가 그대로 일본 법률 용어에서 비롯되었다는 점에서 볼 때 전체 재검토가 필요하다.

촌지寸志와 요금料金

 "교사에게 학부모가 불법으로 주는 돈"이라는 뜻으로 쓰이는 '촌지寸志'도 일본식 조어로서 뜻이 통하지 않는 용어다. 더구나 이 '촌지'라는 말은 대단히 '위험한' 용어다. 학부모가 교사에게 '촌지'를 주는 행위는 명백히 불법 행위인데도 오히려 '촌지'를 "마음의 조그만 성의"라는 좋은 의미로 포장해 사용하면서 전혀 자신의 행위가 잘못이 아니라는 '확신'을 제공한다.

 '촌지'라는 용어의 사용은 결국 '위법'과 '편법'을 합리화하고 미화시킴으로써 사회 구성원에게 법의식과 가치관의 혼란, 왜곡을 조장하는 의미를 지닐 수 있다.

 우리가 흔히 사용하는 '언어'란 이렇듯 우리의 행위와 사고방식에 일거수일투족 심대한 영향을 미치면서 동시에 그것을 지배한다.

 정부에서 '기능직'이라는 용어를 바꾸겠다는 정책을 발표했다. 당연히 크게 환영받아야 마땅할 일이다. 당사자는 '기능직'이라는 용어로 인해 그동안 자기 직무를 충실히 수행하면서도 이루 말로 다할 수 없는 불명예를 겪어야 했다.

 지금은 '교도관'으로 바뀐 '간수'라는 용어도 마찬가지다. 앞에서 언급한 '촌지'와 정반대로 일종의 '사회의 약자' 층에게는 일부러 분명한 '불명예' 딱지를 붙이는 이러한 용어는 '모욕 언사'의 범주에 속한다.

 기껏해야 '재료 또는 원료 값'에 지나지 않을 '요금料金'이라는 단어로써 '값'이나 '비용'을 의미하거나, '손을 몇 번 움직였는가에 따라 결정되는 서비스 비용'에 그 기원을 둔 것으로 보이는 '수수료手數料' 역시 일본식 조어다. 이들 용어는 모두 진실을 정확히 표현하지 않고 은폐하면서 적당히 둘러대는 용어라는 점에서 상기한 '촌지'와 같이 '정직하지 못하고 비겁한' 용어의 범주에 속한다고 할 수 있다.

모국어母國語

일본 식민지 시기 일제는 1910년부터 일본어를 국어로 상용하도록 강요했고, 1930년대에는 학교에서 조선어 교육과 조선말 사용을 금지했다. 1937년부터는 일상생활에서 우리말 사용을 금하고 일본어를 모국어로 전용하도록 강요했다.

인간이란 태어나면서부터 어머니로부터 말을 배우기 시작한다. 이 점에서 '모어母語'란 자기 어머니로부터 배운 '엄마말'이라는 의미를 가진다.

'모국어'라는 용어는 일본어를 미화시켜 만든 말이다. 영어 'Mother Tongue'과 독일어 'Mutter Sprache'에는 '국가'의 의미가 포함되어 있지 않다. 따라서 이들 용어를 '모국어'라고 번역하는 것은 잘못이다. 굳이 자기 나라 말임을 지칭할 때는 '자국어自國語'라고 해야 한다. '모국어'라는 용어는 일본 제국주의가 미화, 은폐시킨 용어다.

정복자는 피정복자의 언어와 풍속을 경멸하고 배척하며, 나아가 정복자의 언어와 신앙을 강요한다.[2]

---

2   최규일, 〈방송과 신문에 나타난 일본식 말 순화〉, 《새국어생활》, 국립국어연구원, 1995년.

해외교포 海外僑胞

'해외海外'라는 용어는 일본식 말이다. '해외여행'은 말 그대로 바다를 건너 다른 나라, 외국을 여행한다는 의미다. 일본은 외국에 가려면 반드시 바다를 건너야 하기 때문에 외국에 여행하는 것을 '해외여행'이라 한 것이다. 대륙 국가나 최소한 대륙과 맞닿아 있는 국가는 바다를 건널 필요가 없이 그냥 육지로 가면 되고, 따라서 '해외'라는 용어를 사용할 필요가 없다. '해외'라는 말 대신 '외국'이나 '국외'라고 해야 한다.

이와 관련해 '해녀海女'라는 말도 일제 시대 일본인이 만들어낸 명칭이다. 제주도에서는 원래 '잠수潛嫂'라고 불렀다고 한다. 제주대학교 최규일 교수에 따르면, "지금도 나이 드신 어른의 말씀을 빌리면 '잠수'라 했지 '해녀'라는 말은 듣지 못했다."고 한다.

'교포僑胞'라는 말의 '교僑'란 원래 '기숙하다'는 뜻으로서 '남의 나라에 붙어서 살거나, 타향 또는 타국에서 임시로 빌붙어서 살다.'는 의미다. 7백 만 명이 넘는 우리 동포가 세계 곳곳에서 영주권을 가지고 당당하게 사는데, '빌붙어 살다.'는 비루한 뜻을 지닌 '교僑'라는 말을 사용할 수는 없다.

당연히 '교포'라는 말 대신 '동포'라는 용어를 사용해야 한다.

분장分掌과 수당手當

공무원의 인사기록란을 보면 '사무분장分掌'이라는 용어가 자주 나오는

데, 이 용어도 수정되어야 할 대상에 속한다.

　우리나라의 일부 법률 용어는 어떻게 보면 일반인이 이해하지 못하도록 일부러 특별히 고안된 것처럼 보인다. 되도록이면 일반인이 접근할 수 없는 일종의 "특권 영역 표시"와 같은 효과를 내면서 자신의 권위를 현시顯示해 드러내고자 하는 의도에 다름 아니다.

　'사무분장'에서 '분장'이라는 용어는 "일이나 임무를 나누어 맡아 처리하다."는 뜻으로서 '분담'으로 대체해도 전혀 이상할 것이 없고, "맡다"라는 순수 우리말로 바꾸어도 무방하다.

　"정해진 봉급 이외에 따로 주는 보수報酬"라는 의미의 '수당手當'은 한자어만 놓고 볼 때 도저히 그 뜻을 알 수 없는 일본식 훈독訓讀 조어다. 이미 '품삯'이나 '덤삯'으로 순화하도록 권고된 용어지만 공무원 사회에서 여전히 '두루 널리' 사용된다.

'분골쇄신'과 '분신쇄골'

　'분골쇄신粉骨碎身'은 "몸이 가루가 되도록 일하다."는 뜻으로 사용된다. 이 말은 '분신쇄골粉身碎骨'이라는 한자성어에서 '신身' 자와 '골骨' 자의 순서를 바꾼 일본식 성어成語다. 원래 '분신쇄골粉身碎骨'이라는 한자성어의 뜻은 "온 몸이 잘게 부서지다."의 뜻으로서 "어떤 목적을 위해 죽다."는 의미로 사용되는 말이다.

　'분신쇄골粉身碎骨'에서 '분골쇄신粉骨碎身'으로 바뀐 이 일본식 성어는 단지 글자의 순서만 바꾼 것이 아니라 뜻도 바뀌게 되었고, 이것을 우리가 그대로 사용하는 것이다.

'현관玄關'과 '비상구非常口'

일상생활에서 '현관'과 '비상구'라는 말을 자주 사용한다. 이들 역시 일본식 용어다.

'현관玄關'이라는 용어는 불교 용어로서 '입도入道의 문'이라는 뜻이다. 이것을 일본에서 '주택에 이르는 주된 출입구'라는 의미로 사용하면서 우리에게도 그대로 전해졌다.

'비상구'는 문자 그대로 '비상 상황에서 나가는 길', '긴급 출입구'지만, 오늘날 비상사태가 아닌 평시에 출입하는 문을 지칭한다. 그렇지 않아도 마음이 바쁘고 '빨리빨리' 정신으로 벅차게, 힘겹게 살아가는 우리로서 '비상非常' 상황도 아니고 그렇다고 '비상 출입문'도 아닌데, 구태여 '비상구'라는 '비상'한 용어를 '마음 졸이면서' '절박하게' 사용할 필요가 없다고 본다.

'급행열차'의 '급행急行'이라는 말 역시 그렇지 않아도 정신 없이 서두르며 살아야 하는 우리의 마음을 더욱 급하게 만드는 용어에 속한다.

언어가 우리의 일상 삶에 미치는 영향은 상상하는 이상으로 대단히 크다. 정책으로라도 국민이 편안한 마음으로 일상을 영위할 수 있는 언어를 사용하도록 노력해야 한다. 마음을 조급하게 만드는 '비상구' 대신 '출입구'라는 평이한 용어를 사용하는 것이 그 좋은 사례다.

일본의 국책형 신조어 – 긴축緊縮과 절약節約

일본에서는 메이지 유신 이후 파시즘 시대에 이른바 '국책형國策型 신조어'가 정치 목적으로 만들어졌다.

이를테면 '긴축', '절약'이라는 용어는 1929년 세계공황 때 일본이 수출 부진과 수입 증가로 인해 국제수지가 급격히 악화되자 당시 하마구치 수상이 불황 극복을 위한 라디오 방송을 통해 일본 국민에게 '긴축 재정'과 '소비 절약'이라는 용어를 내세워 강조하면서 보편화되었다.[3]

소강小康과 연하年下

"소강상태를 보이다."의 '소강小康'이란 원래 《시경》에서 비롯된 말로서 백성이 부유하고 안락하게 삶을 영위하는 상태를 가리키는 용어다. 일찍이 등소평은 중국의 개혁개방을 추진하면서 20세기 말까지 이 '소강小康의 수준'을 이루겠다는 1차 목표를 설정한 바 있었다. 일본에서 이 말을 "상황이 진정된 상태"라는 뜻으로 사용했고, 우리나라에서도 이러한 용례를 그대로 답습했다.

한편 요즘 유행하는 '연하年下의 남자'라고 할 때 '연하年下'는 한자어로

---

[3] 伊達丈浩, 〈현대 한국어 신어의 어휘 연구〉, 석사논문, 1998년 참조. 이 글에 따르면, '강심장'이라는 용어 역시 일본제 한자어로서 손기정이 베를린올림픽 마라톤에서 우승하자 "심장이 강하다."는 의미로 사용되었다고 한다.

서 중국에서는 음력으로 '연초年初'나 '새해'라는 뜻이다. 이 말을 '나이가 자신보다 어린'이라는 뜻으로 이상하게 바꿔서 사용한 곳은 바로 일본이다.

사서司書와 자료資料

도서관에는 '사서司書'가 근무한다.

'사서'라는 말은 우리에게 너무나 익숙한 용어다.

'사서'란 중국 한자어로서 중국 고대시대 《주례周禮》라는 책에 처음 출현한 직업 명칭이다. 원래는 "호적, 경작지, 노동력 등의 통계를 담당하던 직책"이라는 의미였다. 현재 중국의 도서관에서는 '사서司書'라는 용어를 전혀 사용하지 않음은 물론 일반 중국인도 전혀 모르는 용어다. 결국 '사서'는 일본에서 만들어진 용어다. 중국의 도서관에서는 '도서관원'이라는 용어가 사용되는데, 이는 영어 'librarian'과 정확히 일치한다.

우리나라 도서관에서는 '자료資料'라는 말을 자주 사용한다. 이 말은 영어 'document'의 번역어로서 원래 '문헌', '문건', '문서'의 의미다. 일본의 도서관계에서 이 'document'를 '자료'라는 말로 번역해 사용하고 이를 모방해 우리도 그대로 사용한 것이다. 물론 중국에서는 이러한 의미에서의 자료라는 말을 사용하지 않는다.

출세, 시합, 돌발

'출세出世'를 "사회에서 크게 성공을 거두다."라는 뜻으로 사용하는 것은 잘못된 사용례의 대표라 할 수 있다. "사회에서 크게 성공을 거두다."라는 의미라면 오히려 '출명出名'이라는 말이 정확하게 부합한다. 아니나 다를까 이 '출세出世'라는 단어는 중국에서 "아이가 세상에 태어나다, 출생하다."의 의미로 사용된다.

우리가 흔히 사용하는 '시합試合'이라는 용어는 '시도하다'의 '시試'와 '합하다'의 '합合'을 더해 만든 말로서 이 말을 '경기'와 '게임'의 의미로 사용하는 것은 적절하지 못하다. '시합'이라는 용어 역시 일본에서 만들어졌다.

'배달配達'이라는 말도 한자어로만 봐서는 그 뜻을 도저히 알 수 없는 말이다. 흔히 쓰이는 '행사行事'나 '역할役割' 역시 한자로 해석하기 어려운 일본식 조어다.

"죄송합니다."라는 말의 '죄송罪悚'은 '죄罪'와 '송悚'이라는 글자를 붙여 억지로 만들어냈다.

언론에 자주 오르내리는 '입건立件'이라는 용어는 '입立' 자와 '건件' 자를 인공으로 합쳐 만들었으며, 마찬가지로 '돌발突發'은 '돌突'과 '발發'을 어색하게 합한 조어 방식으로 만든 '일제한어日制漢語'다. '거소居所'는 '거처居處'라고 바꿔야 할 일본식 조어다.

교과서와 반도

　일본식 조어의 전형인 '교과서敎科書'는 하루바삐 바뀌어야 한다. 특히 이 용어는 우리나라 모든 학생이 배우는 교육의 근본을 만들어내는 기본 서로서 '교본校本'이나 '과본課本'이라는 용어가 더욱 어법에 타당하다.

　'반도半島'라는 단어도 섬나라인 일본의 입장에서 만들어진 조어로서 '섬이지 못하고, 절반만 섬인 지역'이라는 뜻을 지닌, 우리 민족의 입장에서는 대단히 '모욕스런' 용어일 수밖에 없다.

　박정희가 혈서를 써서 일본 군관에 지원했었다는 1939년 3월 31일자 《만주신문滿洲新聞》의 기사가 실렸다는 사실이 신문에 보도된 적이 있었다. 그 《만주신문》 기사의 부제는 바로 "반도半島의 젊은 교사가"로 되어 있다. 여기에서 '반도'란 조선의 비칭이며, 당시 일본은 조선 사람을 '조센진', '반도인'이라는 비칭으로 불렀다. 정복자의 입장에서 우리를 모욕하기 위해 '특별히' 사용한 용어를 지금에 이르러서도 계속 사용하는 것은 민족정신에 대한 '모욕'이 아닐 수 없다.

사진과 발명 그리고 진보

　오늘날 '사진寫眞'이라는 용어는 너무도 친근한 말이 되었지만, 원래 '사진寫眞'이라는 한자어는 "인물의 초상을 그리는 것"으로서 '초상화'의 전통 명칭이었다. 그리려는 인물의 형상을 그대로 표현해내야 했기 때문에 '사진寫眞'이라고 했던 것이다. 이러한 의미의 '사진'이 오늘날과 같은 'photograph'의 뜻으로 변용된 것은 바로 일본에서 만들어진 '사진'이라는 용어가 원래 지니던 뜻을 몰아내고 새로운 의미를 지닌 용어로서 완전히 자리를 잡았기 때문이다.

'발명發明'이라는 단어는 원래 "죄인이 스스로의 결백 등을 밝히다, 변명하다."라는 뜻의 한자어였다. 그런데 "새로운 것을 만들어내다."의 뜻을 가진 일본어로서의 '발명'이라는 용어가 수입되면서 원래의 용례를 완전히 몰아내게 되었다.

'방송放送'이라는 말은 원래 "죄인 등을 놓아 주다."라는 뜻이었는데, "전파에 의한 매스커뮤니케이션"이라는 뜻을 지닌 일본어가 우리나라에 진입함에 따라 그 의미가 완전히 변모했다.

'식상하다'의 '식상食傷'은 "상한 음식에 의해 비위가 상한 병증, 식중독"이라는 뜻으로서《조선왕조실록》에도 이러한 용례가 있으나, 오늘날과 같은 의미의 '식상하다'는 일본어가 들어온 뒤 원래 지닌 의미는 사라지고 말았다.

'이익利益'이라는 단어는《삼국유사》에서 '이롭다'는 고유의 의미를 지녔으나, 'interest'의 일본 번역어로서 이 땅에 들어와 경제 의미로 정착되었다.

'공원公園'은《조선정조실록》에서 '관유官有의 정원庭園'이라는 뜻으로 사용되었으나 'park'의 번역어로서 일본에 의해 대체되었다. '진보進步'라는 단어도 원래 우리나라에서 "발을 옮겨 앞으로 나아가다."로 쓰였으나, 일본에 의해 'advancement'와 'progress'의 번역어로 사용되었다.[4]

'금속활자'에서 사용되는 '활자活字'도 일본제 한자어다. 활자라는 일본제 한자어가 사용되기 전 우리나라에서 이 말에 해당하는 용어는 '주자 鑄字'로서 오히려 원래의 의미에 더 가깝다.

'꽃미남 허문학'

'조사調査'라는 일본 한자어에 의해 밀려난 우리나라 전통 한자어는 '상고相考'고, '연구硏究'라는 일본 한자어에 밀려난 전통 한자어는 '궁구 窮究'다.

'학자' 역시 일본 한자어로서 '문학文學'이 전통 한자어였다. 2012년 초 인기리에 방영되었던 드라마《해를 품은 달》에서 '꽃미남 허문학'이 등장했는데, 여기에서의 '문학文學'이 바로 학자, 선비라는 뜻의 '문학文學' 이다.

이러한 의미를 지닌 '문학'은 지금에 이르러 사용을 하지 않아 어색한 감도 있지만, 곰곰 생각해볼수록 고유의 '맛'이 풍겨 나오는 말이다.

'직업職業' 역시 일본 한자어로서 전통 한자어는 '생애生涯'였다. 은근한 맛과 묘미가 풍겨나는 말이다. '가계家計'의 전통 한자어인 '형세形勢'는 직접 표현을 피해 멋들어진 은유 표현을 사용한다.

일본제 한자어인 '지진地震' 대신 사용되었던 전통 한자어는 '지동地動' 이었다. '땅이 움직이다.'는 뜻에서 더욱 정확하다고 할 수 있다.

---

4   유미진,〈한국 개화기 교과서에 나타난 일본 근대 번역 한자어에 관한 연구〉, 박사논문, 2005년 참조할 것.

'소매小賣'의 전통 한자어인 '산매散賣' 역시 마찬가지다.

'책표지'의 '표지表紙' 또한 일본제 한자어인데, 이전에는 '책의 옷'이라 하여 '책의册衣'라는 말이 쓰였다. 이러한 방식으로 '장원壯元'은 '우등優等'으로 변했고, '일색一色'은 '미인美人'이라는 일본제 한자어에 의해 기억의 저편으로 밀려났다.

'판수判水'와 '토설吐說'이라는 전통 한자어도 각각 '맹인盲人'과 '자백自白'이라는 일본 한자어에 의해 사라졌다.[5]

'비자금秘資金' 역시 일본식 용어다. 조선시대 임금이 사용하는 돈은 '내탕금內帑金', '내탕전內帑錢'이라고 했다.

'국회 본회의'

우리나라 국회에서 '국회 본회의國會 本會議'라는 말을 자주 사용한다.

이 용어는 '일본의 중의원과 참의원 국회'에서 비롯된 어휘다. '국회 본회의'에서 '본本'을 '본래의'라는 의미로 풀어 '국회의 본래 회의'라고 한다면, 국회의 다른 회의는 모두 '가짜' 회의라는 말인가?

국회 본회의라는 용어 대신 국회 상임위원회 회의와 구분해 '국회 전체회의'나 단순히 '국회 회의'라고 하면 된다. 우리나라처럼 일본어의 영향이 큰 타이완은 우리의 국회에 해당하는 입법원立法院 회의는 '입법원 본회의'라 하지 않고 그냥 '입법원 회의'로 표기한다. 중국 전인대는 '전인대 회의'나 '전인대 전체회의'라는 용어를 사용한다. 오직 일본만 '중·참의원 본회의'라는 용어를 사용하고 우리가 이를 그대로 '베낀' 것이다.

'본법本法'이라는 용어도 우리 법률에서 자주 사용되는데, 이 역시 많은 문제점이 있다. '본법'은 '본래의 법률' 또는 '모법母法'과 의미상 혼란을 초래할 가능성이 있기 때문에 '이 법률'로 바꾸어 써야 한다.[6]

원래 '본本'이란 지시관형사는 '이'의 뜻과 같이 '본래의'라는 의미가 동시에 있기 때문에 더욱 혼란을 가중시켰다. 위의 '본회의'도 이를테면 '이 회會'라는 의미를 가진 '본회本會'와 쉽게 혼동을 줄 수 있다.[7]

본인本人, 본법本法, 본고本稿, 본부本部······ 등등 '본本'이라는 자를 사용하는 용어가 우리 주위에 아주 많다. '본격화本格化'나 '본격적本格的'이라는 용어도 마찬가지다. '본부本府'란 일제 시대 조선총독부를 지칭하던 말이었다. 이 같은 말에서 '本'은 '日本'이라는 뜻이 담긴 조어다.[8] 오랫동안 우리말에 침투한 일본어 잔재를 연구해온 최규일 교수에 따르면, '본本'이 들어간 이러한 말은 일제 시대 일본식 교육현장에서 생긴 어휘로서 당시 일본인과 일본 교육을 받은 지식인의 일인日人, Nippon 정신이 담긴 말이다.

---

5 伊達丈浩, 〈현대 한국어 신어의 어휘 연구〉, 석사논문, 1998년 참조.
6 신각철, 〈법령에서 쓰이고 있는 일본식 표기 용어의 정비〉, 《새국어생활》 제5권 제2호, 1995년 여름호.
7 이 점에서 현재 사용되는 '본인'은 '나' 또는 '저'로, '본고'는 '이 글', '이 논문', '이 원고'라고 바꿔 써야 한다.
8 최규일, 〈방송과 신문에 나타난 일본식 말 순화〉, 《새국어생활》, 국립국어연구원, 1995년.

'주식회사'도 바뀌어야 하고, '노동조합'도 바뀌어야

'주식株式', 한자어만 봐서는 도저히 해석을 할 수 없는 단어다. 그도 그럴 것이 이 '주식株式'이라는 단어는 일본이 서구의 상법을 도입하면서 자기 식으로 만든 신조어이기 때문이다.

'주식'이라는 용어는 '좌座'나 '조組'라는 일본 고유의 상업제도에서 유래한 것으로서, 상인이 영업지역을 한정해 영업 기간이나 매매 상품 등을 정해 영업을 하는 시좌市座가 생겼다. 14~15세기에 이르러 이러한 좌座의 수가 급증하자 이를 상속이나 매매 등의 대상으로 한 것이 오늘날의 주식의 기원이다.[9] 그리고 1898년 일본의 구舊 상법이 영어 'stock'을 '株'로 옮겨 '주식'이라는 단어를 법률 용어로서 수용했다.

'주식'이라는 일본제 한자어는 비록 한자로 표기되고는 있지만 음독音讀되지 않고 훈독訓讀되는 순수 일본어로서 우리가 알고 있는 '주식株式'이라는 한자와 관련성을 지니지 않는다. 이처럼 일본의 옛 상업제도에서 비롯되었고, 순수 일본어인 '주식'이라는 용어를 그대로 사용한다는 사실은 부끄러운 일이 아닐 수 없다.

참고로 중국에서는 '주식株式'이라는 말 대신 '고분股分'을 사용하며, 우리나라에서는 1905년 경 '고본股本'이라는 말을 사용했었다.

'회사會社'라는 용어는 일본 상법이 서구의 회사제도를 도입하면서 '회

---

9   임중호, 〈한국에서의 외국법의 계수와 법률 용어의 형성과정〉, 《법학논문집》, 제26집 제2호, 2002년.

會'라는 글자와 '사社'라는 글자를 합성해 '회사會社'라는 용어를 새로 만들었다.

일본은 서양의 전문용어를 번역하는 과정에서 동일한 글자를 거꾸로 사용해 동의어나 반대어를 많이 만들었다.[10] 일본은 영어 'society'라는 용어에 사람이 모이는 것을 의미하는 '사社' 자를 기초로 해 '사회社會'라는 단어를 만들고 이것을 다시 도치倒置시켜 회사會社라는 단어를 만들었다. 지나치게 편리한 억지며 제멋대로다. 이러한 사례로는 '결의'와 '의결', '합병'과 '병합', '증서'와 '서증' 등이 있다. 중국에서는 '회사會社'라는 용어 대신 '공사公司'라는 단어를 사용한다.

'노동조합'이라는 용어 중 '조합組合'은 독일 민법상의 'Gesellschaft'를 일본 민법에서 '조합組合'이라는 단어로 번역해 차용한 것이다.[11] '조합組合'이라는 단어는 비록 한자어로 표기하지만 표기만 한자로 하고 읽기는 일본 고유어로 읽는 '훈독訓讀'되는 순수 일본어다. '組合'이라는 한자만으로는 그것이 무슨 의미인지 도대체 해석할 수가 없다. 참고로 중국에서는 노동조합을 '공회工會'라고 표기한다.

---

10 유미진, 〈한국 개화기 교과서에 나타난 일본 근대 번역 한자어에 관한 연구〉, 박사논문, 2005년.
11 임중호, 위의 논문.

자동차自動車와 공해公害

'자동차自動車'는 과연 문자 그대로 '스스로 움직이는 차'일까? 엔진에 휘발유를 넣어 동력을 얻음으로써 비로소 움직이는 것이 아닌가?

'전동차電動車'라는 용어가 '전기의 힘에 의해 움직이는 차'라는 의미로 만들어진 점을 상기한다면, '자동차'라는 용어는 확실히 잘못된 조어법이라는 것을 알 수 있다. 요즘 들어 부쩍 관심이 많아진 '자전거自轉車' 역시 문자 그대로 '스스로 돌아가는 차'가 아니다. 사람이 발로 힘을 가해야 비로소 굴러간다.

이름명칭과 실제내용가 부합하지 않다. 물론 '자동차'와 '자전거'라는 말 역시 일본어다.

'공해公害'라는 말은 오늘날 '환경오염'이라는 뜻으로 널리 사용되지만 이 용어 역시 일본식 조어다. '공해公害'의 한자어를 그대로 풀어보면 "공공의에 대한 해로움"이라는 의미로서 예로부터 '공공의 이익', '공리公利'의 반대어로 사용되었다. 이러한 말을 '환경오염'이라는 의미로 곧장 연결시키는 것은 지나친 억지이자 '인공 언어人工言語, Kunstsprache'가 아닐 수 없다.

'문화재文化財'

우리 사회에서 '문화재文化財'라는 말을 자주 쓴다. '문화재'란 넓은 의미에서 보면 눈에 보이는 물질 표현뿐만 아니라 구전음악, 인종학 유산,

민족, 법, 습관, 생활양식 등 인종과 국민 체질의 본질을 표현하는 모든 것을 포괄한다. 이러한 까닭으로 요즘에는 문화재라는 말보다 문화유산이라는 말이 널리 쓰인다.

소비에 사용되는 재화를 '소비재'라 지칭하고, 소비재 생산에 사용되는 재화財貨를 '생산재'라 부르는 것처럼 문화재 역시 문화와 관련된 재화를 칭한다. 엄밀히 말하면 재화란 기계나 가구 등 유형물을 의미하며, 반면 교육이나 의료 등 무형물은 '용역서비스'이라고 지칭된다.

이러한 시각에서 본다면 '문화재'라는 용어는 눈에 보이는 유형물을 의미하는 '재화'라는 단어를 사용함으로써 눈에 보이지 않는 무형물의 '문화유산'을 포괄해내지 못하는 용어임을 알 수 있다.

'문화재'라는 용어 대신 "문화의 산물, 법률·학문·예술·종교 따위의 문화에 관한 것"의 의미를 지닌 '문물文物'이라는 용어가 합당하다.

입차入車, 출차出車, 주차장

주차장 입구에서 '입차入車', '출차出車'라고 적힌 표지판을 자주 보게 된다. 이러한 '입차入車'와 '출차出車'는 "들어가는 차", "나오는 차"라는 뜻으로 사용되는데, 어법에도 전혀 맞지 않은 '수준 낮은' 용어의 범람으로 인해 우리 언어생활에 심각한 오염이 진행된다. 참고로 중국어에서 '출차出車'는 한자의 의미 그대로 "차를 운전하여 밖으로 나가다."라는 의미로 사용된다.

'주차장'이라는 단어도 곰곰이 생각해 보면 상당히 문제가 있는 용어다. 현재 중국에서는 '주차장' 대신 '정차장停車場'이라는 용어를 사용한다. '주차장駐車場'이란 "자동차가 머무는 곳"이라는 의미로서 자동차 위주의 사고방식이다. 중국의 '정차장停車場'이라는 용어는 "자동차를 멈춰 세운 곳"이라는 뜻으로서 '주차장'이라는 용어에 비해 인간 위주의 사고방식에서 비롯되었다고 할 수 있다.

아름다운 한강변을 온통 자동차도로가 점령하고 모든 교통 시스템을 자동차 위주로 구축했으며, 지하 40미터에 도로를 건설한다는 발표까지 나온 바 있으니, 참으로 인간과 환경을 자동차 아래로 놓는 수준 이하의 사고방식이 아닐 수 없다.

우리 사회에 만연한 자동차 위주의 사고방식은 당연히 자동차 위주의 용어를 생산하게 된다.

향응과 인기

'향응饗應'이라는 용어는 "음식을 차려 융숭하게 대접함. 또는 그 대접"이라는 뜻으로서 "향응을 베풀다.", "향응을 받다.", '향응 제공'처럼 사용된다. 어려운 한자인데도 우리나라에서 어엿한 법률 용어로 등록되어 있다.

이 용어 역시 일본이 만들어낸 한자어로서 원래 '향饗'이라는 한자어 자체가 이미 "술과 음식을 접대 받다."는 뜻이 있어 뒤의 '응' 자가 필요 없이 '향饗'이라는 한 글자로 충분하다. 이렇게 한 글자만으로도 가능한데 굳이 두 글자로 단어를 만들어낸 것은 일본식 한자어를 만들 때 두 글자

방식으로 만들어온 일본의 조어 관습 때문이다.

'인기人氣'라는 단어도 일본식 용어인데 한자 그대로의 뜻으로 보면, '사람의 기운'이라는 말로서 무슨 의미인지 전혀 알 길이 없다. '명성名聲'이나 '명망名望'이라는 말이 정확한 용어다.

'가슴이 아픈' 일본어의 '간섭'

우리 사회에 나타나는 일본식 언어에의 종속성은 비단 용어에 그치지 않는다. 우리가 평소 생활하면서 자신도 모르게 일본식 문장을 그대로 사용하는 때도 너무 많다.

"애교가 넘치다.", "눈에 넣어도 아프지 않다.", "귀가 멀다.", "흥분의 도가니", "도토리 키 재기", "새빨간 거짓말", "눈이 높다.", "손을 떼다.", "손을 대다.", "손을 빼다.", "손을 흔들다.", "침을 삼키다.", "패색이 짙다.", "반감을 사다.", "불을 붙이다.", "마각을 드러내다.", "돛을 올리다.", "밥이 목구멍으로 넘어가지 않는다." 등등이 모두 일본식 문장이다.

이뿐만이 아니다.

"꿈같은 일", "눈을 의심한다.", "꿈처럼 지나가다.", "눈살을 찌푸리다.", "물거품", "귀가 아프다.", "귀를 의심하다.", "귀를 세우다.", "몸을 던지다.", "가슴이 아프다.", "가슴을 펴다.", "머리가 나쁘다.", "화를 풀다.", "호감을 사다.", "엉덩이가 무겁다.", "입이 무겁다.", "콧대를 꺾다.", "무릎을 치다.", "손꼽아 기다리다.", "낙인을 찍다.", "폭력을 휘두르다.",

"비밀이 새다.", "얼굴이 두껍다.", "손에 땀을 쥐다.", "귀에 못이 박히다.", "가슴에 손을 얹다.", "순풍에 돛을 달다.", "눈시울이 뜨거워지다.", "욕심에 눈이 어두워지다.", "이야기에 꽃이 피다.", "궤도에 오르다.", "기가 막히다.", "그물에 걸리다.", "닻을 내리다.", "어깨가 가벼워지다.", "기대에 어긋나다.", "궁지를 벗어나다.", "입술을 깨물다.", "목을 비틀다.", "말을 뱉다." 등등의 관용구 역시 언뜻 순수한 우리말 표현인 듯 보이지만 사실은 일본식 표현 방식이다.

이러한 관용구 중 몇 가지 예를 일본어 문장과 대비시켜 보자.

순풍에 돛을 달다	順風に帆を揚げる
귀에 못이 박이다	耳にたこが出來る
도토리 키 재기	どんぐりの背くらべ
가슴에 손을 얹고	胸に手を置く
고양이 목에 방울을 달다	猫の首に鈴を付ける
마각을 드러내다	馬脚を現わす
마음을 주다	心をやる
눈시울이 뜨거워지다	目頭が熱くなる
비밀이 새다	秘密が漏れる
손에 땀을 쥐다	手に汗をにぎる
애교가 넘치다	愛嬌が溢れろ
낙인이 찍히다	烙印をおされる
욕심에 눈이 어두워지다	欲に目がくれる
새빨간 거짓말	眞赤なうそ

종지부를 찍다　　　　　　終止符を打つ
이야기에 꽃이 피다　　　　話に花がさく
콧대를 꺾다　　　　　　　鼻を折る

이러한 관용구 중에는 거꾸로 한국어가 일본어에 영향을 끼친 용어도 있지 않느냐는 반론도 존재할 수 있을 것이다. 하지만 위에서 볼 수 있듯이 어근이나 어간, 접미사 등 문법 형태소形態素 하나하나의 기능과 의미가 일본어와 정확히 일치하는 것은 이들 우리말 관용어구가 일본어의 '간섭'과 무관하게 스스로 만들어졌다고만 주장하기 어렵다는 점을 보여준다.

"이러한 현상이 우연이거나 스스로 생긴 것으로 보기는 불가능하며, 현대 한국어의 문어文語에 주로 나타나는 독특하고 새로운 통사구조統辭構造나 관용구는 외국어의 학습이나 번역 과정과 같은 언어 접촉을 통해 간섭을 받은 결과라고 이해된다."는 것이다.[12] 특히 언어에 있어서 '문화 강자'가 '문화 약자'에 대해 갖는 월등한 영향력에 비추어 볼 때 이러한 간섭 현상은 인정할 수밖에 없다.

이뿐만 아니라 '짝사랑片戀', '꽃다발花束', '뒷맛後味', '돈줄金蔓', '벽걸이壁掛' 등과 같이 평소에 순수한 우리말로 알고 무심코 쓰는 말도 사실은 일본말을 그대로 직역한 것이다.

12　이러한 일본어 관용구의 한국어에 대한 '간섭' 현상에 대해서는 송민, 〈언어의 접촉과 간섭 유형에 대하여〉, 《성심여자대학교논문집》, 1979년을 참조할 것.

훈독訓讀 한자어로 된
일제한어日制漢語

우리나라에서 흔히 쓰이는 '간주하다'라는 말이 있다.

이 말이 일본에서 만들어진 일본 고유어라는 사실은 잘 알지 못한다. '간주看做'라는 말은 비록 한자어지만, 일본에서 음으로 읽지 않고 뜻으로 읽는, 훈독訓讀하는 일본 고유어다. 실제 '간주하다'는 말은 일본에서 '看做す' 또는 'みなす'라고 쓰고 읽을 때는 한자와 전혀 관계없이 일본어 '미나쓰'로 읽는다.[13] 신라시대 이두와 마찬가지 이치다. 일본의 완전한 고유어를 우리가 굳이 한자음을 붙여 '간주'라고 읽으면서 우리말인 것처럼 사용하는 것이다.

이러한 용어는 한자로 표기되어 표음식表音式 한자음으로 읽을 뿐이지 한자어가 아니라 순수한 일본 고유어다. 한자어로 쓴 일본어인 것이다.

이렇듯 한자로 표기되어 훈독하는 일본어 어휘는 일본에서도 비공식 informal 용어로서 일상생활에 사용되며, 공식formal 음독 한자어와 구별된다. 훈독訓讀하는 일본식 용어를 그대로 받아들여 음독音讀하는 우리 언어 현실은 참으로 우스운 장면이 아닐 수 없다.

이러한 유형에 해당하는 훈독 일본 고유어는 다음과 같이 광범하게 사용된다.[14]

---

13 신각철, 위의 글.
14 이 분야에 대해서는 伊達丈浩의 앞의 글을 참조할 것.

간과看過, 견지見地, 게양揭揚, 인상引上, 인도引渡, 인하引下, 동사凍死, 수속手續, 적립積立, 할인割引, 조합組合, 인수引受, 입장立場, 호명呼名, 역할役割, 하청下請, 매점買占, 매도賣渡, 매수買受, 절하切下, 수당手當, 신원身元, 모피毛皮, 천막天幕, 청부請負, 건물建物, 하중荷重, 청취聽取, 경합競合, 절상切上, 인계引繼, 차압差押, 거치据置, 대출貸出, 견적見積, 조립組立, 견본見本, 취조取調, 호출呼出, 추월追越, 선취先取, 소매小賣, 대부貸付, 흑막黑幕, 내역內譯, 가불假拂, 견습見習, 취급取扱, 비치備置, 취하取下

'특종特種'이라는 말도 "특종했다!" 등과 같이 언론계에서 자주 사용되지만, 이 역시 일본 고유어라는 사실은 잘 알려지고 있지 않다.

'특종'이라는 용어는 일본에서 'とくだね'로 읽는데, 앞뒤 글자 모두 훈으로 읽는 '看做'와 달리 '특'은 음으로 읽고 뒤의 '종'만 훈으로 읽는다. 하지만 훈으로 읽는 단어를 합쳐 만들었다는 점에서 역시 일본 고유어다.

이러한 유형의 단어는 다음과 같다.

지불支佛, 화물貨物, 수순手順, 가계약假契約, 주식株式, 대합실待合室, 부지敷地, 적자赤字, 지분持分, 매립지埋立地, 청사진靑寫眞, 연인원延人員, 가석방假釋放

'불법不法'과 '위법違法', 어떤 차이인가?

'불법不法'과 '위법違法', 이 두 용어는 유사하지만 동일하지 않다.
과연 어떤 차이가 있는가?

한마디로 말하자면, 불법은 합법合法의 반대어이고, 위법은 적법適法의 반대어다.

불법의 개념에 위법의 개념이 포함되지만 양자의 혼용도 빈번하므로 엄밀히 구별할 실익은 없다고 여겨진다. 다만 위법성 판단에는 위법한가, 위법하지 않은가의 양자택일의 문제만 남지만, 불법의 판단에는 불법의 정도量가 큰가, 적은가 하는 비교 판단이 가능하다. 살인과 절도는 모두 법질서에 위반하는 행위, 위법행위다. 그런데 살인의 불법 정도가 절도의 불법 정도보다 크다고 평가된다.

그렇다면 과연 중국에서는 이들 용어가 어떠한 의미가 있으며 또 어떤 차이가 있을까?

중국에서는 현행 법률 조문에 직접 어긋나는 것을 위법違法이라 하고, 통상 형사 범죄처럼 법률에 의한 엄격한 처벌을 받게 된다.

'비법非法'은 법률의 정신 또는 법률 조문에 위배되는 것으로서 이 반대어는 바로 '합법'이다. 위법 행위는 형법이나 여타 다른 법률의 처벌 조항에 적용되지만, '비법' 행위는 때로는 무효나 철회 선고를 받게 된다.

'불법不法'에 대해서는 명확한 법률 규정이 존재하지 않는다. 행정의 '불법'은 현대 법학이론상 '금지'로 인식되며, 일반 민간의 '불법'은 처벌을 받지 않는다.

따라서 중국의 '非法'이 우리말의 '不法'과 동일한 개념이다.

그러나 엄밀히 따져보면, '不'이 명사 앞에 붙을 때에는 형용사를 만들게 된다. 그러므로 '不法'은 '불법인'이라는 의미의 단어로서 영어로 말하면 'illegal'이다. 'illegal'은 명사가 아닌 형용사로서 '불법인'이라는 의미고, '불법행위' 또는 '위법'이라는 명사의 의미는 'illegality'다.

우리나라에서 '非法'이 사용되지 않고 '不法'이라는 용어가 사용되는 주요한 원인은 바로 일본에서 사용되는 '不法'이라는 용어가 직수입되었기 때문이다. 사실 '불不' 자는 구어체 수식어라는 점에서도 '비非' 자를 사용하는 것이 더욱 타당하다.

우리나라에서는 '불인간'이 아니라 '비인간非人間'이고, '불상식'이 아니라 '비상식非常識'이며 '불합법'이 아니라 '비합법非合法'이라는 조어법이 사용된다.

또한 '비완전'이 아니라 '불완전不完全'이고, '비공평'이 아니라 '불공평不公平'이다. 이러한 현상은 겉으로만 보면, 뒤에 오는 단어와의 연결을 고려한 발음상의 '관행'으로 볼 수 있을 것이다.

하지만 놀라운 사실은 일본어에서도 '불인간'이 아니라 '비인간', '불상식'이 아니라 '비상식', '불합법'이 아니라 '비합법'이며, '비완전'이 아니라 '불완전'이고, '비공평'이 아니라 '불공평'이라는 점이다. 또 우리말의 '비공식非公式'은 일본어에서도 '불공식'이 아니라 '비공식'이고, '불확실不確實'은 일본어에서도 '비확실'이 아니라 '불확실'이다.

여기에서도 알 수가 있듯이, 우리말에서 나타나는 '비非' 자와 '불不' 자의 용법조차도 일본어를 그대로 직수입하는 과정으로부터 비롯되었을 가능성이 농후하다.

'무핵화無核化'가 아니라 '비핵화非核化'라는 용어만이 사용되는 현상도 동일하다.

번역 용어에 대한 중국에서의 논의

중국에서도 번역 용어의 타당성에 대한 논의가 진행 중이다.

예를 들어 'ideology'를 중국에서는 '의식형태意識形態'라고 번역한다. 'ideology'는 원래 그리스어 'ιδεα사상, 관념'과 'λογοσ이성, 학설'의 합성어로서 '사상학', '관념학'의 뜻이다. '의식형태'란 말도 일본에서 만든 번역 용어였는데, 얼마 지나지 않아 일본에서도 이 용어를 사용하지 않고 현재의 우리처럼 대신 음역音譯해 표기하게 되었다. 중국의 곽말약郭沫若이 1938년 일본에 망명 중 마르크스와 엥겔스의 《Die deutsche Ideologie》를 《독일 의식형태獨逸 意識形態》로 번역, 출판하면서 '의식형태'라는 용어가 중국에서 널리 사용되었다.

중국은 '사회주의 국가'인만큼 '의식형태'라는 용어를 빈번히 사용한다. '의식형태'라는 이 번역어는 우선 'logy'에 '형태'라는 의미가 전혀 없기에 번역어로서 맞지 않다. 또한 'ideology'라는 용어는 "어떤 상황의 진실성에 대한 의식인, 무의식인 위장"이라는 이미지로서 주로 반대 측을 비난하는 용어로 사용된다. 중국에서 '의식형태'라는 용어를 사용할 때 실제로 '의식'에 중점을 둘 뿐 '형태'라는 의미에는 주목하지 않고 있다. 결국 'ideology'라는 용어가 지닌 '좋지 않은 의미'는 사라지고 만다.

이러한 상황에서 볼 때 '의식형태'라는 용어는 'ideology'가 지닌 의미를 정확히 반영하지 못하기에 중국도 중국식의 조어를 통해 적절한 용어를 만들어내야 한다는 주장이 대두되고 있다.

2

'현재진행형'인 일본어에의 종속

'현재진행형'인 일본어에의 종속

근대화 시기 서구 문명에 대한 수용 정도와 지식층의 양과 질 수준에서 우리나라나 중국에 비해 월등한 상황에 있었던 일본이 서방 세계로부터 유입된 용어를 '자신의 눈에 의해' 정립해냈다. 메이지 유신 이후 일본은 문명개화라는 기치를 내걸고 서양의 과학 문화 기술을 적극 수용했고, 이 때 새로운 용어가 우후죽순처럼 만들어졌다.

반면 우리나라와 중국은 문명개화에 대한 의지가 매우 부족했기 때문에 새로운 용어의 창출이 미미했다. 일본이 서양을 '번역'해 만든 이른바 '화제한어和製漢語', '일제한어日製漢語'가 우리나라와 중국의 언어에 깊숙이 침투해 마침내 언어를 석권했다.

그나마 중국은 상당수의 용어를 자체로 재검토해 정립시켜 왔으며 현재도 그러한 정책을 추진 중이다. 이에 비해 우리나라는 일제 식민지 시기 이후 국토 분단과 동족상잔 그리고 급속한 근대화 과정을 겪으면서 언어상의 '청산' 작업을 전혀 수행하지 못한 채 오늘날까지 일본이 만들어 놓은 용어를 그대로 답습하는 실정이다.

언어의 사회성을 인정할 수밖에 없겠지만, 이러한 현상은 우리나라가 아직 일제 식민지시대를 정신으로 완전히 극복해내지 못한 상징 징표가 아닐 수 없다.

민족문화란 언어를 바탕으로 이뤄지며, 말이 제대로 정립되지 않고서는 민족문화와 민족정신이 제대로 설 수 없다.

'저돌적猪突的'이라는 말 역시 일본식 조어로서 우리가 자주 사용하는 용어다. '저猪'란 멧돼지로 일본에서 '용감하게 앞으로 나아가는 상징'으로 존숭 받는 동물이다. 일본의 많은 성씨 중에는 猪木, 猪谷, 猪口 등 '저猪' 자가 포함되어 있을 정도다. 같은 돼지라도 '돈豚'은 일반 식용 돼지로 일본에서는 '저猪'와는 완전히 상반되는 비만, 게으름, 더러움의 이미지다.

우리와 다른 문화 배경에서 만들어진 '저돌적'이라는 말은 우리에게 낯설 수밖에 없다. 이렇듯 낯선 용어를 사용하면 사회 곳곳에서 정확하지 못한 여러 가지 왜곡 현상이 발생할 수밖에 없다.

이러한 낯설음과 왜곡은 기념식수에서도 나타난다. 기념식수라면 으레 섬잣나무를 많이 심었다. 나이든 분은 기념식수 하면 당연히 그 나무를 심는 줄 알았다. 어릴 적부터 일본 사람이나 고관이 섬잣나무를 기념식수하는 모습을 보고 자랐으며, 그것이 관행처럼 굳어졌기 때문이다. 그러나 이 섬잣나무는 일본나무다. 특히 이 나무를 정부 기관 관공서에 '기념으로' 많이 심었는데 아이러니가 아닐 수 없다. 국회에도 기념으로 심은 이 나무가 많다.

본좌, 초식남, 간지

무엇보다도 심각한 점은 일본식 용어를 사용하는 현상이 일제 식민지 시대의 유산이라는 사실뿐만 아니라 지금 이 순간에도 계속 진행되는 '현재진행형'이라는 사실이다. 안타깝게도 각 분야에서 새로운 용어를 우리 스스로 창조해내려는 노력은 매우 드물다.

'파출부派出婦', '원조교제援助交際', '폭주족暴走族' '재테크財-tech' 등 일본 언론이 만들고 우리가 그대로 베껴 쓰는 국적 불명의 용어와, '생명生命 보험'의 '생명'참고로 중국에서는 이 '생명보험'이라는 용어 대신 '인수(人壽) 보험'이라 부른다 등 일본에서 현재 사용되는 유행어를 직수입해 버젓이 우리말인 것처럼 사용하는 예는 너무나 많다.

'본좌', '초식남', '간지' 등 일본의 유행어를 TV 방송에서 무분별하게 들여와 드라마나 각종 프로그램에서 마구 사용하는 것은 이러한 상황을 더욱 악화시킨다.

이뿐만이 아니다. 화염병火焰瓶, 공처가恐妻家, 음치音癡, 민영화民營化, 지방시대地方時代, 수도권首都圈, 삼림욕森林浴, 세뇌洗腦, 연인원延人員 등등의 용어는 우리가 무의식중에 사용하지만 사실은 일본이 만들어낸 신조어다. '지방색地方色', '인사불성人事不省' 역시 일본제 한자어의 전형이다.

이들 일본 용어가 그대로 우리나라에 흘러들어와 마치 원래부터 우리말이었던 것처럼 사용되는 현실이다.

'공처가'라는 용어는 1952년 소설가 아베의 동명소설 《공처가恐妻家》가 출간되면서 유행했고, '화염병'이라는 말은 1952년 도쿄 역 주위에서 벌어졌던 시위 중 시위대가 경찰을 공격하면서 '화염병'이라는 용어가 처음

쓰이기 시작했다.¹⁵

　우리말에서 널리 사용되는 '논리적論理的', '평화적平和的' 등 접미사 '～적的'이 붙어 만들어진 수많은 파생어 역시 일본제 한자어에서 비롯되었다. 중국어에서도 '적的'은 자주 사용되지만, '～의', '～것', '～하는 사람' 등의 의미로 사용되어 전혀 다른 사용법이다. 이밖에도 '물가고物價高', '어획고漁獲高' 등의 '～고高'나 '조건부條件附'의 '～부附' 그리고 '수입선輸入先' 등의 '～선先' 역시 일본제 한자어에서 비롯되었다.¹⁶

15　伊達丈浩, 위의 논문.
16　伊達丈浩, 위의 논문.

문장 표현에서의 일본식 표현

일본어에는 '~해야 한다.'라는 긍정 표현이 아예 존재하지 않고, 대신 '~하지 않으면 안 된다.'라는 '부정의 부정' 표현 방식만이 있을 뿐이다. 법조문을 포함해 우리나라에서 사용하는 문장 중 '~하지 아니하면 ~하지 못 한다.'라는 식의 표현이 바로 일본식 표현이다. 이러한 글은 '~해야 ~할 수 있다.'는 긍정 표현으로 바꾸는 것이 바람직하다.

우리말은 "가지 않는다." 또는 "안 간다."처럼 부정어가 술어의 뒤나 앞으로 모두 위치할 수 있다. 하지만 일본어에서는 "가지 않는다."에 해당하는 표현은 있을지라도 "안 간다."와 같이 부정어가 술어의 앞에 오는 법은 없다.[17]

우리나라 법조문이나 관공서 문건에서 "~한 자"라는 표현을 자주 보게 된다. 이는 일본어의 '~者'를 직수입한 표현 방식으로서 일본어에서 'もの'라고 훈독되는 일본 고유어다. 한자로 표기되었을 뿐 한자어가 아니다. 우리말에서 '자者'는 자립 명사의 구실을 하지 못하는 의존 명사로서 일본어와는 다른 어휘 성격을 지닌다. 그런데도 불구하고 우리나라 법령의 많은 부분에 일본 법령의 '~者'를 직역해 사용한다.

우리나라 법령에서 보이는 '피의자 이외의 자者', '전항前項의 자者', '범인 이외의 자者' 등에서 '자者'는 비칭의 느낌이 강하다. 이러한 '자者'는

---

[17] 김동욱, 〈일본어학 관점에서 본 우리 법령용어 및 문장구조의 문제점과 개선방향〉,《법령용어 및 문장구조의 문제점과 개선방안》, 한국법제연구원, 2002년.

존비 중립인 "~한 사람"과 비속어인 '놈' 중간에 위치한 존비 서열을 나타낸다. 따라서 '자者'라는 용어는 당연히 우리나라 고유어인 '사람'으로 바꾸어야 한다.

동일한 한자어라도 일본어와 우리나라 말 사이에는 어감 차이가 크게 존재한다. 이를테면 우리말 '선량한'은 '착한', '온순한', '순진한', '순박한' 등의 의미지만, 일본어의 '善良なる'이라는 단어는 '정직한', '성실한'이라는 이미지가 강하다. 따라서 일본어의 '선량'을 우리말의 '선량'으로 직역해서는 안 된다.[18]

광복 직후 일본 법령 문장에서 '토'만 한글로 옮기는 형태로 일본 법령 조문을 그대로 번역해 우리나라 법령 문장으로 만들었다.

광복 이후 친일 잔재 청산이 제대로 이뤄지지 않은 상황에서 각 분야에 일본 식민지시대의 친일 관료가 그대로 자리를 차지하고 있었다. 이들이 몸에 밴 일본식 용어를 계속 사용했기 때문에 행정, 법조, 치안 등의 분야에서 일본식 용어가 뿌리 깊게 굳어졌다. 가장 큰 문제는 현재에 이르기까지 이러한 관행이 극복되지 않고 현재진행형으로 이뤄진다는 사실이다. 이를테면 우리나라 민법이 일본 민법을 직역한 부분은 자그마치 60퍼센트에 이른다.[19]

일본말과 우리말은 풍습, 전통, 가치관 등 모든 면에서 언어감각이 다를 수밖에 없는데, 단지 입법 기술상의 편의성에 의해 비판없이 일본의 법률 개념과 용어를 남발해 국적 불명의 법률을 양산하는 것은 참으로 슬픈 현

---

18 김동욱, 위의 글.
19 홍사만, 〈우리 민법에 남아 있는 일본어식 용어〉,《어문논총》, 2004년.

실이다.

비단 법률 분야뿐만이 아니다. 학문의 각 분야, 언론에 이르기까지 일본식 용어를 무분별하게 그대로 베껴서 사용한다. 이러한 '잘못된' 현실을 바로잡지 않으면 언어에 있어서의 일본에 대한 종속과 언어의 민족정체성 상실이라는 비극은 오히려 심화·확대될 것이다.

언어생활은 사고를 규정한다

일본어는 원래 한자어를 부분으로 떼어내 문자를 만들었다. 이를테면 우리의 '이두' 방식이 보편화되면서 일본 언어가 탄생했다. 예를 들어 '加'라는 한자어에서 일본 문자 'カ'를 만들고, 한자 '宇'에서 일본 문자 'ウ'를 만들었으며, 한자 '久'에서 일본 문자 'ク'를 만들었다. 또한 한자 '安'의 초서체로부터 일본 문자 'あ'이 만들어졌고, '奈'라는 한자어 초서체에서 'な'라는 일본 문자가 만들어졌으며, 한자 '世'의 초서체로부터 'せ', '奴' 초서체로부터 'ぬ'의 일본 문자가 생겼다.

이렇듯 문자의 탄생 자체가 임의성과 편의성을 추구하는데, 이른바 '일제한어日制漢語'의 조어 방식이 일본 언어를 풍부하게 살찌우고 다양화하는 데 기여한 측면은 부인할 수 없다. 그러나 임의성과 편의성의 추구가 한자어가 지닌 의미와 어법을 지키지 않은 측면 역시 지적되어야만 한다. 이는 한자어 원래의 체계를 상당 부분 벗어난 것으로서 특히 우리나라처럼 기존의 한자어에 기반을 둔 사회에서는 그 의미와 어법상 혼란과 왜곡이 상당한 문제로 심화되어갈 수밖에 없다.

다른 시각에서 이해해 보자면, 이러한 현상은 일본 사회에서 사회 구성원 간에 일종의 '합의'와 '계약'에 의해 진행되는 경향으로 이해될 수 있다. 오히려 문제는 사회 구성원 사이에 '합의'나 '계약'의 과정도 전혀 없이 '일본식 언어'를 사용하는 우리나라다. 백 번 양보해 일제 식민지 시기로 인해 그러한 경향이 어쩔 수 없던 상황이었다고 할지라도, 현재까지 이러한 현상이 계속되는 것은 우리 언어의 정체성, 나아가 민족정체성 차원에서 대단히 심각한 문제다.

일본식 언어라고 해서 모두 배척하자는 것도 아니고 또 그렇게 할 수도 없다. 하지만 늦었다고 탄식만 할 것이 아니라 이제부터라도 의식과 정책으로 왜곡된 현상을 개선해 나가야 한다.

우리나라와 일본은 지리 근접성으로 인해 언어의 접촉과 간섭은 자연스러운 현상으로서 어느 정도 인정할 수밖에 없다. 우리나라와 일본 양국 관계는 식민지 시기를 거쳐 정치, 경제, 사회, 문화 등 각 분야에서 나타난 종속성이 심각한 수준으로서, 결코 프랑스와 독일 관계처럼 평등한 국가 관계의 차원과 동일하게 인식할 수는 없다.

언어가 인간과 사회에 미치는 엄청난 지배력과 영향력을 상기한다면, 언어의 종속성과 원칙에 맞지 않는 조어 방식으로 말미암아 결국 언어생활의 혼란과 극심한 왜곡을 초래하게 된다. 이는 우리나라 언어의 위기 상황이 아닐 수 없다. 그뿐만 아니라 이는 당연히 정신과 문화를 포함해 민족 삶의 총체에서 나타나는 종속화와 민족정신과 민족의식을 극도로 취약하게 만들 수밖에 없음을 인식해야 한다.

언어는 개념을 만들고, 언어생활은 사고를 규정한다.

3

'언어판言語版
식민지
근대화론'
극복을 위해

| '강박'된 언어

> 난, 꼭, 안따 우와끼가 또 하지마루 했나 그랬지.
> 죠오단쟈 나이와.
> 그래두 가만이 보려니까, 긴상이 권허는대루 무한정허구
> 술을 먹으니……

1940년 박태원이 발표한 소설 《애경愛經》의 한 대목이다. 일본어가 한글로 바뀐 채 그대로 본문에 사용된다. 말과 글을 빼앗긴 민족의 비극이 적나라하게 배어나는 장면이다.

언젠가 일식 현상이 나타났을 때 모든 언론이 "개기일식이 나타났다."고 흥분했다. 여기서 '개기'라는 말은 무슨 뜻인가? 이 말을 정확히 아는 사람은 별로 없을 것이다. '개기'는 '皆旣'라는 한자에서 왔다. '개기'란 '모두' 개皆라는 글자와 '이미', '다하다'라는 뜻을 가진 기旣 자가 합쳐진 글자로서 해석이 될 수 없는, '억지로 이상하게' 만들어진 일본 조어의 대표 사례다. 오늘날 우리는 일종의 '기호', 암호와 같은 용어를 그 의미도 제대로 알지 못한 채 '강제로' 암기되어 사용한다.

'단말기端末機'라는 말은 한자 그대로 풀이해 봐도 도무지 그 의미를 알 수 없는 용어다. 아니나 다를까 이 '단말기'라는 용어도 일본에서 그대로 들어왔다.

'포복절도抱腹絶倒'란 "몹시 우스워서 배를 그러안고 몸을 가누지 못할 만큼 웃는다."라는 뜻으로서 역시 일본식 조어다. 한자어로 해석해보면 도

무지 그런 뜻으로 풀이될 수가 없다. '절체절명絶體絶命' 역시 마찬가지다.

'서거逝去' 역시 일본 용어

'서거逝去'라는 말은 "명성이 높은 분이 세상을 떠나다."의 뜻으로 존경심을 담아 사용된다. 한자어 그대로 풀이하면 '지나가다', '사라지다', '소실되다'의 의미로서 실제 중국에서 '서거逝去'는 '가버린 사랑', '지나간 나날', '잃어버린 기억' 등으로 자주 사용된다. '백범 김구 서거 60주년'이라는 언론 기사를 김구 선생께서 보셨다면 매우 불편한 심정이실 게 뻔한 노릇이다.

일본에서 지위가 가장 높은 천황의 죽음은 '서거逝去'가 아니라 '붕어崩御'로 표기되며, 황족과 종3품 이상의 공경公卿, 뒷날에는 사무라이(武士)도 포함되었다의 죽음에 대해서는 '훙거薨去'라는 표현을 사용한다.

조선의 마지막 황제 고종이 세상을 떠났을 때 당시 신문《매일신보》와 《신한민보》는 각각 '훙거薨去'와 '붕어崩御'라는 용어를 사용했고, 순종이 세상을 떠났을 때는 '승하昇遐'라는 용어를 사용했다. "제2차 조선공산당 사건 검거에 관한 보고"라는 제하의 '경성지방법원검사국' 보고서에는 '6·10만세운동'을 언급하면서 "창덕궁 주인 '서거逝去'에 즈음하여"라는 용어를 사용한다. 당연히 조선 국왕의 격을 낮추려는, 조선이라는 나라의 격, 국격國格을 격하시키려는 의도에서 비롯된 용어다. 결국 이러한 의도가 관철되어 일제 시기를 거쳐 이 땅에서 '서거' 용어가 보편화된 것으로 추정된다.

'서거'라는 용어로 묘사되는 작금의 현실은 조선 사람을 2류 식민지 백성으로 전락시키기 위해 일본이 구사했던 언어 전략에 길들여진 희화화된 자화상이다.

국어사전부터 바꿔야

이렇게 우리말에서 '왜말'이 '판을 치게 된' 요인에 대해 소설가 김성동은 다음과 같이 지적한 바 있다.

> 왜말이 뚫고 들어와서 안방차지를 하게 된 까닭은 무엇인가? 한 마디로 당시의 먹물이다. 이른바 도일渡日 유학 1세대. 그들을 막대잡이로 한 도일 유학파가 왜말을 들여오기 시작했다. 여기에 확실한 영향을 끼친 사람이 문학인이었다. 최초의 신체시라는 최남선의 '해海에게서 소년에게'는 제목부터가 이상하지 않은가.
> 우리 문법이 아니다. 왜말로 문장수업을 했기 때문이다. 최남선을 우두머리로 이광수, 김동인, 염상섭, 현진건, 전영택, 주요섭, 나도향, 이상, '향수'의 시인 정지용까지도 왜말로 문학공부를 하고 습작을 했다.
> 레닌문학상을 받은 이기영, 조명희, 김남천, 이북명 등 1920년대의 카프작가도 왜말법으로 우리말을 더럽히는 데 크게 이바지했다. 우리말이 국적 없는 잡탕밥 꿀꿀이죽이 된 것은 무엇보다도 '국어

사전' 탓이 으뜸이다. 일본사전을 그대로 베끼다시피 한 탓이다. 이러니 일본 한자가 아무런 설명 없이 날것으로 실렸고, 일본식 문법이 판을 쳐 어떤 것이 우리 한자말이고 어떤 것이 일본 한자말인지 알아낼 도리가 없게 되었다. '단도리'라는 왜말이 '우리말 모음 사전'에 실려 있는 판이다. 아름다운 우리말을 궁구하려는 사람이라면 가장 먼저 멀리해야 할 책이 '국어사전'인 까닭이다.[20]

"일제 한자어를 추방하면, 한국인은 한 문장도 쓸 수 없다."

언젠가 한국에서 제기된 '일본어 추방' 관련 일본의 온라인 사이트를 살펴볼 기회가 있었다. 그 중 한 블로그에는 "일본제 한자어를 버리고 한글 순화? 하하하…!"라는 제목의 글이 있다.

이 글은 한국에서 반일 운동 차원에서 자주 일본어 추방 운동이 선동되지만 그런 한편으로 '핵가족', '주민운동', '자동판매기', '만차滿車' 등 새로운 일본식 한자를 계속 도입한다면서 비꼰다.

이 본문 아래에는 "한국인은 역시 민도가 낮은 바보다! 일본제 한자어를 추방하면 한국인은 한 문장도 쓸 수 없다. 한국인에게 문명을 가르쳐준 것은 일본이기 때문이다.", "한국어에서 일본제 한자어를 없애면 말 자체

---

20   김성동, 〈'먹물'들과 국어사전이 우리말 망쳤다〉, 《신동아》, 2001년 12월호.

가 없어져 버리는 거지!", "일한합방 전의 석기시대로 돌아가라고 해!", "언어라는 것은 습관이 지배하는 것이야!" 등의 댓글이 줄줄이 달려 있다. 급기야 이들은 "일제 한자어를 추방하면, 한국인은 한 문장도 쓸 수 없다!"고 공공연히 '선포'한다.

이렇듯 한국과 한국인을 '모욕'하는 일본인의 시각이야말로 우리의 대오각성과 분발이 필요함을 알려준다. 우리말이 일본식 언어로부터 벗어나지 않고서는 진정한 독립도 이룰 수 없다는 사실을 설명해주는 분명한 증거다.

'언어판言語版 식민지 근대화론'을 넘어서

일부에서는 언어의 사회성을 강조하면서 일본식 용어가 결국 우리 언어의 발전에 도움이 되었고, 동시에 일본식 용어가 상당한 정치성精緻性을 지닌다고 주장한다. 그러면서 오히려 우리 스스로 용어를 만들어내지 못한 점을 비판한다. 이는 영락없이 일본의 조선 침략과 식민지 지배가 한국의 산업화와 근대화에 기여했다는 '식민지 근대화론'의 연장선에 놓인 '언어판言語版 근대화론'이라 할 수 있다.

우리는 나라와 언어를 지키지 못한 점에 대해 통렬히 반성해야만 한다. 과거 한 시기 이 땅에서 나타났던 언어 왜곡은 일본 제국주의의 폭압과 식민지 교육에 의해 강요되었던 비극 상황이지만, 그러한 '역사의 흔적'과 이로 인한 '관행의 재생산 구조'의 고리는 이제 단호하게 끊어내야 할 때가 되었다.

우리가 일본식 언어의 극복을 주창하는 것은 무엇보다도 첫째, 민족정신과 민족정체성의 확립을 이루고자 함이다. 정복자는 피정복자의 언어를 배척하고 대신 정복자의 언어를 강요한다. 이 과정에서 수립된 '정복언어'는 일본 제국주의 침략 정책의 상흔이 그대로 남아 있는 '역사의 증거어證據語'다. 조선에 대한 비칭으로 사용되던 '반도'는 그렇듯 무수히 '강요된' 언어 중의 대표 사례다.

둘째, 일본제 용어는 문자의 원의原意에 어긋나거나 어법에 맞지 않아 우리 국어를 심각하게 오염시키고 우리의 언어생활에 적지 않은 혼란을 초래한다. 이를테면 '포복절도', '횡단', '절체절명' 등의 일본제 한자어는 글자만 보고 올바른 해석이 불가능한 단어다. 또한 시베리아를 '횡으로 이어주는 열차'가 '횡으로 끊어낸다.'는 의미의 '시베리아 횡단열차'로 표기되어서는 대단히 곤란하다.

셋째, 가장 중요한 문제로서 일본에 대한 언어의 의존, 종속 현상이 비단 과거의 일이 아니라 지금도 계속 진행되는 '현재진행형'이라는 사실이다. '초식남', '후카시', '재테크', '간지난다' 등의 일본 용어가 무분별하게 직수입되어 사용된다.

법률 분야에서도 일본 법률을 조사助詞까지 모방해서 직역하는 수준의 법률을 쉽게 찾아볼 수 있다. 또 우리 학계는 서구의 학술용어를 스스로 연구궁구, 조사상고해 우리 용어로 정확하게 번역하지 않고 '일본식 번역어'를 그대로 베끼는 데 바쁠 따름이다. 언론계 역시 일본 용어를 아무런 의식 없이 마치 자국어인 것처럼 실시간으로 업데이트함으로써 일본 용어를 이 땅에 널리 '보급'시키고 있다.

이러한 때에 언어의 사회성만을 강조하면서 오늘의 언어 현실을 이대로 방임하자는 주장은 우리 국어를 계속해 오염시키고, 우리 언어생활을 일제 시대에 이어 다시 유린하는 결과일 뿐이다. '국민학교'를 '초등학교'로 바꿔낸 데에서 분명히 알 수 있듯이 의식 있는 노력으로 충분히 이뤄낼 수 있다.
　일본식 언어의 극복은 국민 각자의 노력으로, 학계와 언론계가 적극 대처해야 할 시대의 과제다. 정부가 프랑스의 언어정책과 '아카데미 프랑세즈'를 참고해 담당 전문기구를 설치하고 충분한 예산을 투입, 근본 대응책을 찾아 나가야 한다.

인식의 매체로서의 언어

'소설', 원래 의미에서 벗어난 번역어

　'novel'은 우리말로 '소설'이라고 번역된다. 이에 대해 이의를 제기하는 사람은 없다.
　사실 문제가 있다. 'novel'의 의미는 "대체로 긴 이야기"로서 '짧은 작품'에는 별도로 'short story'라는 단어를 사용한다. 따라서 'novel'의 번역어인 '소설'은 원래의 의미를 완전히 담아내지 못하는 단어다. 그리하여 '허구의 장치를 사용해 구성되는 긴 이야기'든 '짧은 이야기'든 모두 '소설'로 통칭하면서 '소설'을 장편소설이나 단편소설로 분류하는 방식도 정확한 의미에서는 오류다.

'novel'의 어원이 라틴어 'novus'이고 그 의미는 'new', '새로운'을 뜻하는데, '소설'이라는 용어는 이러한 의미도 전혀 담아내지 못한다. 만약 'new'라는 뜻을 온전하게 담아내는 용어를 'novel'의 번역어로 채택했더라면 '소설'이라는 용어에 관한 한 '표절' 시비가 처음부터 발생하기 어렵지 않았을까?

물론 이러한 번역 과정은 아무리 정밀하게 수행된다고 해도 원래의 의미와 이미지를 온전하게 옮기기 쉽지 않다. 이를테면 한국어의 '민족'은 'nation'이라는 영어 단어가 지닌 역사성을 휘발시킨 단어다.

중국어판 《위키피디아》의 〈민족〉 항목을 살펴보면, '민족'이라는 용어가 처음 나타난 기록으로는 일찍이 《남제서南齊書》의 〈高逸傳·顧歡傳〉으로서 집단 공동체를 의미했다. 현대와 같은 의미를 지닌 '민족'이라는 용어는 일본이 주로 독일어 원전의 'volk', 'nation', 'ethnos' 등의 단어를 번역한 데서 비롯되었다.

Greenfeld는 그녀의 저서 《Nationalism; Five Roads to Modernity》에서 'nation'이라는 영어 단어의 의미 변화에 대해 다음과 같이 명확하게 정리한 바 있다.

그녀에 의하면,

(1) 로마시대에 'nation'이 지칭한 의미는 어떤 한 지역으로부터 온 외국인 집단a group of foreigners이었고,

(2) 중세기 대학의 발전 이후 'nation'의 의미는 하나의 의견을 지닌 공동체a community of opinion였으며,

(3) 이어서 'nation'의 의미와 교회위원회church council의 참여자가 연결

됨으로 인해 '엘리트an elite'라는 함의를 지니게 되었고,

 (4) 16세기 초 영국에서 'nation'의 의미는 다시 변해 주권을 가진 인민a sovereign people을 지칭했다.

 마지막으로 (5) 다른 국가와 인민 역시 'nation'이라는 단어가 자신을 지칭하는 의미로 사용한 이후, 'nation'이 지칭하는 대상은 다시 변화해 독특한 인민 집단a unique people이라는 의미로 되었다.

 'nation'의 의미는 '국가'라는 의미뿐만 아니라 '민족'이라는 의미도 포함하며, 나아가 하나의 '민족'이 독립 자치와 '국가' 건설의 정치목표를 추구할 때 '국족國族', '족국族國'이라는 의미로 이해될 수도 있다.

 'nation'이라는 현대 영어 단어는 그것을 어떻게 번역하든 모두 결함을 지닐 수밖에 없다. 하지만 '민족'이라는 '번역어'는 이미 학술용어만이 아니라 일상생활 속에 깊숙이 침투해 들어와 사용된다.[21]

 우리가 'nation'이라는 영어 단어를 '국민'이라고 번역한 그 순간 우리나라에서는 'nation'이 지닌 역사성은 고스란히 소멸되어 버린다.

'상식'이 아닌 '상식'

 토머스 페인의 《상식》은 유명한 책이다. 여기에서 '상식'이라는 용어는 영어 'common sense'의 번역어다.

 《Merriam-Webster》 사전에서 'common sense'의 뜻을 찾아보면, "상

---

[21] 중국어 위키피디아 http://zh.wikipedia.org/wiki/%E6%B0%91%E6%97%8F, 2009년 5월 16일 검색.

황 또는 사실에 대한 직관에 기초를 둔 합당하고 정확한 판단sound and prudent judgment based on a simple perception of the situation or facts"이라는 의미로 설명된다. 여기에는 우리가 여태 알고 있는 '상식'의 의미는 전혀 나타나지 않는다.

사실 'common sense'는 'knowledge'가 아니라 'sense'다. 이것이 어느 순간 '지식'이라는 개념으로 완전히 변모되어 버린 것이다. 이렇게 만들어진 '상식'이라는 말 역시 일본제 번역어다.

따라서 'common sense'는 '상식'보다는 '도리'라는 용어나 '세상이치', '상리常理'라는 용어가 더욱 원의에 가깝다.

'정치politics, 政治'라는 용어의 유래

우리를 항상 골치 아프게 만드는 '정치政治'라는 용어는 과연 어떠한 의미를 담고 있는 말일까?

공자는 정치政治에 대해 "政者正也"라고 했는데, "정치란 바를 정正이다." 또는 "정치란 세상을 바르게 하는 것."이라고 말했다.

'정政' 자는 합성 글자로서 왼쪽의 '정正'은 바르다는 뜻을 나타내고, 오른쪽의 '攵'은 '칠 복' 자로서 행정의 보조 수단을 의미하며,《설문說文》에 의하면 "가볍게 치다小擊也."는 뜻이다. 그러므로 '정政'의 의미는 "가르쳐도 고치지 않고, 사악하면서 바르지 못한 것에 대해 약간의 '타격'을 가함으로써 그것으로 하여금 올바르게 한다."는 의미를 지닌다.

또한 '정正'이란 '중中'의 의미를 지닌다. 고대 시대에 활쏘기 경기가 많았는데 과녁의 을 맞춘中 사람이 승리했다"說文通訓定聲, 鼎部弟十七". '中的'이 곧 '正'이며, 정치政治의 좋고 나쁨은 학설에 의해 규정되는 것이 아니라 백성이 '中'이라고 말하는가 아니면 '不中'이라 말하는가에 달렸다. 옛 성현은 천하 민심을 지극히 중시했다.

'정政' 자에서 '정正'은 태도의 공정德과 업무를 수행함에 있어서 정의正義라는 두 가지 의미를 담는다. 백성에 대해 공정하고 타당한 정사政事를 일컬어 정치라 한다.

서양에서 '정치'를 의미하는 프랑스어 politique, 독어 politik, 영어 politics는 모두 희랍어 πολις로부터 비롯되었으며, 이 단어는 원래 성城이나 성곽城郭을 의미했다. 그리스인은 산언덕에 성벽을 쌓고 이를 아크로폴리스라 불렀는데, 이것이 정치 의미를 지니는 도시국가의 대명사가 되었고 점차 '정치'라는 의미를 담게 되었다.

근대 시기에 일본이 이 서양 용어를 '정치'라는 한자어를 차용해 번역했다.

경제economics, 經濟의 기원

그렇다면 '경제'라는 말은 어디에서 기원했을까?

'economics'라는 용어는 원래 그리스어로서 "가정을 관리하는 사람"의 뜻이었다. 이 용어 역시 일본에서 'economics'라는 서구 용어를 '경제經濟'라고 처음 번역했으며 중국에서도 이를 수용했다.

중국에서 처음으로 '경제經濟'라는 용어가 사용된 때는 동진東晋 시대의 《진서기첨晉書記瞻》이라는 책에서였다. '경제經濟'라는 용어는 원래 경세제민經世濟民, 경국제세經國濟世, 경방제세經邦濟世, 경방치국經邦治國 등 용어의 종합 또는 약칭이었다. 그 의미는 국가의 재산을 어떻게 관리할 것인가, 각종 경제활동을 어떻게 관리할 것인가를 포함해 정치, 법률, 군사, 교육 등 각 분야의 문제를 어떻게 처리할 것인가의 의미를 지니며, 국가를 다스리고 백성을 구휼한다는 의미다.[22]

흥미로운 사실은 'economics'라는 단어 자체도 원래 '정치'의 의미를 함축한다는 점이다. 실제로 서양의 '경제학'은 20세기 이전까지만 해도 '정치경제political economy'라는 이름으로 불리어 왔다.

이처럼 '경제'와 'economics'의 두 가지 단어 모두는 인문人文의 내용을 나타내면서 동시에 '정치'의 함의를 내포했다. 오늘날 우리가 사용하는 '경제, economics'는 수치화되고 모형화되어 결국 전통 인문정신을 상실하고 말았다.

'사회society, 社會'의 기원

영어의 'society'와 프랑스어 'socit' 모두 라틴어인 'socius'로부터 비롯되었으며 그 의미는 '동료', '파트너'다.

'사회社會'라는 용어가 중국에서 처음 사용된 것은 역사서인《구당서舊唐書》의 〈현종기상玄宗記上〉 부분에서다. 고대 시대 사람은 토지와 양식을

---

[22] 여기에서 알 수 있듯이 경제라는 용어에는 이미 정치라는 범주까지 포함한다. 따라서 economy의 역어로서의 '경제'는 그 의미가 훨씬 넓다면서 '경제학' 대신 '계학(計學)'이 타당한 번역어라고 주장한 옌푸(嚴復)의 견해를 경청할 필요가 있다. 옌푸는 '經濟'라는 용어가 결국 '정치'라는 의미를 지니기 때문에 차라리 politics의 번역어로 적합하며 economy의 번역어로서는 타당하지 않다고 파악했다. 중국에 일본의 번역어인 '경제학'이라는 용어를 처음으로 도입한 사람은 梁啓超이다.

특별히 중시해 인간을 먹여 살리는 근본이라 여겼다. 따라서 사직신社稷神을 대단히 숭배했다.

'사社'는 토지신이며, '직稷'은 오곡五穀신이다. 고대 시기 최고 통치자로부터 평민 백성에 이르기까지 모두 사직신에 깊은 감정을 지녔으며, 그들은 봄과 가을에 모여서 사직신에 제사를 지냈다.

민간에서는 제사를 모시기 위한 사회조직-사社가 만들어졌다. 사社의 크기는 서로 달랐는데, 어떤 사社는 100가家를 넘어섰다 원래 중국 고대 시기 사(社)는 25가(家)를 지칭하는 단위였다.

제사를 모시는 날이 되면 사社의 모든 사람이 참가해 장엄한 의식을 거행했다. 제사를 모신 후에는 모두 거나하게 음주와 가무를 즐겼다. 이러한 성대한 민간 행사 집회를 '사회社會'라고 지칭했고, 점차 지금의 '사회社會'라는 함의를 지니게 되었다.

'사회'라는 용어 역시 일본이 처음으로 영어 'society'를 '사회社會'라고 번역한 뒤 동양 사회에 널리 보급되었다.

한편 중국 근대의 저명한 언어학자 옌푸嚴復는 '사회' 대신 '군群'이라는 한자어를 사용해 '사회학'은 '군학群學'이라는 용어로 번역해야 한다고 주장했다. 여기에서 '군群'은 '사람과 어울리다.'는 의미로 사용되어, '동료'나 '파트너'라는 원래의 의미를 지닌 'society'의 번역어로서 상당한 타당성을 지닌다고 볼 수 있다.

문화culture, 文化의 의미

'문화文化'라는 용어는 한자어에서 원래 '이문교화以文敎化'의 의미를 지니면서 인간 성정性情의 도야와 품덕品德의 교양을 뜻하는 정신 범주에 사용되던 말이었다. 시대와 더불어 함의가 훨씬 풍부하고 외연이 광범해진 개념으로 되었다.

'문화'를 '인문교화人文敎化'의 약칭으로 보는 해석도 존재한다. 이 말에서 우리가 눈치 챌 수 있듯이, 문화의 전제는 바로 '인간'이 있어야 존재한다는 점이다.

'문文'이란 언어나 문자를 포함하는 기초와 도구며, '교화'라는 말에는 '문화'라는 용어의 중심 의미가 존재한다. 명사로서의 '교화'는 인간 정신 활동과 물질 활동의 공동 규범이며동시에 이 규범은 정신 활동과 물질 활동의 대상화 성과 중 체현된다, 동사로서의 '교화'란 공동 규범의 생산, 전승, 전파, 아이덴티티를 획득하는 과정과 수단이다.

'문文'이라는 글자는 '다양한 색이 교착된 무늬'라는 뜻으로서 《설문해자說文解字》에는 "문文이란 교착된 그림으로서 서로 교차됨을 묘사한다文, 錯畵也, 象交叉."라고 설명한다.

참고로 중국어에서 무늬를 '무늬 문紋' 자, '이치 이理' 자를 합해 '문리紋理'로 표기하는데, 순수한 우리말인 '무늬'가 이 '문리紋理'라는 말에서 비롯되었을 가능성도 있다.

어쨌든 해와 달이 하늘에서 상호 교착과 내왕來往이 아로새겨지는 것을 천문天文, 천도의 자연규율天道自然規律이라 하고, 마찬가지로 인문人文이란 인류의 사회 규율, 사회생활 중 인간과 인간 사이에 종횡으로 교직交織되는 관계, 이를테면 군신, 부자, 부부, 형제, 친구 등 복잡한 네트워크를 구성하는 '무늬 현상'을 보여준다.

'화化'는 '개역改易', '생성', '조화造化'라는 뜻을 지니는데, 사물의 형태나 성질의 변화를 가리키며 동시에 '교화'의 의미로 확대된다.

영어 'culture'의 번역어로서의 '문화'라는 단어를 만들어낸 것은 일본으로서 메이지 30년대 후반부터 독일 철학이 일본 사회에 유입되면서 '문화'는 독일어 kultur의 번역어로 전용되었다.[23]

화제한어和制漢語

근대화 시기에 일본에서 만든 번역어가 대량으로 한자어에 유입되었다. 이 과정에서 상당한 저항도 있었지만 '화제한어和制漢語', '일제한어日制漢語'는 중국을 포함한 한자문화권에 굳건히 뿌리를 내렸다.

이를테면 중국 근대 시기의 저명한 학자였던 옌푸嚴復, 1854~1921는 일본이 만든 번역어 사용을 강력히 반대해 '경제학' 대신 '계학計學'을 사용해야 한다고 주장했다. 그는 '경제'라는 용어는 그 뜻이 'economy'보다 광범하다고 파악했다.

또 그는 '사회' 대신 '군群'을 사용해 '사회학'은 '군학群學'이라 불러야 하며, 'philosophy'에는 일본 번역어인 '철학'을 반대해 '이학理學'으로 번역했고, '진화進化' 대신 '천연天演'이라는 용어가 보다 정확하다고 주장했다. '생존경쟁struggle for existence'을 대체해 '물경物競'이라는 용어를 사용했고, '적자생존national selection' 대신 '천택天擇'이라는 용어를 사용했다. 아담 스미스의 저서 《The Wealth of Nations국부론》의 제목을 '원부原

---

23 유미진, 〈한국 개화기 교과서에 나타난 일본 근대 번역 한자어에 관한 연구〉, 2005.

富'로 번역했다.

여기에서 알 수 있듯이 일본이 만든 '화제한어'는 두 글자 단어를 자주 사용한 반면에 문어문文語文에 정통했던 중국학자는 한 글자의 한자어를 선택해 사용했다.

옌푸嚴復가 '사회'의 대체어로서 채택한 '군群'에 대해서는, 《논어》에 "君子, 群而不黨"이라는 글귀가 나온다. "군자는 사람과 잘 어울리지만 무리를 이뤄 사사로운 이익을 취하지 않는다."는 의미다. 여기에서 '군群'은 '사람과 어울리다.'는 의미로 사용되어, '동료'나 '파트너'라는 원래 의미 'society'의 번역어로서 일정한 타당성을 지닌다고 볼 수 있다.

중국에서 전개된 백화운동白話運動, 중화민국 초기에 옛날부터 지식인이 독점해 온 문어문(文語文)을 배제하고, 구어문(口語文)인 백화문(白話文)으로 새로운 문학을 창조하려던 운동 이후 의사소통의 필요에 따라 두 글자 단어가 보다 안정성 있고 구어 사용에서 이해가 쉽다는 요인 등에 의해 일본에서 만들어진 '화제한어'가 중국 한자어 체계에서 '주류로' 자리 잡게 되었다.

언어는 국력의 척도다

냉철히 생각해 봐도 '경제', '사회', '정치', '문화', '법률', '헌법', '철학' 등등의 번역어를 만들어낸 것은 당시 일본 지식인의 지식 역량이 대단히 활발하고 수준이 높았다는 자세한 증거로 평가될 수 있다.

일본은 당시 높은 수준의 지식인 집단의 역량과 소프트 파워를 보유했기 때문에 화려한 근대화를 뒷받침할 수 있었다고 평가된다. 일본은 국가 차원에서 근대 시기 이래 오늘날까지 '서구에 대한 번역' 사업을 계속 지원해왔다. 일본이 지금도 세계 수준의 국가 위상을 유지할 수 있는 요인 중에 이러한 토대도 중요하다.

언어란 국력을 정확히 반영하는 척도다. 오늘날 우리나라에서 영어 단어 자체가 번역되지 않은 채 원음 그대로 사용되는 경우가 적지 않듯이 현대 사회에서 영어가 세계의 지배 언어로서 우뚝 군림하는 것은 바로 미국을 비롯한 서양 국가가 보유한 월등한 국력이 반영된 결과라고 할 수 있다.

이와 동일한 논리로 지금 우리 사회에 일본이 만든 용어가 사용되고, 한자의 본국인 중국에도 일본식 한자가 역수입되어 사용된다는 사실은 일본의 강력한 국력을 그대로 반영해 주고 있다.

이러한 점을 심각하게 고려할 때, 이제 한민족의 정체성Identity 정립의 차원을 제쳐두고 우선 국력이라는 관점에서도 우리의 국가 역량을 언어 범주에도 반영시켜 일본 언어의 지배력을 극복하고 청산해나가야 할 중요한 시점에 도달했다고 할 수 있다.

몇 가지 학술 번역 용어에 대한 검토

숙의熟議, 심의審議, 평의評議

'deliberation'은 최근 학계의 관심을 받는 용어다. 그런데 이 영어 단어를 우리말로 어떻게 번역할 것인가에 대해서도 여러 주장이 있다.

'숙의熟議'로 할 것인가, '심의審議'로 할 것인가, 아니면 '협의協議'나 '토의討議'로 할 것인가 등의 견해가 바로 그것이다. 이러한 견해에 따라 'deliberative democracy'를 각각 '숙의 민주주의', '심의 민주주의', '협의 민주주의', '토의 민주주의' 등으로 칭한다.

'심의'로 번역해야 한다는 견해에 따르면, 'deliberation'이 논의뿐만 아니라 결정까지 포함하는 개념이고 이러한 의미를 담은 번역어가 '심의'며, 또 우리의 법 개념에서 'deliberation'에 준하는 말이 '심의'라고 주장한다.

'토의'가 타당하다는 견해는 20세기의 철학이 오랫동안 인정되었던 경험이나 관념보다도 언어를 인식의 매체로 더 주목했으며, 이러한 '언어학의 전회轉回' 이후 현대의 사회철학도 인식 과정에서 언어 행위가 지니는 중요성을 수용했고 'deliberation'은 이러한 '언어학의 전회'를 내포한 개념이라는 것이다.

하버마스는 이러한 배경 아래 자신의 이론에서 일관되게 언어 행위를 강조해 '전회轉回' 이후 그의 이론에서는 'speech action', 'communication', 'discourse', 'deliberation'이 핵심 개념이었는데, 이 이론과 개념의 핵심에는 언어 행위가 자리잡는다는 것이다.

'숙고', '심의' 등 언어 행위보다 사유를 강조하는 느낌의 개념은 적절하지 않다고 주장한다. 그리고 '협의'라는 용어에는 동의와 합의를 이끌어내는 행위라는 의미가 강하게 담겨 있어서 합의 없는 극단 논쟁까지도

---

24 오현철, 〈국민주권과 시민의회〉, 《헌법 다시보기》, 창비, 2007년 참조.

포함하는 하버마스의 관점을 담아내지 못한다는 것이다.[24]

한편으로는 'deliberation'을 '평의評議'로 번역하는 것이 가장 타당하지 않을까 생각한다.

'평의評議'란 "의견을 서로 교환해 평가, 심의하거나 의논하다."는 뜻이다. 여기에서 '심의'라는 의미는 "심사하고 토의하다."이고, '토의'의 의미는 "어떤 문제에 대해 검토하고 협의하다."이다.

'평의'라는 용어는 이러한 '심의'와 '토의'라는 두 가지 용어의 의미를 나타내면서 언어 행위의 중요성도 드러낼 수 있다. 동시에 결론 도출의 의미와 같이 논쟁이라는 느낌도 내포하기 때문에 '평의'가 'deliberation'의 의미에 보다 가까운 번역이라고 여겨진다.

여기에서 지적하고 넘어갈 점은 우리나라 '영한사전'의 'deliberation'에 대한 풀이에서 '평의評議'라는 해석이 존재하지 않는다는 사실이다. 이에 반해 중국에서 출판된 '영화사전英華詞典'에는 '평의'라는 해석이 나온다.실제로 필자는 중국에서 출판된 영중사전(英中詞典)을 자주 이용하는 편이고 가끔 중국에서 출판된 번역서도 이용한다. 중국에서 출판된 그것은 우리나라 영한사전이나 번역서에 비해 많은 단어가 소개되고, 상상력을 풍부하게 만들어 주기도 한다.

사실 영한사전도 큰 문제다. 왜냐하면 우리나라 영한사전이 대부분 일본에서 만들어진 '영일사전英日辭典'을 직역한 수준이기 때문이다. 좀 심하게 표현하면, 현재 우리나라 영한사전은 모두 1949년 이양하・권중휘의 《스쿨 영한사전》으로부터 그리 멀리 벗어나지 못한다.

《스쿨 영한사전》은 일본 《포켓용 리틀 딕셔너리》 번역본이다. 영어 단어에 대한 풀이가 우리말이나 시중에서 쓰이는 말보다 여전히 일본이 만들어낸 한자어와 번역어가 대다수다.

"Engagement Policy", 개입정책인가 접촉정책인가?

다음에 인용하는 문장은 미국의 대중정책에 대한 설명이다.

> 미국의 대중정책은 크게 두 갈래로 나누어져 있다.
> 하나는 중국의 부상浮上을 사전에 차단해 미국 주도의 세계질서에 도전하지 못하도록 봉쇄하자는 주장이다. 다른 하나는 중국을 현 단계의 국제 정치 경제 체제에 순응하도록 적극 개입해 시장경제 시스템으로 전환하고 민주주의 국가로 연착륙하도록 유도하자는 입장이다.

위의 글에서 볼 수 있듯이, 우리나라 국제 정치학계에서 미국의 대중국 정책을 설명할 때 '봉쇄containment'와 '개입engagement'이라는 두 가지 정책이 항상 소개된다.

여기에서 'Engagement'라는 단어를 '개입'이나 '간여'로 번역하는 것은 강대국의 압력 행사나 내정 간섭 등 좋지 못한 이미지를 초래해 불필요한 문제를 발생시킬 가능성이 높을 뿐 아니라 실제로 그 내용에 있어서도 간섭 정책으로 보기 어렵다.

'Engagement' 정책에 대한 설명을 자세히 살펴보자.

> Engagement Policy란 비강제 수단에 의해 신흥 강국이 국제 현상에 불만을 갖는 행위를 개선하려는 외교정책으로서 그 목표는 해당 국가의 국력 증강을 해당 지역과 세계 질서의 평화 발전에 순응

시키려는 데 있으며, 그 목표 중 신흥 강국이 자신의 국력을 제고하려는 기도에 대한 저지는 배제한다.

이 정책은 긍정 정책과 부정 정책으로 구별할 수 있는데, 긍정 정책이란 신흥 강국으로 하여금 국제 규범의 행위에 부합되도록 고무하는 것이며, 부정 정책이란 해당 국가가 국제 규범을 지키지 않는 경우 권고, 담판, 협박 등 비강제 수단에 의해 압박하는 것을 말한다.

이러한 내용으로 볼 때 'Engagement Policy'라는 국제정치학 용어를 '개입 정책', '간여 정책'이라는 협의를 지니는 단어로 번역하는 것보다는 훨씬 다양한 의미를 내포하고, 동시에 'Engagement Policy'의 자세한 내용에 더 접근하는 '접촉接觸 정책'이라고 해석, 번역하는 것이 더욱 타당성을 지닐 수 있다고 생각된다.

국제정치학 용어 중 'deterrence'라는 단어가 있는데, 우리나라에서는 '억지抑止', '억제'라고 번역해 사용한다. 'deterrence'의 원래 의미는 '상당한 정도의 군사력을 보유함으로써 상대방으로 하여금 감히 전쟁을 일으키지 못하도록 하는 것'을 말하며 '무력 과시', '보복'의 의미도 지닌다.

중국에서는 이 'deterrence'를 '위섭威懾'이라는 용어로 번역해 사용한다. '위섭威懾'이란 "무력으로 위협하다."는 뜻이다. '억지'나 '억제'보다는 'deterrence'의 원래 의미에 더 접근했다. 'deterrence'라는 용어를 어떻게 가장 정확히 표현해내는가는 관련 전문가가 더 숙고해야 할 과제다.

동해東海 명칭, 새로운 사고방식이 필요하다

일본이 어떤 이유를 댄다고 할지라도 '일본해'라는 명칭은 부당하다.

세계의 바다 이름을 살펴봐도 아라비아해, 카리브해, 홍해, 흑해, 발트해 등등 나라 이름을 바다 이름에 붙인 예는 거의 없다. 노르웨이해가 있지만 이 바다는 노르웨이 외에 다른 관련 국가가 없는 바다다.

두 개 이상 다수 국가의 주권이 미치는 해역을 어느 일방의 국가 이름만을 붙여 사용하는 예는 사실상 전무하다. 자세히 살펴보면 이탈리아와 크로아티아 사이에 있는 바다 이름은 아드리아해고, 오스트레일리아와 뉴질랜드 사이의 바다는 태즈먼해다. 예외가 있다면 바로 오스트레일리아와 동티모르 사이에 있는 티모르해로서, 이 때는 바다 명칭에 오히려 국력이나 지명도가 매우 낮은 티모르의 이름을 붙였다는 점이 특이하다.

일본과의 분쟁 현실에서 중국의 지지, 동의를 받는 것은 매우 중요하다. 한국인 중 '동해'라는 명칭이 이미 중국에서 사용 중이라는 사실을 아는 사람은 거의 없다. 우리가 '동중국해'라고 부르는 바다는 원래 '동중국해'가 아니고 '동해'다 최소한 중국에서는 동해라 부른다. 따라서 중국의 입장에서는 자국에 이미 '동해'가 존재하는데, 또 다른 '동해'라는 명칭에 대해 지지하고 동의하기 어렵다.

우리의 입장만을 생각하고 동쪽 바다라는 의미의 '동해' 명칭을 주장하는 것은 제3자의 눈에 일본이 한국을 전혀 고려하지 않고 '일본해'를 일방 고집하는 것과 유사하게 비쳐질 수 있다. 우리도 중국의 '동해'를 '동해'로 불러주지 않고 '동중국해'라고 부르는 상황이다.

방위 개념을 바다의 명칭으로 사용하는 예 역시 드물다. 유럽의 북해는 영국, 네덜란드, 독일 등 유럽 대륙의 북쪽에 위치해 있기 때문에 비로소 가능해진 명칭이다.

'동해' 명칭에 대한 대안으로는 '동아시아해' 또는 '동아해東亞海' 정도가 바람직하다고 보인다.

일본의 쇠퇴 조짐은 여러 곳에서 나타난다. 무엇보다 자신의 역사를 전혀 반성하지 않고 상대방을 고려하지 않는 '협애한 이기주의'로 인해 한국, 중국 등 인근 국가의 비협조와 반감을 초래함으로써 계속 마찰과 충돌이 발생하는 것도 중요한 요인 중의 하나로 지적된다.

'일본해' 명칭을 둘러싸고 발생하는 문제 역시 한국의 입장을 전혀 고려하지 않은 명칭이며, 일본 제국주의 시기에 한국이 완전히 배제된 상태에서 확정되었다는 점에서 일본의 이기주의 행태의 대표 사례다. 일본은 한국이 그토록 반대하는 '일본해'라는 명칭을 스스로 거두어들이고 한국과 같이 진정성 있는 논의를 해야 한다.

일본이 그러한 태도를 취할 때 비로소 인근 국가의 신뢰를 얻고 우호관계가 세워질 수 있으며, '진정한 공존' 지향의 사고방식으로의 전환이야말로 일본이 다시 건강하게 발전할 수 있는 전기轉機가 될 것이다.

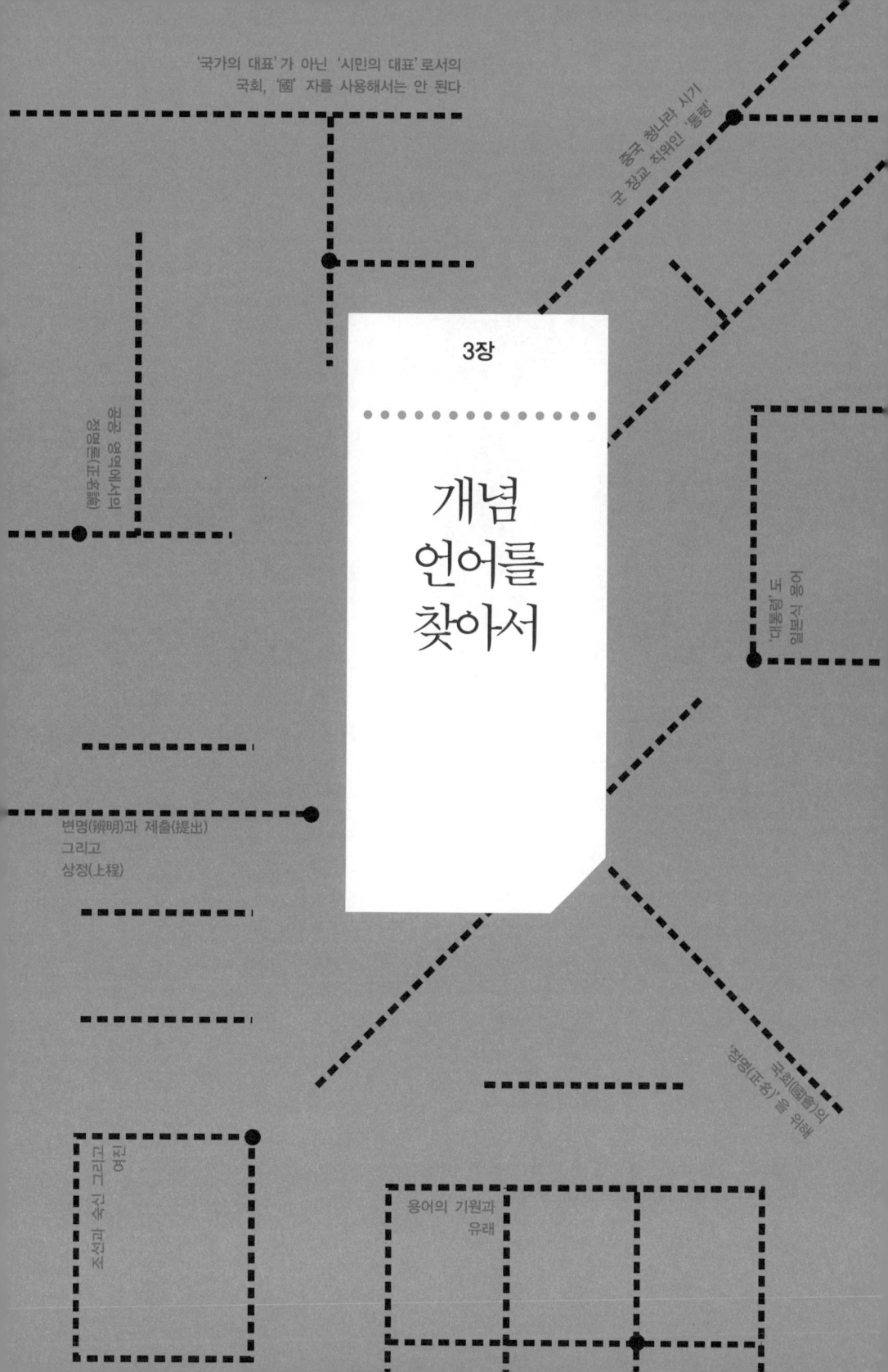

1

'대통령'도 일본식 용어

일상에서 자주 사용하는 단어 중 하나가 바로 '대통령'이다.

결론부터 얘기하자면 '대통령'이라는 용어는 바뀌어야 한다. '대통령'이라는 용어의 기원이 군사 용어인 데다가 일본의 정신과 혼魂이 깃든 용어이기 때문이다.

함성득 교수는 그의 저서 《대통령학》에서 '대통령'이라는 말을 한국이 가장 먼저 사용했다고 기술한다. 그러나 이는 사실과 다르다. '대통령'이라는 용어는 우리가 만들어낸 말이 전혀 아니며, 일본식 용어의 대표 사례다.

중국이 일본식 한자를 설명할 때 대표 사례로 꼽는 것이 바로 이 '대통령'이라는 용어다.

중국 청나라 시기
군 장교 직위인 '통령'

'대통령'이라는 용어는 '통령統領'으로부터 비롯된 말이다.

1894년 "청일전쟁 때 북양함대의 해군 丁 통령과 육군 戴 통령이 뤼순에서……"라는 문장에서 알 수 있듯 '통령'은 청나라 후기 무관 벼슬의 명칭인 근위영 장관近衛營長官으로서 오늘날의 여단장에 해당한다.

당시 '통령'은 여단장급이고, '통제統制'는 사단장급이었으며, '통대統帶'는 군단장급이었다. 갑신정변 당시 조선에 온 청나라 위안스카이袁世凱의 상관이었던 우창칭吳長慶의 직위가 바로 '통령統領'이었다.

중국에서는 고대 한나라 시대 북방 유목민족인 흉노 군대의 장군을 '통령'으로 지칭하는 등 소수민족 군대의 장군을 '통령'으로 불렀다. 지금도 무협소설가 워룽성臥龍生이 지은 대중 무협소설에서 '통령'이라는 말이 가끔 등장한다. 물론 이때는 비공식 가공 인물이다.

중국에서 '통령'이라는 말은 벼슬 명칭으로 사용되지 않고, "중국 여자 축구가 세계 여자 축구를 통령統領한다."처럼 "한 손에 모두 장악하다."라는 의미를 지닌 동사로만 사용된다.

우리나라에도 '통령'이라는 벼슬이 있었는데, 조선시대에 조운선 열 척을 거느리는 벼슬을 '통령'이라고 칭했다.

우리나라 기록에서 '대통령'이라는 용어는 신사유람단으로 일본에 다녀온 이헌영李憲永이 1881년 펴낸《일사집략日槎集略》이라는 수신사 기록에 처음 나타난다. 이 글에서 일본 신문이 "미국 대통령"이라는 표현을 사용한다는 기록을 남긴다. 그 뒤 1884년 5월 9일의《승정원일기》에도 고종이 미국의 국가원수를 '대통령'이라고 호칭했다는 기록이 보인다.

우리나라가 '대통령'이라는 용어를 자주 사용하게 된 계기는 바로 상해 임시정부가 최고 통수권자로서 '대통령'이라는 용어를 사용했기 때문이다. 당시 이승만이 임시정부의 초대 '대통령'으로 취임했는데, 그 무렵 이미 일본에서 'president'의 번역어로서 대통령이라는 용어가 사용되었으며, 이승만이 이를 차용했던 것으로 보인다.[25] 당시에 차용되었던 용어가

---

25 상해 임시정부가 정식으로 출범하기 직전 서울에서 '한성(漢城)정부'가 구성되었는데, 이승만을 집정관 총재로 임명했다. 당시 미국에 있던 이승만은 워싱턴에 집정관 총재 사무실을 열고 '대통령'으로 행세했다. 이후 한성정부와 상해 임시정부(여기에서 이승만의 직책은 국무총리였다)의 통합으로 상해에 대한민국 임시정부가 수립되었고, 이승만이 '대통령'으로 추대되었다.

지금도 그대로 계승되면서 사용되는 것이다.

'대통령'이라는 용어에 담긴 일본 정신

'통령'이라는 용어는 일본 고대 시기부터 사용되었다. 일본에서는 '통령'이라는 용어가 '무문武門의 통령', '사무라이 무사단의 통령' 등 '사무라이를 통솔하는 우두머리'라는 군사 용어로 사용되었다. "阿蘇氏 武家의 통령이 되었다." 등에서 볼 수 있듯 군사 수장이나 씨족의 족장을 의미하는 용어로 흔히 사용되었다.

그뿐만 아니라 여왕용女王龍의 신화에서도 여왕용을 수행하는 기사를 '통령'이라고 칭하며, 고이즈미 이래 일본 수상의 참배 문제로 한국과 중국의 거센 반발을 불러일으키는 신사神社와도 밀접한 관련이 있다. 예를 들어 '비조飛鳥 신사神社'를 설명할 때에도 그 신사를 수호하는 신神으로서의 '대국주신 통령大國主神統領'이라는 말이 나온다.

일본은 '통령'이라는 용어를 다른 나라의 직위를 설명하는 번역어로 사용해왔다. 이를테면 우리에게도 잘 알려진 중국의 《수호지》에 나오는 양산박의 두령 송강宋江을 일본에서는 '통령'이라 지칭했고, 로마 시대 '집정관consul'이라는 직위도 '통령'이라 번역했다. 십자군전쟁 당시 '46대 베네치아 통령'이라 부르는 것처럼 일본은 '통령'이라는 용어를 애용해왔다. 나폴레옹이 쿠데타를 일으켜 '통령'에 취임해 '통령 정부'를 구성했다는 사실은 우리에게도 매우 잘 알려졌지만 모두 일본식 번역어다.

일본은 이런 관행으로 'president'를 번역하면서 자신에게 너무도 익숙한 '통령'이라는 용어에 "클 대大" 자 한 글자를 더 붙여서 '대통령'이라는 용어를 만들었다. 1860년대 초부터 일본에서는 이미 '대통령'이라는 용어가 나타났다. 《일본국어대사전》에는 1852년에 출간된 《막부 외국관계문서지일文書之一》에서 처음 사용했다는 기록이 나온다.

'president'는 'preside회의를 주재하다, 의장으로 행하다'로부터 유래된 용어로서 '여러 단체의 장長'을 가리키는 용어다. 당시 미국이 유럽과 달리 굳이 이 용어를 사용한 까닭은 시민혁명을 거쳐 신대륙의 실질 민주주의를 지향한다는 자긍심을 가졌던 미국으로서, 민중 위에 군림하는 '황제'나 '왕'이라는 권위주의 용어 대신 민주주의를 강조하기 위한 의도에서였다.

'대통령'이라는 용어는 군사 용어인 데다가 강력한 지배와 통솔이라는 의미 때문에, 미국에서 'president'라는 용어를 사용하려던 원래의 의도와 완전히 상반된 번역 용어라 할 수 있다.

중국에서는 'president'의 번역어로서 1817년 '두인頭人'이라는 비칭卑稱의 호칭을 사용한 이래, '총리總理', '국주國主', '추酋', '수사首事', '추장酋長', '방장邦長', '백리새천덕伯理璽天德, 프레지던트의 음역(音譯)으로 옥새를 관리하고 천덕(天德)을 지닌 사람이라는 뜻으로서 황제의 의미와 상통한다' 등의 용어를 사용해 왔다.[26]

여기에서 '두인頭人', '추酋', '추장酋長' 등의 비칭은 중화사상에 의해 구미 국가를 여전히 오랑캐나 번국藩國으로 여긴다는 의도다.

---

[26] 우리나라에서 이 '백리새천덕'이라는 용어는 1883년 5월 19일 조선과 미국 간에 체결된 '조미(朝美)수호통상조약'에 나타난다. 여기에서 미국의 '대통령'을 '백리새천덕'으로 표기했다.

중국에서 '통령'이라는 용어는 1838년에 이미 나타났고, '대통령'이라는 용어도 1875년 경 나타나기는 했지만, 두 용어 모두 이후에는 거의 사용되지 않았다. 1870년에 이르러 '총통'이라는 용어가 이미 널리 사용되기 시작했다.

일본 신사神社를 지키는 신神을 국가수반의 호칭으로 사용할 수는 없다

군사 문화와 일본 문화라는 두 가지 요소는 여전히 우리 사회가 극복해야 할 중요한 영역이다. 그러한 의미에서 군사 성격과 봉건 일본 문화의 성격을 그대로 담은 '대통령'과 같은 용어의 사용은 최대한 지양되어야 할 터이다. 설사 백 번 양보한다고 해도 '일본 신사神社를 지키는 신神'을 우리나라 국가수반을 가리키는 호칭으로 사용할 수는 없는 일이다.

널리 알려진 이른바 '제왕적帝王的 대통령' 현상도 '대통령'이라는 용어 자체가 지닌 군사, 봉건 성격과 결코 분리시켜서 생각할 수 없다. 대통령의 무소불위의 권력 행사를 통제해야 한다는 강력한 여론이 존재하는 지금, 먼저 '대통령'이라는 권위주의 용어를 바꾸는 것은 '제왕적 대통령'의 폐해를 막는 단초다.

구한말 위안스카이袁世凱가 조선에 군대를 몰고 올 때 당시 청나라 군부 최고 지휘관의 직위가 '통령'이었다는 점에서 충분히 '치욕'이다. 일본 무사단이나 신사神社와 관련 있는 용어로써 우리나라를 대표하는 국가원수의 직위를 지칭함은 민주와 평화를 지향하는 시대정신과 민족 자긍심의 관점, 국가 이미지의 차원에서 도저히 받아들이기 어렵다.

'대통령'이라는 용어의 대안을 역사에서 살펴보면, 우선 임시정부의 원수元首로 사용되던 '국무령國務領, 1926년 12월, 김구 선생이 임시정부 국무령에 취임한다'이나 '주석主席, 1932년 9월, 김구 선생이 임시정부 주석에 취임한다'이 1차 고려 대상이겠다. '주석'은 'president'의 원래 의미와 가장 가깝다는 장점이 있으나, 워낙 '김일성 주석'의 이미지로 굳어진 약점이 있다.

중국은 현재 'president'를 '총통總統'으로 번역하는데, 타이완에서는 '총통總統'이라는 용어를 계속 사용한다. 우리나라는 박정희 정권 당시 영구 집권 시도로써 총통제가 거론되었던 역사로 인해 '총통'이라는 용어에 대한 이미지가 크게 훼손되었다.

이러한 여러 문제를 고려해 '대통령'이라는 용어의 대안을 마련하는 일은 향후 학계 연구자에게 남겨진 과제다. 민족 통일을 성취한 이후 통일국가의 국가수반 호칭에 대한 준비에서도 이 문제는 반드시 짚고 넘어가야 할 것이다. 향후 개헌 과정에서 우선 논의되어야 한다.

2

국회國會의
정명正名을
위해

독일의 저명한 입법학자 카르펜Karpen 교수가 우리나라 국회를 방문했을 때의 일이다. 국회의사당 전체 회의장 한복판의 국회 마크를 보며 그 가운데 새겨진 것이 나라 '國' 자라는 사실을 알고 '國' 자를 시민, 대중을 의미하는 '民' 자로 대체하는 것이 마땅하지 않느냐고 제안했었다.

'국회'가 '나라 國 자'를 꼭 사용해야 할 필요성은 없다. '국회國會'라는 단어가 처음 나타난 것은 중국 고전《관자管子》로서 "국가의 회계會計"라는 뜻으로 쓰인 용어다.

현대 의미로서의 '국회'는 1861년 출판된 중국의《연방지략聯邦志略》이라는 책에서 'Congress'의 번역어로 차용되어 일본으로 유입되면서 일반화되었으며, 한국에서는 수신사 기록인《일사집략日槎集略》1881년에 그 용례가 처음 나타난다.

미국, 영국, 독일 등 대다수의 나라에서는 '국회' 대신 '의회'라는 용어를 사용하지만, 오직 일본과 일본이 만들어낸 용어를 사용하는 한국과 타이완만이 '국회'라는 용어를 사용할 뿐이다.

'국가의 대표'가 아닌 '시민의 대표'로서의 국회, '國' 자를 사용해서는 안 된다

'의회議會'는 라틴어로부터 비롯되었는데, 원래 의미는 "담화談話 방식의 변론"으로서 처음에는 '대표들의 집회'라는 형식으로 나타났다. 국가마다 그 명칭이 달라 영국은 의회議會, Parliament, 프랑스는 삼부회三部會, Etats gen raux, 스페인은 코르테스Cortes, 러시아는 두마Duma 등으로 칭해진다.

'Congress'는 'come together'로부터 온 단어고, 'Parliament'는 프랑스어 'parler'에서 비롯된 단어로서 '말하다'의 의미다. 'Etats gen raux'는 '세 나라의 대표'라는 의미이며, 'Duma'는 '둥근 천장이 있는 재판정'이라는 뜻이다. 의회의 어원이 '모이다', '대표', '말하다', '재판정' 등이며, 결국 이러한 개념이 의회의 '내용'임을 알 수 있다.

우리나라의 '국회'는 '국國' 자를 사용함으로써 견제 대상으로서의 '국가' 이미지를 거꾸로 차용해 마치 '국가의 대표'라는 이미지를 갖게 되었다. 이로 인해 '시민으로부터 벗어나 거꾸로 시민을 지배하는' 권력의 이미지를 제공하고 말았다.

원래의 '실질'과 의미를 반영해 "시민 대표의 회의체"라는 의미의 '민회民會'로 바꾸거나 '공민公民'의 회의체라는 의미로 '공회公會'라고 바꿈이 타당하다. 정부 권력國家 권력이나 대통령을 견제하는 3권 분립의 한 축으로서, '국가의 대표'로서가 아니라 반드시 '시민의 대표'라는 의미를 나타내야 한다.

'민회民會'라든가 '공회公會'라는 용어에 거부감이 강하다면, 가치중립 용어로서 다른 나라에서 흔히 사용되는 "의논하고 회의한다."라는 의미의 '의회'로 바꾸어야 할 것이다.

우리에게 너무 익숙히 관행화된 두 글자로 된 단어 사용에서 벗어나 아예 '대표(자)회의'이나 '대표모임' 등으로 원래의 의미를 고스란히 담는 방안도 고려될 만하다.

사실 두 글자로만 표기하는 일본의 조어 방식 영향으로 인해 의미를 자세히 표현해내지 못하고 얼버무리는 식의 단어가 많다. 게다가 '초식남草

食男'처럼 사물을 자세히 표현하지 않은 은유어가 계속 만들어지면서 언어의 왜곡과 혼란이 가중된다.

이와 달리 독일어는 단어에 의미를 부여하는 방식의 신조어를 생성함으로써 오늘날 가장 의미를 잘 표현하는 문자로 발전했다.

'과학'은 영어 'science'와 프랑스어 'science' 모두 '자연과학'의 의미다. 독일어인 'Wissenschaft'에는 인문과학과 사회과학의 의미가 동시에 있다. 그러므로 '과학'이라는 단어에는 마땅히 독일어 중의 'Wissenschaft'로써 이해해야만 타당할 것이다.

이에 비해 우리나라는 거의 두 글자로 조어가 진행되어 의미를 담아내는 데 많은 제한이 있다. 이는 개념의 불명확성과 중복, 혼선이 발생해 결국 언어생활과 일상생활에서 적지 않은 불편함이 초래된다.

예를 들어 '대표자회의'라는 말은 처음 들어도 곧바로 '대표들이 모여서 결정하는 조직'이라는 내용을 이해할 수 있다. 하지만 '국회'라는 말을 처음 듣는다면 우선 한자어인지 순우리말인지부터 생각해야 하고, 또 '나라 국國'자인지 '판 국局'자인지 아니면 '국화 국菊'자인지 한참 동안을 골똘히 생각해야만 한다. '회'자 역시 마찬가지다.

한국 사람은 세계 여러 나라 중 말의 속도가 늦는 편에 속한다. 이는 한국어가 대개 두 단어로만 조어가 진행되어 동일한 발음이 많음으로 하여 말의 속도가 빠를 경우 의사소통이 어렵기 때문에 발생하는 현상으로 보인다.

'국가國家' 용어의 기원

우리나라에서 '국민'이라는 용어는 지나치다 싶을 정도로 자주 사용된다. '국민'과 대비되는 것이 바로 '공민公民', '시민'이라는 개념이다. '공민公民, citizen'이란 정치에 참여할 수 있는 참정권선거권과 피선거권을 가지며 동시에 국가권력에 대한 감독권을 지닌 사람을 지칭한다.

'공민'의 '공公'이란 '국민 전체', '국가'의 '전체'만을 강조하지만, 사실 "한 사람 한 사람이 개인으로서 자각하고 사회에 참여한다."는 자유로운 개인주의의 인간관이 강하게 반영되어 있다.

흔히 말하는 '전체全體'는 책임과 의식을 지닌 개인 한 사람 한 사람으로부터 성립된 것이다. 이에 반해 '공민또는 시민'이라는 개념은 절대 왕정을 타파하는 과정에서 무능하고 부패한 절대 권력에 맞서는 '자유인의 정치 실존 방식'으로 형상화되었다.

공민이라는 개념은 자신의 사사로운 이익과 공공의 이익도 동시에 추구하는 존재였다. '공민'이란 '국가 또는 사회의 능동 구성자', '국가 또는 사회를 만드는 개인'으로서, '공민'의 참여는 국가의 주요 정책 결정 과정에서 보편 수단이 되었고 민주 행정의 중요한 특징 중 하나가 되었다.

우리는 '국회' 등 '국가', '국민', '국방', '국립', '국어' 등 '국國' 자를 과도하게 사용한다.

지금은 '초등학교'로 명칭이 바뀐 '국민학교'라는 용어는 '황국신민皇國臣民', '국가신민國家臣民'을 양성한다는 일제의 초등교육 정책으로부터 비롯되었다. 원래 '국민학교'라는 명칭은 나치 독일의 전체주의 교육을 상징했던 '폴크스 슐레Volksschule'에서 연원했다. 교육부는 1995년 8월 11일 "일제의 잔재를 청산하고 민족정기를 바로 세우기 위해 국민학교의 명칭을 변경한다."고 발표, 1995년 12월 29일 교육법을 개정해 1996년 3월 1일부터 '국민학교'라는 명칭을 '초등학교'로 변경했다.

우리를 둘러싼 현실을 바꾼다는 것은 매우 어려운 일이다. 특히 우리 생활에 너무도 익숙히 몸에 익어 있는 말과 글을 바꾼다는 것은 고통이 아닐 수 없다. 그러나 암도 조기에 발견하면 치료할 수 있듯이, 언어 상황의 개선도 시기가 빠를수록 해결도 쉽다. 우리 사회는 기본과 원칙을 경시하는 경향이 너무 강하다. 기본과 원칙이 무너지면 전체 사회가 허약해지고 결국 사회 구성원이 고통받는다.

먼 안목과 정책으로 한 걸음씩 나아가면 바뀌지 않을 일도 없다. 한편에서는 '언어의 사회성'을 내세우며 용어를 바꾸자는 데 반대 논리를 주장하지만, '국민학교'라는 명칭을 '초등학교'로 무리 없이 완벽하게 바꿔 낸 사례만 봐도 용어를 바꾸려는 의지와 노력만 있다면 얼마든지 가능함을 알 수 있다.

'초등학교' 명칭 외에 '국민'이라는 말은 우리 주위에서 무수히 자주 사용된다.

'국가國家'라는 용어는 원래 제후가 다스리는 '국國'과 경대부卿大夫가 다스리는 '가家'의 총칭으로서 "특정한 경계境界를 가진 지배지支配地와 지배민支配民"을 의미한다.

중국 고대 주周 왕조는 정치와 혈연이라는 두 가지 기준에 의해 '가家'와 '국國'이 일체화된 종법권력 체제를 구축했다. 혈연상의 친소와 혈통상의 적서嫡庶를 기준으로 모든 사회가 각기 서로 다른 '대종大宗'과 '소종小宗' 체계로 구분되었다.

먼저 주 왕조의 천자는 희姬 씨 성의 종주宗主로서 천하의 대종이 되었으며, 다음으로 천자의 동성 형제는 천하의 소종으로서 각 제후국에 봉해졌다. 제후는 천하의 소종으로서 천자의 관할 하에 놓였지만, 동시에 그 제후는 해당 제후국 내에서 다시 봉국封國의 대종으로 되고, 경대부卿大夫는 제후국 내의 소종으로서 제후의 지배를 받았다. 경대부는 제후로부터 하사받은 채읍采邑에서 다시 대종의 신분이 되었다.

중국 고대 주周 왕조는 '국國'과 '야野', '도都'와 '비鄙'를 별도로 구분해 관리하는 행정체제를 운영했다. '국國'과 '도都'는 규모가 큰 도시였으며, 귀족과 평민은 '국인國人'의 신분으로서 그 안에 거주했다. '국인'에 직접 복무하는 소수의 노예는 '국國'과 '도都' 사이에 거주했다. '야野'와 '비鄙'는 향촌으로서 서민과 노예가 많이 거주했다. '국國', '도都', '야野', '비鄙'에는 상응하는 행정관리 기관이 설치되었다.[27]

일본에서는 율령律令 용어에서 '국가'란 곧 천황을 의미해왔다.

---

27 朱勇, 《中國法制史》, 法律出版社, 2007, 28쪽.

'국가 신민國家臣民' 개념으로서의
'국가國家'와 '국민國民'

'국가'란 단지 가족의 질서가 확대된 개념이며, 자율 시민사회의 존재는 상정되지 않는다. 오로지 특정한 영토 내에 사는 신민臣民이라는 개념이 있을 뿐이다. 신민은 사회라는 집단 활동에 참여할 수 있는 권리와 의무를 모두 지닌 '공민', '시민'과 동일한 의미가 아니다.

'국민'이라는 용어는 국가에 속하는 개별 인간을 총칭, 남에 의해 움직이는 존재를 의미하며, 따라서 스스로 존재를 드러내지 못한다. 일상생활에서 어느 특정한 용어를 사용하면 그로 인해 어떤 특정한 범주의 개념이 설정되며, 역으로 그렇게 설정된 특정 개념 범주로 인해 마음으로 특정한 행동을 하도록 유도한다.

이를테면 '국민'이나 '국가'라는 '국가주의'가 깃든 용어의 사용으로 인해 터놓고 국가라는 '전체'에 개인을 끊임없이 피동화시키고 그것에 대한 소속감과 충성심을 부여하고 고취하도록 만드는 역할을 한다.

이처럼 '국國' 자를 자주 사용하는 것은 우리나라가 아직도 국가주의의 틀에서 벗어나지 못함을 여실히 반영한다는 척도다.

참고로 '국國' 자는 '口' 자와 '或' 자로부터 온 글자다. '口'는 강역疆域을 의미한다. 처음에 '국國' 자는 '口'라는 글자가 없이 '或' 자로만 사용되었다. '或'이라는 글자는 '창 과戈'와 '口'가 합쳐진 글자로서《설문해자說文解字》에 의하면 "或 자는 '방邦'의 뜻이다或者, 邦也"라고 한다.

'口'는 경계境界 또는 국토國土의 의미고, 창戈으로써 그것을 지킨다는 의미로서 모두 "일종의 사유재산을 지키다."는 의미를 지닌다. '或' 자는 목축시대에 사용되었고 '口' 자는 농업시대에 사용되었는데, 후대에 합쳐져서 "창戈으로써 방어하며 성벽이 있다."는 의미를 지녔었다.

'국회 행정조직'의 '정명正名'을 위해

정명正名이 필요한 국회 상임위 '전문위원'

국회 행정조직은 일반인에게 잘 알려지지 않아 매우 생소하다. '국회'라고 하면 흔히 국회의원만을 떠올리지만, 국회 내에는 수천 명에 이르는 국회 공무원이 있다. 국회 공무원 중 최상층이 상임위원회의 '전문위원' 조직이다.

본론에 들어가기 전에 우선 우리나라의 많은 법률이 일본 법률을 모방했다는 점을 다시 상기하고자 한다. 일제 식민지 시기에 일본 법률을 그대로 사용한 것은 물론이고 해방 후에도 많은 법률이 수정 없이 그대로 사용되었으며, 새로이 법을 만들고 수정할 때도 일본의 법률은 '텍스트' 역할로 기능했다.

다음은 그 대표 사례다.

"事務總長은 議長의 監督 下에 議院의 事務를 統理하고" 일본의 현

행 국회법 제28조, 일본은 중의원, 참의원으로 구성되어 이를 議院이라 칭한다

"事務總長은 議長의 監督을 받아 國會의 事務를 統理하고" 한국의 1970년 국회법 제22조

"事務總長은 議長의 監督을 받아 國會의 사무를 統轄하고" 한국의 현행 국회법 제21조

위의 사례에서 잘 알 수 있듯이, 우리나라 법률의 적지 않은 부분이 일본의 법률을 '텍스트'로 삼아 그대로 모방해 사용한다.

그런데 묘하게도 우리의 국회법에는 일본 '국회법'과 유사하지만 다른 규정이 있다. 그 대표 사례가 바로 '전문위원 조항'이다.

일본 국회법 제43조는 "상임위원회에는 전문 지식을 가진 직원이를 전문원(專門員)이라 한다, 조사원을 둘 수 있다."라고 규정되어 있다. 이와 비교해 우리나라의 국회법 제42조전문위원과 공무원 조항은 "위원회에 위원장, 위원의 입법 활동을 지원하기 위해 의원 아닌 전문지식을 가진 위원이하 '전문위원'이라 한다과 필요한 공무원을 둔다."라고 규정되어 있다.

비슷하지만 같지 않다. 우리나라 국회법은 국회의원과 국회 공무원인 전문위원이 동등한 '위원'의 위상을 지니게 된 셈이다.

남용될 수 없는 '위원'이라는 용어

'전문위원'이라는 용어는 과연 타당한 용어인가?

결론부터 말하면, 국민의 대표로 선출된 국회의원과 국회의 입법 관료인 공무원을 같은 위치에 자리매김 해놓은 듯한 조항은 시정되어야 한다.

실제로 각 상임위원회 회의에서 국회의원을 지칭하는 '위원'과 '국회 공무원'인 전문위원수석 전문위원을 포함해을 호칭하는 '위원'의 호칭이 같이 사용되어 혼선을 빚는다.

'위원'이라는 용어는 국회법 제48조위원의 선임과 개선(改選), 동법 제60조위원의 발언 그리고 제58조위원회의 심사 조항 등에서 명백히 알 수 있는 바와 같이 원래 국회의원만을 지칭하는 용어로서 국회의원 이외 국회 조직 내부의 공무원이 '위원'이라는 명칭을 사용해서는 안 된다.

우리나라 국회법 제42조는 전문위원에게 국민의 대표로 선출된 국회의원과 동등한 위상의 '명칭'을 부여하는 것은 잘못된 규정이며, 마땅히 "상임위원회에는 전문지식을 가진 직원전문원이라 한다, 조사관을 둔다."는 내용으로 수정해야 한다.[28]

명名과 실實이 부합되어야 할 '전문'위원

일반인은 '국회 ○○위원회 수석 전문위원'이라는 말을 들으면 해당 분야의 대단한 전문가라는 이미지를 떠올릴 것이다.

'국회 수석 전문위원'이란 대부분 공무원 시험을 통과해 수십 년 국회에서 근무하고, 그것도 여러 부서를 상당히 빠른 주기로 '순환 근무'해 온 공무원 출신이다. 위원회에 소속된 직원은 별정직인 수석 전문위원과 일반직 공무원으로 구성되는데, 이는 각 분야의 전문가 출신이 아니고 공무

---

28 박재창,《한국의회개혁론》, 오름, 2004, p.285 참조.

원 시험, 이른바 '입법고시'를 통해 채용된 행정 관료로 구성된다.

전문성이란 '개인이 조직에 들어오기 전 그가 사회화 과정을 겪으면서 취득하는 특정 분야에 대한 전문 지식'을 의미하는 통상 의미로서의 '개인 전문성' 외에도 '조직에 들어와 업무를 수행함으로써 그 업무를 통해 획득하는 전문 지식'을 뜻하는 '업무상 전문성'의 중요성도 부인할 수 없다. 국회 전문위원의 '개인 전문성'은 대단히 취약할 뿐 아니라 '업무상 전문성'도 잦은 순환 보직 근무의 관행으로 인해 취약성을 노출시키는 게 현실이다.

분야별 각 위원회에 배치되는 공무원은 전문성이 아닌 순환 보직 시스템에 의해 국회사무처의 입법 관료로 구성된다. 수석 전문위원도 대부분 5급 공무원 시험 입법고시를 통해 공채된 후 20~30년 동안 국회에서 근무한 입법 관료로 충원된다.

위원회 직원의 한 부서에 재직한 평균연수를 자세히 살펴보면, 수석 전문위원 5.4년, 2급 전문위원 4.2년, 3급 공무원 1.8년, 4급 1.5년, 5급 0.9년으로 전문 지식을 획득하는 기간으로서는 너무나 짧은 것으로 나타난다.[29]

국회 조직에서 매우 중요한 역할을 담당하는 '전문위원'이라는 직책은 문자 그대로 '명名'과 '실實'이 '상부'할 수 있도록 제도의 뒷받침이 보완되어야 할 것이다.

---

[29] 조준우, 〈한국과 미국의 의회보좌제도의 비교〉, 석사논문, 2003년.

문자 그대로 '사무' 업무로 국한되어야 할 국회사무처

국회의 구성원으로는 국회의원과 입법 관료가 있다. 대다수의 사람은 국회의원이 전문성이 없다는 비판을 자주 한다. 이러한 주장은 어느 정도 타당성이 있다.

국회의원은 전문성에 의해 선출되지 않는다. 시민이 자신을 대신해 의사를 정확히 반영하도록 선출하는 대표가 곧 국회의원이다.

대표성의 원리에 의해 선출되는 만큼 전문성의 부족은 존재할 수밖에 없다. 전문성 부족이라는 결함을 제도로써 보완하는 장치가 바로 입법 관료다. 입법 관료, 국회 공무원 시스템은 당연히 국회의원을 지원해줄 정책, 법률 전문가 중심이 되어야 한다.

외국의 의회 시스템을 살펴보면 이러한 사실이 여실히 드러난다. 일본 국회도서관에 소속된 전문조사원 대우는 행정부 1급 관리인 국장급이나 사무차관급과 같으며, 국회 상임위원회의 '전문원'과 같다. 미국 의회도서관 의회조사처의 전문 연구가 그룹 역시 이와 유사한 위상이다.

반면 우리나라는 다른 것은 일본과 미국을 열심히 '베끼고' 모방하면서도 정작 '중요한 것'은 전혀 다르게 적용한다.

유권자 접촉 등 수평 구성 원리에 유의해야 하는 의회 시스템에서 행정사무 관리를 지원하는 기관이 비대해짐으로써 행정부를 연상케 하는 제2의 관료체제로 전환된다면 곤란하다.

국회사무처는 바로 이러한 행정 관리 업무를 중심으로 관료 질서를 구축하면서 사실상 제3의 세력 집단으로 성장했다.[30] 입법 관료가 대표성이 없다는 점과 더불어 국회사무처가 국회의원에 대한 입법 지원 기구라는 점에서 결코 바람직한 현상이라고 할 수 없다.

국회사무처란 국회의 사무, 관리administer라는 본연의 업무에 충실함으로써 그 명名,이름과 실實,내용이 맞아야 한다. 국회의 계속성 자체가 위협받았던 상황이 적지 않았던 만큼특히 과거 군부독재 상황에서, 이러한 관료 시스템이 국회의 제도화 과정에 기여한 바도 어느 정도 인정될 수 있다. 이제 정부의 권력에 의해 국회의 해산이나 폐쇄를 우려할 비상상황은 없을 것이므로, 국회 고유의 정책 전문 역량과 속성을 대폭 강화하고 발전시켜야 하는 시점에 이르렀다.

정확한 번역의 필요성

우리나라 외교통상부가 한미 FTA 조약문을 번역했는데, 한미 FTA 한글본의 오역은 무려 296건이었고, 한·유럽 FTA는 160곳으로 밝혀져 큰 물의를 빚은 적이 있다.

외통부의 고질병인 무사안일, 무책임주의가 큰 요인이지만 번역을 경시해온 우리나라 풍토에도 그 원인遠因이 있다.

예를 들어 프랑스 의회의 '이사회' 기구가 우리나라에서 그간 '국회사무처' 또는 '국회 운영위원회' 등으로 번역되어 소개되었다.

그러나 이는 명백히 잘못된 번역일 뿐 아니라 진실의 왜곡을 초래한다.

---

30 우리나라에서 청와대 파워와 견준다는 법무법인 '김&장'이 국회에서 퇴임한 전직 수석 전문위원을 영입한 것은 국회 공무원의 영향력을 정확히 평가한다.

우리나라에서는 그간 외국의 특정 기구나 사물을 번역하고 소개할 때, 그것이 지니는 특수성을 규명해 구별하려 하지 않고, 우리나라에 존재하는 기구나 사물의 '익숙한 용어'를 사용해 '얼버무려' 번역하고 소개하는 경향이 적지 않았다. 이러한 경향은 결국 외국의 제도가 갖는 장점과 우리 제도의 약점을 왜곡시키고 은폐하는 결과를 초래했다.

그간 우리나라에서는 프랑스 의회의 '이사회'와 우리 국회의 '운영위원회'가 공통점보다는 다른 점이 훨씬 많은 데도 양자가 마치 동일한 성격을 지니는 기구인 것처럼 번역해 소개해왔다. 이는 결국 '국회 조직의 운영에 형식으로 지휘하는 것으로 규정되어 있을 뿐 실제로는 거의 개입하지도 않고 관심도 별로 없는' 우리의 '국회 운영위원회' 제도가 지니는 근본 문제점을 감추는 결과를 초래할 수 있다.

여기에서 프랑스 의회에 설치된 재무담당 특별의원을 소개하고자 한다. 우리 국회와 완전히 다른 기구이자 제도임을 알 수 있다.

재무담당 특별 의원quaestor

어원 Quaestor는 나폴레옹 집정 정부1799~1804 시절의 senatus-consulate에서 유래한 용어로서 현재 양원 이사회Board의 위원이다.[31]

구성 이사회는 의원 스물두 명으로 구성되고, 각 직위의 중요도에 따라 의장 4점, 부의장 2점, 재무의원 2.5점, 서기의원 1점 등으로 점수화되어 있다. 이 총점35.5점을 교섭단체가 획득한 의석수에 비례해서 분배한다.

세 명의 재무의원에 있어서, 관습법은 두 명을 원내 다수당에게 주고 한 명을 제1야당에게 분배하는 대신 제1야당의 재무의원Quaestor이 캐스팅보트를 갖는다.

기능 재무회의는 주週 1회 개최되고, 재무의원Quaestor 세 명, 사무총장, 재무총장, 서기의원 두 명이 참석한다. 의회의장은 필요한 경우 참석할 수 있다. 재무회의 의장은 한 달 단위의 순번제며, 재무의원의 임기는 3년이다.

역할 하원의사규칙 제15조에 따라, 의회의 모든 지출은 세 명의 재무의원 사전승인 없이는 지출될 수 없다.

권한 1) 의회 예산 편성
2) 의회 예산 집행
3) 회계 감사
4) 의회의장과 함께 수행하는 '재정 관련 행정업무'
- 인사채용, 승진, 파견, 퇴직
- 의원 연금 제도

---

31 프랑스 헌법 제26조, 제39조, 제89조는 입법부 내의 집단 의사결정기구인 이사회의 역할을 규정하고, 이사회 구성, 여타 역할은 의사규칙에 명시되어 있다. 상원이사회는 "3년 임기로 선출되는 한 명의 의장, 여섯 명의 부의장, 세 명의 재무의원, 3년 임기로 지명되는 열두 명의 서기의원으로 구성되며"(상원의사규칙 제3조 제1항) 하원이사회는 "한 명의 의장, 여섯 명의 부의장, 세 명의 재무의원, 열두 명의 서기의원으로 구성된다."(하원의사규칙 제8조).

- 의회 출입 통제, 안전, 보안
- 시설, 물자 관리

'국회도서관'의 '정명正名'을 위해

국회도서관, 공부한다는 사람 치고 이곳에 한두 번 가보지 않은 사람은 없을 것이다. 그러나 국회도서관이 무슨 목적으로 국회 내에 설치되었으며 과연 어떠한 업무를 하는 기관인가에 대해 진지하게 생각해본 사람은 그다지 많지 않을 것이다.

국회도서관이 어떠한 성격을 지니고 무슨 업무를 수행하는 곳인가를 알아보기 위해서는 무엇보다도 ① '국회도서관'이라는 명칭에는 왜 '도서관' 앞에 '국회'라는 수식어가 붙어 있으며, 이렇게 '국회'라는 수식어가 붙어 있다면 ②과연 '국회'와 관련해 어떠한 임무를 그 특성으로 하는 도서관인가가 분명히 규정되어야 한다.

이 점에 대해 '국회도서관법' 제2조는 "國會圖書館은 圖書館資料 및 文獻情報의 蒐集·정리·보존·제공과 參考回答 등의 圖書館奉仕를 행함으로써 國會의 立法活動을 지원한다."고 규정한다.

결론부터 말하자면, 국회도서관은 도서의 수집, 정리, 보존 업무 위주의 일반 도서관이 아니다. 어디까지나 국회의 입법 활동을 효과 있게 지원하기 위해 국회 내에 설치되었기 때문에 '국회'라는 명칭이 앞에 붙게 되었다. 국회도서관이란 또 하나의 국립중앙도서관이 아니며, 만약 그렇다면 그 존재 의미도 없다.[32]

일반 도서관과 차별되는 국회도서관을 국회도서관답게 만드는 업무는 과연 무엇인가?

국회도서관의 핵심 업무는 무엇인가?

　국회도서관은 미국의 의회도서관CRS을 모델로 해서 만들어진 입법 지원 기구다. 그러므로 미국 의회도서관의 조직 체계와 업무 수행 내용을 자세히 살펴보고 분석하는 것은 국회도서관이 지향해야 할 방향 모색에 있어 중요한 지침을 제공한다고 할 수 있다.
　미국 의회도서관은 의원에 대한 입법 지원 활동 중 약 90퍼센트를 차지한 게 바로 웹사이트를 통한 전자정보 데이터베이스DB 서비스에 의한 지원이다.
　미국 의회도서관은 온라인Online 시스템에 의해 필요한 정보가 웹사이트를 통한 전자정보 데이터베이스로 정확하고 시의적절하게 잘 정리되어 있다. 따라서 의원, 보좌직원은 특수한 경우를 제외하고는 별도로 의회조사처 조사관에게 질의할 필요도 없이 스스로 온라인상에서 검색을 통해 좋은 웹사이트 정보를 찾아 입법 활동에 활용한다.
　미국 의회조사처CRS의 입법 지원 서비스 실적 통계를 조사한 〈표1〉을 살펴보면, 미국 의회도서관이 2005년 의회에 제공한 서비스 총 906,445건 수 중 웹사이트 등 전자서비스 이용 건수는 800,440건으로 전체 서비스의

32　예를 들어 현재 국회도서관이 내세우는 표어인 "지식과 정보가 나비처럼 자유로운 세상"은 입법 지원 기구로서의 국회도서관보다는 일반 도서관으로서의 이미지를 떠올리게 한다. 국회도서관 스스로 국회도서관이 과연 입법 지원 기구인가 아니면 일반 도서관인가의 정체성(Identity) 문제에 여전히 혼선을 빚고 있음을 보여주는 상징 사례로 볼 수 있다.

88퍼센트를 차지했다.[33] 반면 분석 조사와 관련된 조사연구 요청 건수는 69,086건으로 7.6퍼센트를 차지했다. 웹사이트 전자서비스 이용 건수에 비해 분석 관련 조사연구 요청 건수는 생각보다 훨씬 적음을 알 수 있다.

국회도서관이 벤치마킹의 모델로 삼는 CRS 입법 지원 업무 수행에 나타나는 이러한 통계 분석을 통해 국회의원, 의원 보좌진에 대한 입법 지원을 기본 업무로 하는 국회도서관의 핵심 업무는 양질의 전자정보 데이터베이스를 중심으로 하는 웹사이트 구축이 되어야 한다는 사실을 분명하게 알 수 있다.

바꿔 말하면 국회의회도서관이란 흔히 생각되듯 '도서'가 중심이 되는 조직이 아니라 '웹사이트 정보'가 그 핵심 구성 요소로 자리매김되는 조직이다. 국회도서관이 양질의 '웹사이트 정보' 데이터베이스를 구축하는 것은 입법 지원 기구로서의 국회도서관의 대응성을 강화·신장시키는 대단히 유력한 방안이라고 판단된다.

입법 지원 데이터베이스DB 구축의 방법론

그렇다면 어떻게 양질의 '입법 지원 데이터베이스'를 구축해나갈 것인가?

분명한 사실은 많은 자료를 데이터베이스화한다고 해서 양질의 정보 수집을 보증하는 것은 결코 아니라는 것이다. 양量의 차원이 아니라 질質

---

[33] 국회 입법조사처, 《CRS 미국 의회조사처》, 2009년, p.63.

〈표1〉 2001~2006 회계연도 CRS의 서비스 실적

CRS가 의회에 제공한 서비스 CRS, Products and Services for Congress, FY 2001~2006	2001	2002	2003	2004	2005	2006
전체 접수 처리, 서비스 건수 Total Completed Requests and Services	711,612	811,467	875,197	899,284	906,445	933,400
분석·정보·조사연구 요청 수, '아래의 요청에 의한 서비스'로 분류되지 않은 요청 수 포함 Analysis, information, and research requests	90,950	83,073	80,122	76,251	69,086	
인용건수 Cited material and CRS product requests	23,186	16,853	17,729	8,112	5,930	
CRS의 Resource Center 직접 방문 Resource Center direct requests and self-service	48,711	33,039	29,614	21,941	20,505	
세미나, 강연, 교육 참여자 수 Seminar, institute, and training participants	8,560	10,282	10,047	9,763	10,484	
웹사이트 등 전자서비스 이용자 수 Client use of CRS electronic services	540,205	668,220	737,685	783,217	800,400	
개별 맞춤 서비스 Custom Products and Service						
기밀메모 등 Custom writing prepared	2,181	2,141	2,214	2,197	2,287	2,300
대면보고, 상담CRS, 스탭 참여자 수, In-person briefing and consultation completed	2,625	2,176	2,886	2,181	3,212	42,700
전화 응답을 통한 서비스 Responses primarily by telephone	41,439	42,239	42,628	42,770	39,277	
선택된 정보·데이터베이스 검색·번역 등 Selected materials, database searches, and translations	44,608	36,434	31,919	27,812	24,066	
의회에 배포되는 서비스 Congressional Distribution Products and Services						
새롭게 작성된 보고서 수 New products prepared	858	808	846	871	874	800
이용 가능한 보고서 수 Number of reports available	3,929	4,163	4,789	5,286	5,931	5,800
배포된 저작물 수전자·종이문서 배포 포함 Copies distributed	946,125	852,427	804,880	809,322	864,471	808,400
세미나, 강연, 교육행사 수, Seminars, institute, training	322	334	317	330	353	320

출처: 국회 입법조사처, 《CRS 미국 의회조사처》, p.66의 〈표5〉

의 차원에서 '입법 지원에 실제로 필요한' 정보를 수집·정리하는 것이야말로 데이터베이스 입법 지원 업무의 요체가 아닐 수 없다.

자료, 정보의 가치 수준 제고와 유지를 위해 반드시 적시適時의 업데이트가 이뤄져야 한다고 분명히 인식되어야 한다. 2008년 국회도서관에 대한 국정감사에서 한 국회의원은 "국회도서관이 관리하는 입법 지식 데이터베이스에서 한미 FTA 자료를 찾아보았더니 2007년에 체결된 한미 FTA 협정문이 업데이트가 안 된 것은 물론 가장 최근의 자료가 1998년 자료였다. 이게 도대체 입법을 지원하는 데이터베이스인지 입법에 지식을 주는 데이터베이스인지, 아니면 옛날 것 가지고 무엇을 하라는 것인지"[34]라고 지적한 바 있었다.

특히 지속된 입법 관심의 대상일 경우 업데이트 작업은 간단없이 이뤄져야 할 것이다. 예를 들어 미국 CRS에서 북한 핵문제를 다룬 이슈브리핑은 2002년 한 해 동안 열 차례 업데이트되었고, 2001년부터 2006년까지 총 서른두 차례 업데이트되었다.[35]

데이터베이스 구축에서도 정확한 분류 기준과 원칙이 세워져야 한다. 국회도서관과 전자도서관의 통합 검색 분류를 예로 들면, 3~5페이지짜리 법률 번역은 '단행본'으로 분류되는 반면, 같은 범주의 '법률 번역'도 국회사무처에서의 출판은 '학술지'로 구별되어 검색된다. 또한 단순한 주간 시사잡지의 기사가 모두 학술지 범주로 분류된다.

국회도서관 분류 기준에서 나타나는 이러한 혼선은 국회도서관의 위상

---

34 2008년도 국회 운영위원회 국정감사 회의록 참조.
35 국회 입법조사처, 《CRS 미국 의회조사처》, p.59.

과 권위를 훼손시킬 수 있으며, 나아가 국회도서관 데이터베이스 자체의 신뢰성에 대한 근본 문제제기라는 위험성을 안고 있다. 따라서 국회도서관 데이터베이스 구축은 한 국가를 대표하는 대표 도서관으로서의 위상에 걸맞도록 그 정확한 분류 기준이 먼저 마련되어야 한다.

웹사이트 구축에서 명심해야 할 점은 무엇보다도 공급자 중심이 아니라 수요자가 필요로 하는, 수요자의 요구를 수용해야 한다는 원칙이 수립되어야 한다는 사실이다.

양질의 입법 정보 웹사이트를 구축하기 위해서는 주로 외주外注 형태로 수행되는 현재의 데이터베이스 구축 시스템의 개선이 필요하다. 데이터베이스 구축 작업이 국회도서관의 최우선 핵심 업무로 정립됨으로써 전 직원이 그 핵심 업무를 직접 담당하고, 진정한 의미의 국회도서관 '본업'으로 자리매김 되어야 할 것이다.

나아가 입법 지원 회답 업무를 일선에서 담당하는 조직이 전자정보 데이터베이스의 구축 작업에 참여할 수 있도록 제도로 보장하는 방안이 바람직하다. 계급 위주의 수직 시스템을 지양하고 각 분야 전문가, 정보전문가, 전문사서가 입체로 결합해 의회, 의원의 요구에 정확하게 대응하는 전자정보 데이터베이스를 구축하는 방향으로 나아가야 할 것이다.

이 점에서 "이제 공무원도 과거와 같은 일반 행정가로서는 경쟁력을 확보하기 곤란하다. 앞으로의 공무원은 '일반 행정가generalist'보다는 공직사회 내에서 특화된 전문 능력을 보유하면서 유능한 행정가로서 종합 관리 능력을 보유한 '전문성을 지닌 행정가specialized generalist'가 필요한 시점"[36]이라는 지적은 시사하는 바 크다.

국회도서관 역시 스스로 전문성 제고를 위해 끊임없이 노력해야 하고,

이를 위해 외부 전문가 그룹의 채용을 적극 고려해야 한다. 도서관 직제 중 개방 직위로 규정된 직위를 실제로 외부에 개방, 임용함으로써 외부의 유능한 전문가를 결합시키는 방안도 적극 모색되어야 할 것이다.

국제 기준에 부합하는 국회도서관이어야

미국 의회조사처의 역사를 살펴보면, 1900년대 초 의회도서관 직원의 능력만으로는 대규모 연구기관을 운영하는 데 어려움이 있었기 때문에 도서관 내에 입법 정보활동에만 전념할 수 있는 별도의 기구를 설치했다. 의회조사처는 처음에 의회도서관 여섯 개 부서 중 하나의 기구로 출발했지만 현재는 오히려 의회도서관 전체보다도 훨씬 중요한 부서로 발전했고, 오히려 의회도서관이 의회조사처의 업무를 지원하는 거대한 정보 저장소의 기능을 담당한다.

1995년 국회도서관에는 입법조사분석실이 사서 조직과 별도로 독립 기구로 설치되었다. 그런데 2000년 IMF를 맞아 구조조정의 명분을 앞세워 일반 연구직 신분이었던 입법조사분석실 소속 연구관을 대거 해고하고 나머지 연구관을 계약직으로 전환시키면서 입법전자정보실을 설치했다. 입법전자정보실의 간부직은 비연구직 직원으로 채워졌다.

이는 입법 지원 기관으로서의 국회도서관 위상을 크게 훼손시켰으며, 결국 입법조사처가 도서관으로부터 분리 설치되기에 이르렀다.

---

36   박재완 등, 《21세기 주요국 인사제도 개혁방안》, 한국행정학회, 2000년, p.153.

외국을 보더라도 의회 기구에서 '조사처' 조직이 도서관과 별도로 분리된 프랑스 의회도서관은 직원 수가 29명, 독일은 91명에 지나지 않는다. '조사처'가 통합된 영국은 도서관 직원이 총 226명인데, 그 중 조사실에 82명이 배치되어 있다. 여기에서 분명히 짚고 넘어가야 할 사실은 일본과 미국은 의회도서관이 국립중앙도서관을 겸하고 있어, 국립중앙도서관과 국회도서관이 명확하게 분리되어 있는 우리의 예와 단순 비교를 할 수 없다는 점이다. 2011년 10월 현재 우리나라 국회도서관의 정원은 300명이다.

국회도서관의 업무를 수행하는 직원은 사서司書다.

외국에서는 석사 학위 단계에서 문헌정보학이 개설되기 때문에 사서는 일단 석사 학위 이상을 소지한다. 이는 학부에서 문헌정보학과만 이수하면 사서가 되는 우리나라와 다르다. 이러한 현실에서 '전문성'을 갖춘 이른바 주제 전문 사서가 나오기는 사실상 어렵다. 더구나 다른 학과의 전공자를 거의 선발하지 않기 때문에 당연히 단색單色 조직으로 갈 수밖에 없다.

의회도서관의 원래 조직은 사서가 주류가 아니라 오히려 그 반대로 전문가의 입법 지원 활동을 보조하는 조직으로 볼 수 있다.

독일 의회도서관은 일반 사서와 레퍼런스 입법 지원 담당 사서로 구성되는데 레퍼런스 담당 사서는 연구직으로서 일반 사서의 상위에 있다. 앞에서도 설명한 바와 같이 일본 국회도서관 입법조사국의 전문조사원 대우는 행정부 1급에 준한다.

사서에 관한 공무원 직제도 미국에서 일반 사서는 GS-7등급GS, General Schedule, 미국 공무원은 GS-1등급부터 GS-15등급까지 분류된다. GS의 숫자가 클수록 고위직이다이고 전문성과 경력에 의해 GS-9등급부터 GS-12등급으로 분류된다그 이상의 등급도 가능하다. 이에 비해 미국 의회도서관의 의회조사처 수석 연구원은 GS-18등급까지 승진할 수 있다.

프랑스는 100에서 1016까지 순차로 구분된 분류지수 중숫자가 높을수록 직위가 높다 일반직 사서주제 전문 사서 포함의 지수는 204에서 779에 속해 있다. 여기에서 780의 기준은 우리나라와 비교하면 3급에 해당하고, 결국 프랑스에서 일반직 사서는 3급 이상의 간부직에 임용될 수 없음을 의미한다.

여기에서 참고로 독일 의회 행정조직도를 소개한다.

독일연방의회 행정조직도

```
                    ┌──────────────┐   ┌──────────────┐
                    │  독일연방의회  │───│   언론공보과   │
                    └──────┬───────┘   └──────────────┘
                           │            ┌──────────────┐
                           │            │    의전실     │
                    ┌──────┴───────┐   └──────────────┘   ┌──────────────┐
                    │   사무총장    │                      │ 연방의회국방특 │
                    └──────┬───────┘                      │ 임관(옴부즈만)│
                           │                              └──────────────┘
        ┌──────────┬───────┼──────────┬──────────┐
    ┌───┴───┐  ┌──┴────┐ ┌─┴────┐  ┌──┴───┐
    │ 의사처 │  │학술·국제처│ │정보·문서처│ │ 사무처 │
    └───┬───┘  └──┬────┘ └──┬───┘  └──┬───┘
        │     ┌───┴────┐┌──┴─────┐   │
        │     │연방개혁공동││학술지원 │   │
        │     │위원회 사무실││ 핫라인  │   │
        │     └────────┘└────────┘   │
    ┌───┴───┐  ┌──────┐ ┌────────┐ ┌──────┐  ┌────────┐
    │ 의회국 │  │학술조사국│ │도서관/문서국│ │중앙행정국│ │국방특임관실│
    └───┬───┘  └──┬───┘ └────┬───┘ └──┬───┘  └────────┘
    ┌───┴───┐  ┌──┴────┐ ┌──┴─────┐ ┌──┴───┐
    │ 의원국 │  │국제관계국│ │정보/홍보국│ │ 법무국 │
    └───┬───┘  └──┬────┘ └────┬───┘ └──┬───┘
    ┌───┴───┐  ┌──┴───┐  ┌──┴──┐  ┌──┴────┐
    │ 위원회국│  │ 청원국 │  │ IT국 │  │기술지원국│
    └───────┘  └──────┘  └─────┘  └───────┘
```

독일 의회 행정 조직은 조직의 시스템이 짜임새 있게 통일된 특징이 잘 드러난다.

'학술지원 핫라인'은 의원 질의에 대한 회답 등 입법 지원 활동을 제때에 수행하기 위해 전진 배치된 그룹으로서, 각 분야 전문가로 구성되어 단기간에 효율성 있게 회답을 수행한다.

독일 의회 행정조직 시스템은 의회 행정조직에 학술조사국이나 도서관, 국제 관계 관련 기구의 위상을 어떻게 자리매김할 것인가라는 문제에 대한 모범 길잡이 역할을 해준다.

이처럼 독일 의회 행정조직은 일원화, 집중화, 효율화에 장점이 있기에 아직 초보 단계인 우리 국회 행정조직이 벤치마킹해나가야 할 모델로 평가된다.

3

공공 영역에서의 정명론
正名論

체포와 검거

'체포'와 '검거'라는 용어는 곧잘 혼동되어 사용된다.

법률상 '체포'의 개념은 체포 대상자를 최대 48시간 동안 억류할 수 있기 때문에 '잡는다'는 의미의 '검거'보다 광의의 개념이다.

'체포arrest'는 검거라는 의미 이외에도 '잡아서 자기 지배 하에 놓는' 인치또는 연행라는 의미와 '유치장 등에 가두는' 구금또는 유치이라는 의미 등 세 가지의 의미를 지닌다.

일본에서 만들어져 현재 우리 법제에 사용되는 '체포'라는 용어는 대인 강제수사에서 '검거', '인치', '구금'을 포함하는 포괄 의미다. 이에 비해 '검거'는 '잡는다'라는 단일한 의미만을 지닌다. '체포'는 그 대상이 체포 대상 범죄혐의자로 한정함에 비해 '검거'는 그 대상이 무한정이다. 이처럼 '체포'와 '검거'는 분명하게 다른 의미와 개념을 지닌 용어다.

그러나 현행 법률에서는 여전히 '체포'와 '검거'를 혼용하여 잘못 사용한다.

부의附議와 번안飜案

국회에서 사용하는 용어 중에 '본회의 부의 예정의안'이라는 말이 있다. 이 말은 "본 회의의 토의에 붙일 예정인 의안"이라는 의미다.

'부의附議'는 "토의에 부치다."의 뜻이다. 그러나 이는 잘못 쓰는 용례다. '부의附議'라는 말의 정확한 의미는 "다른 사람의 제안에 동의해 함께 공동으로 제안하다."라는 뜻이다.

'부附'라는 한자어는 "붙다, 귀부하다, 동의하다"의 의미다. '부附'는 '부화뇌동附和雷同'과 같은 단어에서 정확하게 사용된다. '부의附議'를 "토의에 부치다."라고 해석하는 것은 '부치다'의 '부附'와 '토의'의 '의議'를 억지로 조합해 만들어낸 조어다. "의안을 돌려보내거나 넘기다."의 의미로 널리 사용되는 '회부回附'라는 용어 역시 '회回'와 '부附'를 억지로 조합한 조어다.

국회법 제91조는 '번안飜案' 조항으로서 원래의 의안議案을 수정할 경우를 규정하는 조항이다. '번飜'은 '뒤치다', '엎어지다'라는 뜻의 한자어로서 '수정하다', '고치다'라는 의미로 사용하기에 부적절하다.

흔히 '번안飜案'이라는 용어는 "원작의 내용이나 줄거리는 그대로 두고 풍속, 인명, 지명 따위를 시대나 풍토에 맞게 바꾸어 고침, 원래의 모습을 살리면서 자기 나라에 맞게 고치거나 바꾸다."는 뜻으로서 '번안물'이나 '번안소설' 등으로 사용된다.

'번안물'이란 '외국의 문학 작품이나 서적을 번역하되 원작의 줄거리나 사건은 그대로 두고 시대 배경, 풍속, 인명, 지명 따위를 자기 나라 풍토에 맞게 바꾸어 펴낸 문학 작품이나 서적'을 일컫는 용어다. 이러한 용례와 국회법 제91조의 '번안'은 그 의미가 전혀 다르며, 따라서 국회법 '번안' 조항은 다른 용어로 대체되어야 마땅하다.

변명辨明과 제출提出
그리고 상정上程

국회법 제160조는 '변명辨明' 조항인데, 흔히 '변명'이란 "어떤 잘못이나 실수에 대해 이런저런 구실을 대며 까닭을 말함, 잘못이나 실수에 대해 이런저런 구실을 대며 말하다."는 의미다. '변명'이라는 말은 자기 잘못을 어떤 핑계나 구실을 붙여 억지를 쓰는 경우 등 부정 이미지의 용어다. 국회법에서 부정 이미지인 '변명'이라는 용어의 사용은 옳지 않아 보인다. '번안'이나 '변명'이라는 용어 모두 일본 법률 용어를 차용했다.

'가결可決' 역시 일본어에서 비롯된 용어로서 문자 그대로 풀이하면 "결정할 수 있다."는 뜻이다. 문자를 아무리 살펴봐도 그 뜻이 알쏭달쏭하다. 영어로 'adoption', 'pass'인 이 말은 '통과'가 보다 적절한 용어다.

'제출提出'이라는 용어도 "의견이나 서류 따위를 해당 부문에 내어 놓다."라는 의미로서 국회에서 자주 쓰이는 일본식 용어다. 이 용어도 '提'에 '出'을 합쳐 억지로 뜻을 조합했다. 한자어에서 '出'이란 흔히 동사 뒤에 쓰여 '나타나다' '완성되다'의 뜻이다.

참고로 '출出'은 우리 언어생활에서 희한하게 사용되는 대표 한자어다. '출出'과 '타他'를 억지로 조합해 "밖으로 나가 부재중이다."라는 의미의 '출타出他', '가家'와 '출出'을 붙여 "집을 나가다."라는 의미의 '가출家出', '출소出所', '출시出市', '출원出願', '출고出庫', '출고出稿' 등의 용어 모두 일본에서 만들어져 수입된 말이다. 심지어 '출애굽기出埃及記'라는 말까지도 일본어를 그대로 사용한 예다.

중국에서 '提出tichu'이라는 용어는 우리와 같은 의미가 아니라 '제기하다', '제의하다'라는 뜻으로 쓰인다. 중국에서 우리와 같은 "의견이나 서류 따위를 해당 부문에 내어 놓다."라는 의미의 용어는 '提'에 '넘기다'의 의미 '交'를 합친 단어인 '提交tijiao'다 사실 '제기(提起)'라는 단어의 정확한 풀이야말로 '언급하다'이다.

언어란 사회성과 뿌리 깊은 관습을 토대로 하기 때문에 하루아침에 바꾸기가 어려운 것도 사실이다.

이전에 우리말 "~읍니다."를 "~습니다."로 바꾼다고 했을 때 저항감과 부담감이 무척 컸다. 그러나 지금에 와서는 언제 "~읍니다."로 썼던가가 생각 나지 않을 만큼 너무도 당연하게 되었다. 야구에서도 '포볼' 또는 '사구四球'라는 일본식 용어를 이제 '볼넷'이라고 바꾸어 쓰고, '데드볼', '사구死球'라는 일본식 용어를 '몸에 맞는 공'이라고 바꾸어 '훌륭하게' 사용한다. 문제를 인식하고 노력한다면 반드시 우리의 용어로 바꿔낼 수 있다.

이밖에 국회에서 자주 사용되는 "의안을 상정하다."는 말의 '상정上程'이라는 용어는 '윗 上' 자와 '限度, 길 程' 자를 억지로 합쳐 만들어낸 부자연스러운 조어다. '발의發議' 역시 마찬가지다. 이러한 용어는 중국에서도 통용되지 않고 존재하지도 않는다.

법률 용어 등 국회에서 사용하는 용어는 전 사회에 파급력이 큰 만큼 전면 재검토를 통해 정확한 용어 사용을 시행하는 시스템이 필요하다. 독일에서는 의회 내에 '독일어협회우리나라의 '국립국어원'과 유사한 정부 차원의 기구'의 지부가 과課 단위로 설치되어 법률 용어에 대한 언어 교정 업무를 수행한다.

'제·개정'이라는 표현은
잘못된 표기 방식이다

'제정制定'과 '개정改正'의 '정' 字, 한자부터 달라

> 제헌절이 다시 찾아왔지만 정작 헌법 등 법률을 제·개정하는 국회
> 가 제때 법률을 고치지 않아 '입법공백'이 초래되고 있다.

어느 신문기사 내용이다. '제·개정'이라는 표현은 신문기사 등 우리 일상에서 자주 쓰인다. 법제처의 국가법령정보센터에도 법률 구분에 있어 '제·개정 구분'이라는 기준을 여전히 사용하고, '제·개정문'이라는 용어 역시 발견된다. 국회도서관 홈페이지에서도 여전히 '제·개정'이라는 용어가 보인다.

'가운데 점(·)'의 문법 의미에 상응해 이해할 때 이는 '제정과 개정'이라는 의미다. 그러나 '제정법률', '개정법률', '제·개정법률'이라 해 '제정'을 '개정법률'의 '개정'에 대칭되는 용어로 씀은 잘못이다. 어원으로도 '제정制定'의 '定'과 '개정改正'의 '正'이 다르기 때문에 단지 '제정'과 '개정'이라는 용어가 우리말로 '-정'으로 끝나는 공통점이 있다고 해서 제·개정이라는 용어를 만들어 편리하게 사용하는 것은 그야말로 커다란 웃음거리에 지나지 않는다.

법의 '제정制定'이라고 할 때 '제정'이란 '법률을 만들다.', '입법'이라는 의미와 똑같다. 법률의 특수한 의미를 지니지 않은 일반 용어를 관행상 과도한 의미를 부여해 쓰는 셈이다. '제정법률'이란 '입법법률'이라고 쓰

는 것과 같이 동어 반복에 지나지 않는다어떤 때에는 '최초에 제정된 법'이라는 의미의 '제정법'이라는 용어까지 쓰는데, 제정법이란 불문법과 대비되는 '성문법'이라는 의미인 바 이 또한 전혀 타당하지 않다.

정확하게 규정한다면 개정법 역시 '제정'된 것이며, 어느 법률이든 모두 '제정'된 '제정법률'이다. 따라서 '제정'과 '개정' 양자는 상호 구분·대비되는 용어로 규정되어서는 안 되며, 더구나 '제·개정'과 같은 '합성용어'로 양자를 묶는 것은 어이없는 오류다.

'제정'과 '개정' 구분,
의미 없고 구분 자체가 어려워

우리나라는 근대 의미의 법률이 생긴 지 이제 겨우 수십 년에 지나지 않기 때문에 '제정'과 '개정'을 그나마 기록해나갈 수 있다. 유럽처럼 수백 년의 법률 제정 역사가 있는 국가는 수십 차례 이상 수정된 법률이 많기 때문에 '개정' 사실을 법률 본문 서두의 법률 연혁에 일일이 기록하는 것 자체가 불가능하다.

그렇기 때문에 이들 나라에서는 '제정'과 '개정'의 기록이 법률 본문에는 거의 존재하지 않는다. 다만 법률 내용 내의 조항에 언제 수정되었다고 기록하는 방법으로 대체한다. 이를테면 프랑스의 '출판자유에 관한 법률 1881. 7. 29'은 법률 내용에 "가장 최근의 ○○법률에 의해 ○조항이 어떻게 수정되었다"고 기록한다.

법률을 만들 때 독일은 어떤 법에서 제1장은 새로 만들어지는 법률을, 제2장은 새 입법에 상응한 기존 법률에 대한 개정사항을, 제3장은 부칙 등과 같이 이뤄지는 예가 많다.

우리나라에서 일부 통용되는 법률 분류 방식인 '제정법률'과 '개정법률'이라는 분류를 따른다면이를테면 법제처 국가법률정보센터의 상세검색 페이지와 국회도서관 외국법률정보 사이트, 상기한 독일 사례는 이 법을 '제정' 법률로 보아야 하는가 아니면 '개정' 법률로 보아야 하는가를 분류해야 하는 불필요한 궁지에 빠지게 된다.

언뜻 명료한 것 같지만 실제로는 명확하지도 타당하지도 않은 '제정'과 '개정'으로 법률을 구분하는 방식을 극복해야 한다. 이러한 억지 용어 사용은 언어의 과학성 등 그 실익이 있을 때만 의미 있다. 제정·개정의 구분은 복잡, 빈번해지는 우리 입법 실무에 부응하는 실익도 없다고 할 것이다.

'수집'의 한자는 '蒐集'인가? '收集'인가? 아니면 '粹集'인가?

'수집'이라는 용어의 한자어는 과연 무엇일까?

우리나라에서는 '수집蒐集'이라는 한자어를 쓴다. 모양도 희한한 이 한자를 정확히 쓸 줄 아는 사람은 거의 없을 것이다.

우선 '수집'이라는 우리말에 대한 한자어는 '蒐集', '收集', '搜集', '粹集' 등등 많고 번잡하다.

참고로 중국에서는 '蒐集'이라는 용어가 아예 존재하지 않는다. 혹시 고어古語로만 있다고 해도 대다수의 중국인이 알지도 못하고 '收集'으로 대체되어 쓰인다. 일본 역시 '收集'을 대표 용어로 쓴다.

'수蒐' 자의 뜻은 "망자亡者의 영혼이 풀로 다시 살아난 꼭두서니"의 의미다. 한자어의 모양으로 풀이해보면 '艹' 초두머리에 귀신 '귀鬼' 자로서 "희귀한, 기괴한 것"을 뜻하고 망자가 남긴 유품이나 유물이라는 의미로 확대되었다고 할 수 있다. 따라서 '蒐集'이란 "기이한 옛것을 모으다."라는 뜻으로 볼 수 있으며, 우표 '수집'이라든가 골동품 '수집' 등에만 적합하다고 할 수 있다.

우리나라는 '수집'에 해당하는 어떤 한자어를 쓰는가?

국회법 제42조는 "專門委員은 委員會에서 議案과 請願 등의 審査, 國政監査, 國政調査 기타 所管事項과 관련하여 檢討報告 및 關聯資料의 蒐集·調査·硏究를 행한다."고 규정한다.

여기에서 알 수 있듯 우리나라 대부분의 법률에서는 '자료 수집' 등에 사용하는 '수집'이라는 법률 용어를 '수집蒐集'으로 표기한다. 국회도서관법 제2조에서도 "圖書館은 圖書館資料 및 文獻情報의 蒐集·정리·보존·제공과 參考回答 등의 圖書館奉仕를 행함으로써 國會의 立法活動을 지원한다."고 규정하고 역시 '蒐集'이라는 한자어를 쓴다. 그런데 정작 국회도서관의 기구 중 '자료수집과'를 표기하는 '수집'에 해당하는 한자어는 자료수집과資料收集課로 표기한다.

같은 '수집'이라는 용어에 대해 도서관 직무를 규정하는 도서관법에서는 '蒐集'이라는 한자어를 사용하고, 도서관 조직인 '자료수집과'의 명칭에는 '收集'이라는 다른 한자어를 쓴다. 혼란스럽다.

이번 기회에 번잡하게 사용하는 '수집'에 대한 한자어를 중국이나 일본처럼 '수집收集'으로 단일화해 지정해야 할 것이다.

관공서 언어의 '특권 영역 표시'

"피의사건으로 수사 중이므로 이 건 진정서를 위 사건기록에 편철해 수사에 반영토록 하고 진정 종결함을 알려드립니다."

"가로수는 각종 지하매설물 등으로 뿌리 생육공간이 제한되어 가지가 무성한 경우 자연 상태에 비해 넘어갈 우려가 높으므로 안전사고 예방을 위해 나무모양T/R율을 조절하는 경우도 있으며…… 가지를 치는 정도에 있어서는 강전지를 지양하고 수형을 고려해 가로미관에 어울리게끔 실시하고 있으며, 양버즘나무Platanus occidentalis L.의 생육 특성상 1년에 1~3미터 가량 왕성하게 생장하므로 여름이 되면 아름다운 가로수의 형태를 이루고 있습니다."

민원에 대한 '관청'의 답변을 보면, 내용은 용두사미인 채 민원을 '받아들일 수 없는 변명'을 최대한 어렵고 권위주의 문투의 용어를 구사해 설명한다. 대부분 띄어쓰기도 잘 하지 않는다. 그럼에도 불구하고 정작 그 내용은 공허할 뿐이다. 일반인은 이러한 '억누르고 군림하려는' 형식과 태도에 한편으로는 위축되고, 다른 한편으로는 해봤자 자신의 요구가 실현될 수 없다는 극심한 절망과 좌절을 느낀다. 결국 두 번 다시 민원을 제기할 의지를 상실한다. 이는 '관공서 용어'가 의도하는 핵심 목표다.

대중으로 하여금 어려운 권위주의 용어에 미리 기가 꺾여 접근을 하지 못하도록 장치한 일종의 '특권 영역의 표시'로 볼 수 있다. 이는 "일반인 접근금지", "관계자 외 출입금지"라는 표지판과 같다.[37]

관공서에서 사용하는 용어 중 '지장목支障木'이라는 말이 있다. 공사 현장, 건설 현장 등에서 작업 목적에 지장을 주는 수목樹木의 총칭으로 사용되는 용어다.

이러한 용어는 인간 위주의 편의주의 발상에서 나온 용어이자 개발주의, 성장주의 정신으로 가득 찬 낱말이다. 원래 나무가 존재하면서 그곳의 주인이었고, 정작 그것을 파괴하면서 그 나무의 생존을 위협하며 크게 '지장'을 끼친 것은 바로 공사를 강행한 인간이다.

환경과 자연이 중시되는 시대정신에 맞추어 마땅히 이러한 용어는 바꾸어야만 한다.

| '공인公人'과 '사회지도층'

연예인의 음주운전 사고가 사회 문제로 번질 때마다 "공인으로서 적절치 못했다."며 머리 숙여 사과하는 모습을 볼 수 있다.

'공인公人'이라는 용어야말로 아무리 생각해도 적절치 못하다. '연예

---

37   이러한 '난삽하되 내용은 공허한' '관공서 용어'는 정부 관료가 출연하는 TV토론 등에서도 쉽게 발견된다.

인', '유명인사'라는 호칭이 보다 타당하다. 대중에게 잘 알려진 유명한 사람이라고 해서 '공인公人'이라는 칭호를 붙일 수는 없는 노릇이다. 그들은 유명한 사람이지 '공공'의 인물은 아니다.

정치인이나 대기업 회장 등의 인사를 가리켜 '사회지도층'이라고 부르는 것 역시 언어 사용의 부적절한 범주에 속한다. 정치인, 대기업 회장이라고 자세히 그들의 직업을 지칭하는 방식이 적절하다.

그들이 '사회지도층'이라면, 그들 외의 다른 사람은 '지도'를 받아야 하는 '사회 피지도층'이라는 말인가?

변호사, 변리사, 판사

변리사의 영문은 patent다. patent의 어원은 Litterae patentes라는 라틴어로부터 비롯되었는데, 그 의미는 '공개 서한' 또는 '공공문헌'이다. patent란 중세 군주가 어떤 특권의 증명을 공개 발표한 것을 의미했으며, 훗날 영국 국왕이 직접 서명한 권리 증서를 지칭했다.

patent에는 '독점'과 '공개'라는 두 가지 의미가 있다. 오늘날 우리가 사용하는 '변리사'라는 용어에는 patent가 지니는 원래의 의미를 전혀 찾을 수 없다. 참고로 중국에서는 patent를 '독점 권리'라는 의미로 '전리專利'라는 용어를 사용하는데, 이 용어가 원의에 보다 가깝게 여겨진다.

변호사의 영문은 lawyer 또는 attorney미국, barrister영국다. '율사律師', '법률소송 대리인'이라는 뜻이다. 우리가 사용하는 '변호사'라는 용어는 너무나 광범하고 원래의 의미로부터 벗어나 있어, '율사', '법률 대리인'

이라고 분명히 지칭하는 것이 바람직하다고 본다.

한편 판사判事의 영문은 judge다. 같은 판사라 해도 대법원 판사는 판사라는 명칭이 아니라 '대법관'으로 지칭된다. 용어상의 분열이자 혼란이 아닐 수 없다.

검사는 prosecutor, attorney, counsel로서 우리 사회처럼 권력의 상징이나 군림하는 이미지가 아니라 '대리인', '자문'의 소박한 의미를 지닌다.

변호사, 변리사라는 명칭과 판사, 검사 역시 모두 일본에서 만들어진 용어다. 사법 개혁에 앞서 이들 명칭부터 바꾸는 것이 시작이지 않을까?

4

조선과 숙신 그리고 여진

용어의 기원과 유래

만주족은 차례대로 숙신肅愼족 – 읍루邑婁족 – 물길勿吉족 – 말갈靺鞨족 – 여진女眞족 – 만주滿洲족이라는 명칭으로 계승되어져 왔다.

청나라 건륭제 때 완성된 《만주원류고滿洲源流考》라는 역사서에는 여진족이 '숙신'에 기원을 두고 있으며, '숙신족'이라는 용어의 '숙肅'이라는 글자의 발음이 '주'라고 밝히고 있다 北音讀肅爲須, 須朱同韻.

'숙신肅愼'은 '주선'으로 읽혀진다. '신愼'의 중국어 발음이 'shen', '선'이기 때문이다. 중국에서 '숙신'은 '직신稷愼'으로도 지칭되는데 '직稷'의 중국어 발음은 '지, ji'로서 우리의 '조' 발음과 근접함을 알 수 있다.

우리가 역사책에서 배웠던 '女眞族'의 '女眞'은 '여진'으로 발음해서는 안 된다. 왜냐하면 이 '女眞'이라는 명칭 역시 한자어의 음을 빌려 만든 중국식 용어이기 때문이다. '女眞'은 당시 중국에서 '朱先', '諸申이 두 가지 용어의 중국어 발음은 각각 '주셴'과 '주선'이다'으로도 표기되었다.

중국 허광위何光岳 교수가 저술한 《여진원류사女眞源流史》에 의하면, 금나라 시대 '여진女眞'의 만주어 발음은 '주선jusen, 만주어로서의 '주선'은 '사람'이라는 의미였다'이었다.

또 남송 시대에 서몽신徐夢莘이 지은 《삼조북맹회편三朝北盟會編》 3권에 따르면 "女眞古肅愼國也. 本高麗朱蒙之遺", "여진은 옛 숙신의 나라이고, 원래 고구려 주몽의 후예다."라고 명기된 사실을 알 수 있다.

여진과 말갈 그리고 맥족

'여진족女眞族'이라는 명칭은 청나라 시대에 들어서면서 만주족이라는 명칭으로 바뀌게 된다.

병자호란 당시 조선을 쳐들어와 삼전도에서 조선 왕을 무릎 꿇게 했던 바로 그 청나라 황타이지皇太極, 청태종가, '여진女眞'의 만주어인 '주신珠申'이라는 말이 당시 중국에서 '노예'라는 비칭으로 사용되던 현실에 비춰 그 명칭을 만주족滿洲族으로 바꾸도록 했던 것이다.

'말갈靺鞨족'이라는 용어에서 '말갈'의 현재 중국어 발음은 'mo he', '모허'다. 고구려의 민족 구성원으로 알려진 '맥족貊族'이라는 말에서 '맥貊'의 중국어 발음이 바로 'mo'다. 중국 고대 문헌에서 '맥족'과 같은 의미로서 사용되어온 "貉, 又作貊, 亦稱獵貉" 학족貉族의 '학貉'에 대한 중국어 발음 또한 바로 'he'다.

이러한 사실에 비추어 추론해보면 '말갈靺鞨, mohe'이라는 용어는 정확하게 '맥貊, mo'과 '학貉, he'이라는 단어로부터 기원되었다는 점을 알 수 있다.

실제로 중국의 만주족 관련 자료를 살펴보면, "靺鞨, 是貊族同音詞, 是貊族與貉族融合而成的", "말갈은 맥족의 동음어며, 맥족과 학족이 융합해 형성되었다."라고 분명히 기록되어 있다.

'물길족'이라는 명칭에서 '물길勿吉'의 중국어 발음인 '우지wuji'는 우리 민족의 역사에 나오는 나라인 '옥저沃沮'의 중국어 발음인 '워쥐woju'와 유사하다. 실제로 중국의 관련 자료를 분석하면 '물길'이라는 명칭이

'옥저'로부터 기원했다고 설명되어 있다"勿吉族, 秦以前的居就, 秦漢之際的沃沮…". 읍루족도 압록강의 옛 별칭이 읍루강이었던 점에 비추어 보면 이 역시 우리와 밀접한 관련이 있다.

이처럼 만주족을 지칭하는 역대의 모든 명칭은 '조선'이라는 우리 민족과 매우 깊은 관련성을 지닌 것으로 나타난다. 이와 같은 사실을 종합해 볼 때 만주족은 우리 한민족과 오랫동안 융합 과정을 거쳤고 동시에 유사하거나 동일한 기원을 지닌 것으로 추론해 볼 수 있다.

'조선족'이라는 커다란 대大 민족 범주로부터 우리 한민족과 만주족으로 분리되어 각자 발전되었을 가능성이 매우 높다.

'조선朝鮮'이라는 한자어 자체도 순수한 우리말이 아니고 당시 민족을 지칭하는 명칭의 소리인 음音을 한자어를 빌어 표기한 것에 지나지 않기 때문에 '조선'이라는 글자가 정확한 표기라고 보기 어렵다. 오히려 만주족이 부르는 '주선', 《태왕사신기》에서 표기한 '주신'이라는 발음이 당시의 원음에 더욱 가까울 가능성이 높다고 추정된다.

단재 신채호 선생도 자신의 저서 《조선상고사》에서 "조선족朝鮮族이 분화해 조선朝鮮, 선비鮮卑, 여진女眞, 몽고蒙古, 퉁구스 족이 되고, 흉노족이 천산遷散해 돌궐, 헝가리, 터키, 핀란드 등의 족族이 되었나니……"라고 기술함으로써 이러한 관점을 분명히 뒷받침한다.

신라가 만주에 위치했었다?

언젠가 TV드라마 《선덕여왕》이 인기를 끈 뒤로 '계림'이라는 말이 친숙해지게 되었다.

중국 동북지방의 길림성吉林省은 조선족이 집단으로 거주하는 조선족 자치구로서 흔히 연변延邊으로 알려졌고 우리에게도 매우 익숙한 곳이다.

청나라의 건륭제乾隆帝는 국가 사업으로 《만주원류고滿洲源流考》라는 역사서의 편찬에 착수했다. 만주족이 건국한 청나라는 많은 인구와 뛰어난 문화 우위를 지닌 한족漢族이라는 엄청난 존재에 맞서기 위해 만주족 자신의 역사 원류를 찾기 위해서였다. 그것을 통해 자신의 민족 정체성을 정립함으로써 국가와 만주족의 자긍심을 고양시킨다는 취지와 목적으로, 건륭제乾隆帝 시기에 만주족의 학자를 총망라해 역사 편찬을 추진했다.

이 역사서는 흥미롭게도 우리의 삼한三韓과 부여, 백제, 신라, 발해 등의 국가와 민족을 만주족의 '강역疆域'과 '부족'란에 포함시켜 설명한다. 이 책의 서문은 건륭제가 직접 썼는데 건륭제는 '계림鷄林'과 '길림吉林'의 발음이 동일한 사실을 예시하면서 이를 근거로 해 "신라라는 국가가 만주의 길림성까지 존재하지 않았을까?"라는 의문을 제기한다.

건륭제의 문제의식은 상당히 날카로웠으나 거기에서 한 수를 더 생각했어야 했다.

계림주鷄林州의 설치

역사를 살펴보면 당나라 시대에 '계림주鷄林州'가 현재의 길림성에 실재實在했다《구당서》.

당나라는 AD 662년에 백제를 멸망시킨 뒤 백제의 고토故土에 웅진도독부를 설치했다. 이듬해인 663년에는 신라에 계림도독부를 설치하고, 신라 문무왕 김법민金法敏을 계림도독에 임명했다. 이리하여 '형식상으로는' 신라 역시 당나라에 편입시켰다.

그 뒤 668년 고구려가 멸망한 후 670년에 일어난 고구려 유민 검모잠劍牟岑, 고구려 멸망 이전에 대형(大兄) 벼슬을 하던 인물이다과 안승安勝의 부흥 운동이 실패했을 때, 한반도 전체를 손에 넣으려 획책했던 당나라에 맞서기 위해 신라는 고구려 부흥운동의 잔여 세력을 끌어들여 당나라에 저항했다. 그러자 당나라는 신라 문무왕 김법민의 계림도독 직위를 삭탈하고 대신 당나라 장군 유인궤劉仁軌를 계림도총관鷄林道總管에 임명해 신라를 토벌토록 했다. 이 전쟁에서 패배해 항복한 신라는 사신을 보내 입조하고 예물을 바쳤다.

신라를 중심으로 한 백제와 고구려 유민은 한반도 전체를 속국으로 편입시키려는 당나라의 야욕에 끝까지 맞서 강력히 저항했다. 결국 당나라는 끈질긴 투쟁에 배겨내지 못하고 계림도독부를 오늘날의 길림성으로 이전시킬 수밖에 없었다. 그 뒤 설인귀薛仁貴가 유인궤에 이어서 계림도총관에 임명되었다.

신라를 지배하기 위해 설치되었던 계림도독부는 여전히 '계림鷄林'이라는 명칭이 사용되지만 이미 신라에 대한 지배라는 의미를 완전히 상실하고 대신 만주 지역을 그 관할 통치 범위로 하는 지배기구로 변화했다. 그 뒤 당나라는 계림도독부가 있던 오늘날의 길림성 지역을 계림주鷄林州라는 행정구역으로 공식 칭하게 되었다. 당나라 시대 이후 그곳은 발해를 거쳐 요나라, 금나라, 원나라 등 북방민족의 세력권 하에 놓였고 이러한 역사 시기에서도 중국 한족은 상당 기간 그곳을 鷄林州로 지칭했을 것이다, 청나라 강희제康熙帝 때 처음으로 길림장군吉林將軍을 임명하는 등 '길림吉林'이라는 용어가 정식으로 사용되었다.

'길림吉林'이라는 말은 세월이 흘러 이미 그 기원과 뜻이 상실된 '계鷄'자 대신 발음은 같고 '길하다'라는 좋은 의미를 지닌 '길吉' 자로 대체해 사용한 것으로 추정해 볼 수 있다. '길림吉林'과 '계림鷄林'이라는 단어의 중국어 발음은 모두 '지린jilin'으로 동일하다. 다만 발음의 성조聲調만 다를 뿐이다.

중국 금나라 시조는 고려인

중국 금金나라의 정사인 《금사金史》에는 "金之始祖諱函普, 初從高麗來 금나라 시조 함보(函普)는 처음에 고려로부터 왔다."라고 기록되어 있다.

우리의 《고려사》에도 이러한 기록이 있다.

《고려사》 세가 권 13 예종 을미 10년 3월조 편을 보면

"어떤 사람은 말하기를 '옛적에 우리나라 平州의 중 김준이 여진으로 도망해 아지고촌에 살았는데 이가 금나라의 선조로 되었다.'고 하며, 어떤 사람은 말하기를 '평주의 중 김행지의 아들 김극수가 처음 여진의 아지고

촌에 들어가서 여진인 여자와 결혼해 아들 古乙 太師를 낳았고 고을은 活羅 太師를 낳았다. 活羅에게는 아들이 여럿이었다. 맏아들은 핵리발이요 다음은 영가盈歌였는데 영가가 가장 뛰어나 인심을 얻었다. 영가가 죽고 핵리발의 맏아들 오아속이 그 뒤를 이었고 오아속이 죽은 뒤 그의 아우 아골타가 位에 올랐다.'고 했다."라고 기록되어 있다.

이를 뒷받침하는 다른 자료도 있다.

《고려사》 예종 기축 4년의 기록에는

"기해일에 동번 사절인 요불裏弗, 사현史顯 등이 내조했다. 경자일에 왕이 선정전 남문에 나가서 요불, 사현 등 여섯 명을 접견하고 그들이 온 이유를 물으니 요불 등이 아뢰기를 '지난날 우리의 태사 영가盈歌는 우리 조상이 큰 나라大邦, 고려에서 출생했으니 의리상 자손의 대에 이르도록 거기에 종속되어야 한다고 말한 적이 있었고 지금 태사 오아속烏雅束도 역시 큰 나라를 부모의 나라로 생각하고 있습니다.'"라는 내용이 나와 있다.

또한 《고려사》 예종 정유 12년 편에는

"금나라 임금 아골타가 아지 등 다섯 명의 사신을 시켜 편지를 보내 말하기를 '형의 나라 대여진 금국 황제는 아우 고려 국왕에게 이 편지를 보낸다. 우리 할아버지 때부터 한쪽 지방에 끼어 있으면서 거란을 대국이라 하고 고려를 부모의 나라라 하여 조심스럽게 섬겨 왔는데 거란이 오만하게도 우리 국토를 유린하고 우리 백성을 노예로 생각했으며 빈번히 까닭 없는 군사 행동을 감행했다. 우리가 하는 수 없이 그를 항거해 나서니 다행히 하늘의 도움을 받아 그들을 섬멸하게 되었다. 왕은 우리에게 화친을 허락하고 형제의 의를 맺어 영세무궁한 우호관계를 가지기를 바란다.'라고 하면서 좋은 말 한 필을 보내었다."라는 기록이 있다.

'적벽대전'은 없었다

《삼국지》의 수많은 전쟁 장면 중 가장 박진감 있게 묘사되는 것은 역시 '적벽대전'이다. 그 웅장한 규모에 독자는 마치 눈앞에 전쟁이 펼쳐지듯 손에 땀을 쥐며 책장을 넘기게 된다.

그러나《삼국지》를 통해 알고 있는 '적벽대전'의 내용은 모두 허구다. 전쟁에 참여한 병사가 백만 명이라 했지만 역사상 '적벽대전'이란 아예 존재하지도 않는다. 혹시 존재했다고 해도 '적벽소전小戰'에 불과했을 가능성이 매우 높다.

고대 시대에 큰 전쟁에서 승리를 거두면 반드시 공적을 세운 사병에게 상을 내렸다. 하지만 '적벽대전'에서 승리한 오나라 군주 손권이 사병에게 상을 내린 기록은 어디에도 없다. 따라서 이러한 전쟁이 역사상 대첩을 거둔 대전大戰일 리는 없다. 물론 제갈공명의 신출귀몰한 전법도 대부분 허구인 '희망사항'이다.

삼국지의 세 나라는 위오촉인가?

흔히 《삼국지》라 하면 위·오·촉魏吳蜀의 세 나라를 생각하게 된다. 《삼국지》를 읽는 독자에게 유비의 촉, 촉한蜀漢은 안타까움의 대상이다.

그러나 위오촉이라는 세 나라 명칭은 잘못이다.

원래 유비가 세운 나라는 한漢나라이지 결코 촉나라가 아니다. '촉蜀'이란 사천 지역을 가리키는 지역 명칭일 뿐이다.

결국 유비가 세운 나라를 '한'이라 하지 않고 '촉', '촉한'이라고 지칭하는 것은 비칭卑稱이며, 삼국지의 삼국은 위·오·한魏吳漢으로 불러야 마땅하다.

관운장의 키가 9척이라니!

《삼국지》를 보면 관운장이 9척 장신이라거나 장비가 8척이라는 말이 나온다. 한 척이 30센티미터이니 키가 9척이라면 자그마치 270센티미터나 되니 과연 놀랄 만도 하다. 역시 과장이 심한 중국인이로구나라는 생각이 저절로 들 것이다.

여기에서 말하는 척尺은 고척古尺으로서 기록에 의하면 약 23센티미터 정도다. 따라서 9척이라면 약 2미터 정도이고, 8척이면 184센티미터 정도이니 그런대로 봐줄만 하다.

참고로 중국 고대 시대에 병역은 23세에서 56세까지의 남자로서 신장 6척 2촌 이상의 조건이었다. 여기에서 말하는 척尺도 고척古尺이다. 따라서 6척 2촌은 약 143센티미터고, 고대 시대에 키가 143센티미터 이하인 남자는 병역을 면제받았다는 얘기가 된다.

'옥석구분'은 무슨 의미인가?

흔히 사용하는 우리말에서도 그 뜻을 정확히 알지 못하는 것도 적지 않으며, 심지어 원래의 의미와 정반대의 뜻으로 사용하는 것도 있다.

'옥석구분'이 그 대표 예다.

사람들에게 '옥석구분'이 무슨 뜻이냐고 물어보면 모두 "옥과 돌을 구분해야 한다는 뜻 아니냐?"라고 당연하다는 듯이 대답한다. 실제로 신문이나 방송에서도 "건설회사의 옥석을 구분할 방침", "옥석을 구분해야 한다."고 보도하는 등 '옥석구분'이라는 말은 "옥과 돌을 구분해야 한다."는 의미로서 자주 사용된다.

'옥석구분'이란 말은 "옥과 돌을 구분하다."는 뜻이 아니다. 아니 그와 완전히 정반대의 의미를 지닌 말이다.

'옥석구분'에서 '구분'이라는 한자어는 흔히 생각하는 '구분區分'이 아니라 '모두 구俱'에 '탈 분焚'으로서 '玉石俱焚'이다. '옥석구분'이란 "옥과 돌을 '구분'하지 못하고 모두 태워 버린다."는 뜻이다.

'옥석구분'이라는 용어의 유사어는 '옥석혼효玉石混淆'다.

잘못 사용되는 '독불장군'이라는 말

'독불장군獨不將軍'이라는 말이야말로 원래의 뜻에서 벗어나 완전히 잘못 사용되고 있다.

'독불장군'이란 '獨不將軍', 문자 그대로 "혼자서는 장군이 될 수 없다."는 말이다. "그 사람은 항상 독불장군처럼 행동한다." 등 우리가 평소 쓰는 '독불장군'이라는 말의 뜻은 '독불장군' 그 자체의 원래 의미와 완전히 다른 의미로 사용된다.

'지금까지'라는 용어는 잘못된 표현

'지금까지'라는 말은 한자어 '至今'에서 비롯된 용어로서 '~까지'라는 '至'와 '이제'라는 '今'이 합쳐진 '至今'이라는 단어 자체에 이미 '이제까지'라는 의미가 들어 있다. 이는 마치 '역전驛前'에 이미 '역 앞'이라는 의미가 있는 것처럼 '지금까지'라는 말도 사실 '역전 앞'처럼 동의어 반복이다.

'흐지부지'는 휘지비지諱之秘之라는 한자어에서 비롯된 말이다. '휘지비지'란 "남을 꺼려해 우물쭈물 얼버무려 넘기다."는 뜻이다.

'장난'이라는 말도 한자어 '작난作亂'으로부터 비롯되었다.

'배우'란 무슨 의미 일까?

탤런트를 배우라고 말한다. 배우라는 의미를 잘 아는 사람은 드물다.
'배우俳優'의 '배俳'란 옛날 잡희雜戲, 여러 가지 놀음놀이나 골계희滑稽戲, 희극, 어릿광대극를 연출하는 배우를 뜻하고 '우優' 역시 옛날 연기자나 배우를 의미했다. 이로부터 '배우俳優'라는 용어가 비롯되었다.

따라서 《사기》〈골계열전〉을 보면 '우전'이나 '우맹'이라는 이름이 나오는데, 이는 각각 배우 '전', 배우 '맹'이라는 의미다.

'성곽'은 어떤 뜻인가?

서울 주변의 성곽 길을 걷는 일은 실로 운치 있는 일이 아닐 수 없다. 이 '성곽'이란 말은 어떤 뜻인가?

옛날 성城은 성벽 바깥에 또 하나의 외성外城이 있어 이것을 '곽郭'이라 했다. 이로부터 성곽城郭이라는 용어가 비롯되었다. 또 '곽문郭門'이란 외성外城의 성문을 가리킨다.

'총명'이란 무슨 의미일까?

총명하다는 말을 자주 쓴다.

총명聰明이라는 말은 단순히 영리하다는 뜻만은 아니다.

'총명聰明'의 '총聰'은 '귀 이耳' 자가 들어가 "다른 사람의 말을 널리 듣다."는 의미고, '명明'은 '눈 목目' 자가 들어가 "자신을 안으로 성찰하다."는 뜻이다.

그러니 결국 '총명'이란 "밖으로 다른 사람의 말을 많이 듣고, 안으로 자신을 잘 성찰하다."는 의미가 된다.

고대 시대 이렇게 남의 말을 많이 듣고 스스로 성찰을 많이 하는 것이 진정으로 현명하고 영리하다는 것을 알려주는 대단히 의미 깊은 말이 바로 '총명'이다. '총명'이라는 말은 한자를 만든 옛날 사람이 참으로 현명한 학자이자 철학자였다는 생각이 들게 한다.

진정으로 '총명'하게 살아야 할 것 같다.

경기도의 '경기' 유래

고대 시대 황제가 관리하는 땅을 경도京都 또는 경성京城이라 하고, 황제가 머무는 궁으로부터 천 리 이내의 땅을 경기京畿 또는 왕기王畿라고 했다.

그 밖의 곳은 구복九服이라 하여, 가까이부터 멀리까지 5백 리마다 일복一服이라 했다. 그 순서는 차례대로 후복侯服, 전복甸服, 남복男服, 채복采服, 위복衛服, 만복蠻服, 이복夷服, 진복鎭服, 번복藩服으로 규정했다. 여기에서 후복과 이복은 경도 이외의 지방을 말한다.

또한 황복荒服이란 '변경으로부터 멀리 떨어진 곳'이라는 뜻으로서 왕의 땅京畿 또는 王畿으로부터 2,500리 떨어진 곳이다.

'공화共和'의 유래

'공화당', '공화정', '공화국' 등 '공화共和'라는 말을 자주 쓴다. '공화'라는 말은 중국 주周나라 여왕厲王 시기에 여왕의 폭정에 반란이 일어나 결국 왕이 체彘 땅으로 도망치자 주공과 소공이 왕 대신에 주나라를 다스렸다.

여왕이 도망간 지 14년 만에 그곳에서 죽자 주공周公과 소공召公 두 재상이 태자 정을 선왕으로 세웠다. 여왕이 도망간 해인 기원전 841년에서 828년까지의 14년 동안 주공과 소공이 서로 협력해 나라를 다스린 것을 '왕정王政'에 대비해 '공화집정共和執政'이라 칭하고, 이를 다시 축약해 '공화共和'라고 부르게 되었다.

참고로 '왕王'이라는 한자어는 '사士' 자의 상변에 '일一' 자를 더한 것으로서 선비士의 위에 있는 사람, '세상에서 가장 높은 사람', '천하를 통치하는 사람'이라는 뜻이다.

범수인가, 범저인가?

우리말을 정확히 이해하는 차원에서 한 가지 덧붙이고자 한다.

우리나라에 나와 있는 대부분의 《사기》 주해서는 진나라 효공 시대에 재상을 지냈던 '범저'를 '범수'라고 읽는다. 이는 '저雎'로 볼 것인가 아니면 '수雎'로 볼 것인가의 문제에서 비롯된 차이인데, 정약용 역시 이 문제에 있어서 '수'로 읽어야 한다는 입장을 취했다.

중국의 사전을 보면 '수雎, sui, 중국어로 '수이'로 읽힌다'는 성姓 이름에 쓰이고 인명에는 사용되지 않지만 '저雎, ju, 중국어로 '쥐'로 읽힌다'는 인명에 쓰이는 한자라고 풀이되며, 각종 《사기》 주해서와 역사서에서도 범저范雎로 사용한다.

이와 유사한 사례로서 역시 《사기》에 나오는 '조착'이라는 인물을 '조조'로 표기하는데, 중국에서도 문제의 이 인물에 대한 독음은 '두다'라는 의미의 '조鏪'의 발음인 'cu, 추'로 읽지 않고 '착錯'의 발음인 'cuo, 추오'로 읽는다.

졸본부여의 '졸본'과
개마고원의 '개마'

TV에 방영되었던 드라마 《주몽》에서 '졸본부여'라는 말을 자주 들었는데, 도대체 '졸본부여'의 '졸본卒本'이라는 말의 유래는 무엇일까?
졸본부여라는 말의 '졸' 자는 병졸 '卒' 자로서 일종의 비칭이다. 졸본부여라는 말은 결코 우리 민족이 스스로 만들어 사용한 말이 아니며, 중국에서 만들어낸 한자어 명칭일 뿐이다. 중국은 자신들 한족漢族 이외의 주변 민족을 짐승 이름이나 비속어류의 단어를 사용해 그 명칭으로 불러왔다. 예를 들어 진시황조차도 두려움에 떨게 했던 흉노匈奴의 '노奴'는 노예의 의미다.
북한 사회과학원 언어학연구소의 류렬은 '졸본부여'의 '졸본'이라는 말이 '수루부루/서러버러/수부루/서버러'에 대한 소리 옮김으로서 원래 '동쪽의 해', '새 해' 등을 뜻했고 나중에는 '동쪽 나라', '새 나라', '동쪽의 벌', '새 벌' 등의 뜻을 지닌 가장 오래된 겨레이름이며 나라이름이라고 설명한다.[38]

그렇다면 고구려를 의미해왔던 '예맥濊貊'은 원래 무슨 뜻일까? '예濊'라는 말은 '더럽다'는 비속어다. 중국에서 이민족을 무시하는 뜻을 담아 일부러 만든 한자어다. 류렬의 위의 논문은 '예濊'라는 용어는 원래 '철鐵'이나 '동東'을 뜻하는 옛날 말인 '사라/서러/사/서'에 대한 소리 옮김으로 표기된 것으로서 결국 '동쪽의 해', '새 해'를 의미하는 '사라바라/서러버러'라는 우리말의 한자어 표기라고 파악한다.

TV드라마《태왕사신기》에 소개된 바 있는 '개마대'의 기원은 무엇인가?
중국 역사서에서는 한국 민족을 '맥貊', '예맥濊貊', '개마蓋馬'라고 칭했다. 일본에서는 고려와 고구려를 'ㄱㅁ고마'라고 불렀다. '개마'란 우리 민족의 옛 종족 명칭을 의미하는 용어였다. 이는 모두 '고마'와 '개마'를 음역音譯, 훈독訓讀한 것으로 추정된다. 원래 곰의 고어는 '고마'며, 이는 북방 민족에서 흔히 볼 수 있는 토테미즘과 관련 있다. 백제의 고마나루熊津, 곰, 고마성固麻城, 熊津城도 역시 이와 관련 있다. 개마고원 또한 마찬가지의 의미로부터 비롯된 말이다.

---

38 류렬, 〈옛날의 겨레, 나라, 수도의 이름을 통하여 본 우리 민족의 단일성〉, 《어문연구》, 1990, 제18권, 340쪽.

키타이족은 어느 민족일까?

TV드라마 《태왕사신기》 끝부분에는 광개토대왕에게 대항하는 세력으로 '키타이족'이 나왔다.

'키타이부족'은 원래 거란契丹족을 가리킨다. '거란족'에서 '거란契丹'이라는 용어는 '단철鍛鐵'이라는 말에서 비롯되었고, '견고하다'는 뜻이다. 거란족은 동호東胡족 지파인 선비족의 일파로서 중앙아시아까지 그 세력을 확장함으로써 강대국으로서의 인상을 유럽 세계에 강렬하게 남겨주었고, 이로 인해 중국을 대표하는 국가 이름으로도 전해졌다.

예를 들어 러시아어로 중국을 여전히 'Khitai, 契丹'으로 칭하는 것은 거란의 영향 때문이다. 원래 契丹의 중국어 발음은 'qidan, 치단'이고 이를 러시아를 비롯한 구 소련권에서는 '키타이'로 칭했으며, 서방세계에는 캐세이Cathay족으로 널리 전해졌다. 항공사 '캐세이 퍼시픽Cathay Pacific'의 '캐세이Cathay'는 바로 '거란'이라는 이름으로부터 비롯된 것이다.

삼국 시대 사람은
같은 언어를 사용했을까?

민족 구분의 중요한 요소로서의 동일 언어

언어는 민족 분류의 가장 중요한 기준이다. 이는 공통의 언어가 민족 성원간의 의사소통을 가능하게 하는 대전제大前提이며 동시에 언어가 사람의 사고방식, 심성과 밀접하게 연관되었기 때문이다.

그렇다면 과연 고구려, 백제, 신라의 삼국 시대 사람은 동일한 언어를 사용했을까? 고구려를 백제와 신라로부터 떼어놓으려는 일부 '불순한' 시도에 대한 강력한 반격 중 한 가지 방법은 이들 세 나라가 동일한 언어를 사용했음을 증명하는 것이다. 왜냐면 동일한 언어를 쓰는 것은 민족 개념에서 매우 중요한 구성요소이기 때문이다.

삼국 시대 당시 고구려인이 사용한 언어는 조선어였다. 비록 고구려, 백제, 신라의 삼국 사람이 각기 사용하던 방언은 많으나 의사의 소통에 불편을 느낄 정도는 아니었던 것으로 보인다. 예를 들어 고구려 장수왕이 승려 도림을 밀사로 파견해 백제 개로왕과 바둑을 두게 했을 때 별도의 통역을 필요로 하지 않았다.

또 신라의 진골 귀족인 거칠부는 고구려를 염탐할 목적으로 국경을 넘어 들어가 고구려의 고승 혜량의 불법 강의를 듣게 되었는데, 어느 날 혜량이 거칠부를 불러 "어디에서 왔는가?"라고 묻자 거칠부는 신라인이라고 대답했다. 그날 저녁 혜량은 거칠부를 몰래 불러 "그대의 관상이 범상치 않은데, 고구려에도 사람을 볼 줄 아는 이가 있으니 잡힐까 걱정되어 몰래 알려준다."라고 하면서 어서 빨리 신라로 돌아가라고 했다는 기록이 나온다. 물론 이러한 은밀한 비밀 대화에 통역이 있었다는 기록은 없다.

신라의 김춘추가 백제의 공격을 막아내기 위해 고구려를 방문해 연개소문과 담판을 하고, 보장왕의 총신寵臣이었던 선도해로부터 비밀리에 "토끼와 거북 이야기"를 들었다는 기록은 삼국 사이에 자유롭게 의사를 소통했다는 사실을 알려준다.[39]

이번에는 시선을 달리해 알려진 고구려계의 어휘 중 신라어의 어휘와 유사한 사례를 살펴보자. '샘泉'을 뜻하는 고구려어 '어을'은 '우물'을 뜻하는 신라어의 '을'과 유사하며, '둑堰'을 뜻하는 고구려어 '토'는 신라어와도 일치한다. '쇠金'는 고구려어로 '소', '소문'《삼국사기》에 연개소문을 개금(蓋金)이라 기록한다인데 신라어는 '소'다. 이러한 몇 가지 사례만 보더라도 고구려어와 신라어는 상당한 정도로 유사함을 충분히 알 수 있다.

《후한서》,《삼국지》 등의 중국 역사서 기록은 고구려 주민에 대해 부여, 옥저, 예濊, 한韓 등의 명칭으로 부르며, 또한 이들이 언어와 음식, 주거와 의복, 풍속이 대체로 동일한 사람이었다고 여겼다.

《주서周書》,《수서隋書》 등의 역사서는 한반도 중남부 지역 주민인 '한韓'에 대해서 백제, 신라가 고구려와 언어, 의복, 풍속 등이 대체로 같다고 기록하는 바 고구려, 백제, 신라가 동일한 범주의 민족에 속했다는 사실을 알 수 있다. 또한《양서梁書》의 〈백제전〉에서도 "백제는 언어와 복장이 대략 고구려와 같다."고 분명히 기록한다.

---

39 조희승,〈고구려 력사연구와 관련해 제기되는 몇 가지 문제에 대해〉,《북한의 최근 고구려사 연구》, 고구려연구재단, 23~24쪽.

고구려, 백제, 신라, 일본, 중국
명칭의 유래

'고구려'의 유래

'고구려'라는 이름은 어디에서 비롯되었는가?

촌락을 '골', '구루'라고 부른 데서 고구려의 '구려句麗'가 비롯되었고, 여러 지역 가운데 가장 크고 중심인 집단을 '큰 고을', '높은 성'이라 불렀던 데서 고구려라는 명칭이 시작되었다. 또한 '구려'는 '국가'를 '구룬gulun'이라고 부르는 만주어와의 관련이 있을 개연성도 충분하다.

고구려라는 국호는 기원 전 2세기말 공식 등장했는데, 중국 전한 말기 신新나라를 세운 왕망은 고구려가 '높을 고高' 자를 쓰는 것을 못마땅하게 여겨 '하구려下句麗'라고 낮춰 부르도록 했다.

'백제'와 '신라'의 유래

백제 시조인 온조가 고구려를 떠나 남쪽으로 내려와 나라를 세웠을 때 모두 백百 가족이 바다를 건넜다는 데에서 '백제百濟'라는 이름이 비롯되었다.

온조는 하남 위례성에 도읍을 정하고 나라 이름을 '십제十濟'라고도 했는데, 이는 온조와 비류가 고구려를 떠날 때 10명의 신하와 함께 남쪽으로 온 데에서 비롯된 이름이다.

한편 신라新羅라는 국호의 '신新'은 "덕업德業을 일신日新한다."는 뜻이고, '라羅'는 "사방을 망라網羅한다."는 뜻이었다.

'중국中國'의 유래

'중中'은 상형문자에서 깃발을 의미했다. 왕이 깃발을 세우면 주위에서 그 깃발을 보고 모여 들었다. '중中'이란 왕과 통치, 중심을 의미했다.

'중국中國'이라는 명칭은 서주 주무왕西周 周武王 시기에 '중앙왕국'이라는 의미로 사용되었다. 자세히 말하면 '중국'이란 화하족華夏族이 거주하는 중원中原 지역을 지칭한다.

'화하華夏'란 중국과 한족漢族의 옛 명칭으로서 '화華'는 영화榮華의 의미이고 '하夏'는 '중국의 사람', 중원中原의 사람이라는 뜻이다. 고대 시대 화하華夏는 만이蠻夷와 대비되는 명칭으로 쓰였고 문화와 종족으로써 구별 짓는 기준이었다.

중국 역사서에는 지금으로부터 45,000년 전 서북부 지역에서 세력을 떨치던 황제黃帝가 염제炎帝와 연합해 치우를 격파함으로써 비로소 중원 지역으로 진입하게 되었다. 황제와 그 후예인 요임금, 순임금, 우임금은 백월 씨 등 많은 씨족마을을 통일시키면서 황하 중류 양안兩岸에서 번영했다.

기원 전 2100년부터 기원 전 770년에 이르기까지 황하 중하류에 황제의 후예인 하족夏族, 상족商族, 주족周族이 차례로 하나라, 상나라, 주나라를 건국했다. 그 뒤 기원 전 221년에는 진나라가 춘추전국시대 이래 군웅할거의 국면을 통일시켰으며, 한나라 시기부터 '한족'이 '화하' 등의 옛 명칭을 대체해가기 시작했다.

주공周公은 양성陽城, 현재의 허난성 登封에서 해시계를 이용해 해의 그림자를 측정했는데, 하지 날 오시午時에 해시계 주위의 모든 물건에 그림자가 없었다. 그는 이것을 '대지의 중심'이라 파악했고, 이 일을 계기로 주나라는 이를 '중국中國'이라고 칭했다.

1911년 이후 공식 국명으로 채택된 '중국'이라는 용어는 지리상으로 세계의 중심이라는 의미뿐만 아니라 문명의 중심이라는 의미를 지닌 개념이었다. '중국'이라는 용어는 언제나 '사방四方'과 대비되어 사용되었는데, '사방四方'이란 잘 알려진 것처럼 동이東夷, 서융西戎, 남만南蠻, 북적北狄의 '야만족'을 지칭한다.

중국에 한족漢族은 없다

아시아 인구의 48퍼센트를 차지하는 한족

세계에서 가장 많은 인구를 자랑하는 민족은 바로 중국의 한족漢族이다. 13억 중국 인구 중 91퍼센트, 세계 인구의 19퍼센트, 아시아 인구의 48.1퍼센트를 차지한다. 한족이라는 명칭은 천하장사 항우를 제압했던 유방이 세웠던 한漢나라로부터 유래되었으며, 황제黃帝를 시조로 숭앙한다. 황제가 염제炎帝를 정복한 뒤 이들 두 마을이 결합해 연맹이 되었고, 오늘날 한족은 자신을 '염황炎黃의 자손'이라고 칭하며 화하족華夏族이라 부르기도 한다.

과학자의 연구 결과, 중국에서 순종 한족은 이미 존재하지 않는다는 사실이 밝혀졌다. 한족의 개념은 심지어 DNA 검사에서도 존재하지 않는다고 지적되었다.

란저우蘭州대학 생명과학원 셰샤오둥謝小東 교수는 중국 서북지역에 거주하는 민족의 DNA 연구를 통해 과거 중국에서 중원中原 지역에 포함되었던 허난河南성과 장수江蘇성 서부, 안후이安徽성 서북부 지역에 살았던 사람 정도가 중원 사람이며, 이들이 대체로 순수한 한족이라고 지적했다.

하지만 그것도 지금으로부터 2, 3천 년 전인 상나라와 주나라 시기에서만 타당했을 뿐, 이미 춘추전국시기의 진나라만 해도 그 민족은 융족戎族으로서 소수민족이었다.

셰 교수는 한족이란 과거 한 시기의 지역 구분에 해당될 뿐, 특정한 정의를 지닌 민족으로 볼 수 없으며, 다만 주변 지역의 민족과 구별되어 규정될 수 있을 뿐이라고 지적했다.

한족의 명맥을 잇는 객가족

중국 남부 지역에 거주하는 소수의 객가족客家族은 고어古語를 사용하는 등 당시 중원인中原人의 문화전통을 순수하게 계승하고, 풍속 역시 고대 한족의 흔적이 남아 있어 중원인의 후예라 할 수 있다. 그러나 그들 역시 지금은 소수 집단으로만 존재할 뿐이다.

후야오방胡耀邦, 주더朱德, 예젠잉葉劍英 등 현대 중국 지도자, 쑨원孫文의 부인 쑹칭링宋慶齡, 저명한 역사학자 곽말약郭沫若 등이 모두 객가족 출신으로 알려졌다. 태평천국의 난을 일으킨 홍수전洪秀全과 싱가폴의 국부國父 리콴유도 객가족 출신이다.

객가족은 비록 소수에 불과하지만 엘리트 한족의 명맥을 잇는다고 해도 지나친 말이 아니다. 또한 객가족은 전 세계 상권을 장악한 화교華僑의 주류를 이룬다. 중국 개혁개방 과정에서도 조국인 중국 대륙에 아낌없는 투자를 통해 중국의 부활을 이끌었다. 홍콩의 유명한 부호 리카싱李嘉誠, '호랑이 기름'으로 우리에게도 잘 알려진 후원우胡文虎 등 유명한 화교 거상 대다수가 이 객가족에 속한다.

혈연으로도 확연히 다른 남북의 '한족'

중국 유전학자가 진행했던 인류 DNA 서열 조사 결과는, 아프리카로부터 출발한 인류는 아프리카, 유라시아 두 지류支流로 나뉘었고, 아시아의 한 지류로부터 한족漢族과 티베트족이 파생되었다. 그리고 한족은 다시 남방 한족과 북방 한족으로 나뉘었다고 한다.

중국의 북쪽과 남쪽을 모두 여행해 본 사람이면 누구나 중국의 남쪽과 북쪽 사람의 생김새가 너무나 다르다는 것을 쉽게 알 수 있다. 예를 들어 광둥廣東 지방 사람과 베이징 사람은 한눈에 뚜렷이 구분될 만큼 그 체형과 얼굴 모습에서 확연히 차이가 난다. 그런데도 그들은 한목소리로 자신을 같은 한족이라며, 한족과 닮지 않았다는 말에 대단한 불쾌감을 드러낸다.

2001년에 발표된 중국 과학원 소속 유전연구소 인류유전자연구센터가 15년 동안 진행한 중국인의 성씨와 유전자 관계에 대한 분석에 의하면, 중국 남부 지역인 푸젠성福建省과 장시성江西省 사이에 걸쳐 있는 우이산武夷山과 난링산맥南嶺山脈을 경계로 해 그 남쪽과 북쪽에 거주하는 '한족'이 혈연상으로 확연히 구분되었다. 심지어 이 연구팀은 이들 두 '한족' 간 유전자 차이가 한족과 소수 민족 간의 유전자 차이보다 더욱 크다는 사실도 밝혔다. 이는 중국이 54개 소수민족으로 이루어진 다민족 국가임에도 13억 인구의 92퍼센트가 한족이라는 중국 정부의 공식 인구 통계를 정면으로 부정하는 연구 결과다.

이 연구팀의 한 관계자는 "한족이 통치하던 송나라와 명나라 시기, 중화인민공화국 건국 이후 등 모두 세 차례의 인구조사 내용을 분석하고 500여 편에 이르는 고문헌과 족보를 참조했으며, 동시에 수백만 명의 중국인 혈액을 검사해 분석한 결과 이와 같은 결론에 이르렀다."고 밝힌 바 있다.

유전학자의 이런 연구 결과는 일부 소장 역사학자의 지지를 받으면서 더욱 힘을 얻고 있다. 이들 소장 학자는 중국의 역사가 황허黃河 유역 한족 세력의 남방 침략과 정복의 역사였고, 이 과정에서 남방의 토착민이 자신의 출신을 속이고 한족 행세를 하면서 이와 같은 결과가 빚어졌다고 주장한다. 베이징의 한 역사학자는 "한족만이 중국 사회에서 정치 파워를 가질 수 있는 상황에서 토착민이 우월한 중화문화권에 편입하기 위해 한족임을 자처했다."며 "중앙 정부도 소수민족 복속 정책의 일환으로 그것을 묵인하고 장려해 왔다."고 지적했다.

'위장 한족' 외에도 한족과 소수민족 간의 결혼으로 태어난 후손 중 절대 다수가 소수민족을 포기하고 사회생활에 유리한 한족을 선택한 것도 한족 양산量産의 주요한 요인으로 꼽힌다. 중국에서 부모의 출신 민족이 서로 다르면 자녀에게 어느 민족에 속할 것인가의 선택 권한이 주어지지만, 소수민족을 선택하는 자녀는 거의 없는 실정이다.

'복합 구성'된 한족의 월등한 힘이 중국을 지탱해왔다

한족은 이렇듯 오랫동안의 역사 과정을 통해 '복합 구성'되었다.
이렇게 형성된 한족은 '양量이 마침내 질質을 전화시키듯' '인해 전술'로 표현되는 엄청난 인구의 힘으로써 거대한 문화 동화력 등 중국이라는 국가를 수천 년 동안 강력히 지탱하고 강화시킨 확고한 물질의 토대로 기능해왔다.

'일본日本'의 유래

중국 수隋나라 시대에 일본 쇼토쿠 태자는 수나라에 견수사遣隋使를 파견해 국서를 전달했는데, 국서는 "해가 솟는 동쪽 나라의 천황이 해가 지는 서쪽 나라 황제에게 소식을 전합니다. 그동안 별고 없으신지요?"라고 시작했다.
이로부터 '해가 뜨는 동쪽 나라'로부터 '일본日本'이라는 한자로 된 국호가 생겼다고 한다.

'상업商業'이라는
용어의 유래

일찍이 《사기史記》의 저자 사마천은 〈화식열전貨殖列傳〉에서 "천하 사람이 어지럽게 오고 가는 것도 모두 이익 때문이다."라고 갈파했다.

그는 또 "세상을 등지고 숨어사는 선비의 청고清高한 품행도 없으면서 시종 가난하고 비천하며 그러면서도 고담준론을 논하기를 좋아하고 무슨 인의도덕을 계속 운위하는 것은 진실로 수치스럽고 부끄러운 일이다."라고 결론지었다.

사마천은 공업, 상업 활동을 강조했고 그것은 사회 발전의 필연이라고 인식했으며, 상공업자의 이익 추구의 합리성과 합법성을 인정했다. 그는 특히 물질재부의 점유량占有量이 인간 사회에서의 지위를 결정하며 경제의 발전은 국가의 흥망성쇠와 밀접하게 관련 있다는 경제사상과 물질관을 가졌다.

지금으로부터 2천 년 전에 이미 이러한 사상이 존재했었다는 사실에 참으로 놀라지 않을 수 없다. 오늘날 세계에서 상업에 가장 능한 민족은 바로 중국인이라고 할 수 있다. '상업商業'이라는 용어 자체도 원래 중국에서 비롯되었다. 중국의 상商 지역 사람이 유난히 장사와 사업에 수완이 있었던 데에서 상업이라는 용어가 만들어졌다진나라의 유명한 법 사상가였던 상앙은 원래 이름이 공손앙이었는데 예전 상나라 지역인 상 땅을 영지로 받으면서 상앙이라고 불려졌다.

중국은 산시山西성의 진상晉商과 안후이성의 휘상徽商을 대표로 각지의 상인 집단이 활발하게 융성했다.

안후이성 휘상의 극성기에는 안후이성 남성의 70퍼센트가 모두 상업에 종사했다고 한다. 특히 이들은 학문과 문화를 중시하는 "선비이면서도 상인이고士而商, 상인이면서도 선비였던商而士" 유상儒商이었고, 향리에 많은 서원을 지어 주희朱熹와 같은 대유학자를 배출했으며, 근세사의 리훙장李鴻章, 후스胡適, 천두시우陳獨秀 등도 이 지역 출신이다. 반체제 물리학자 팡

리즈方勵之도 같은 출신이다.

  중국인은 예로부터 계산에 능했고 정확한 통계의 전통을 가졌다. 중국에서 '사회社會'의 '사社'란 원래 25가家를 의미했다. 500가家를 '당黨', 2500가家를 '주州', 8가家를 '정井', 5가家를 비比, 5비比 즉 25가家를 '여閭', 100가家를 '족族'이라 했다.

  옛날 호적에서 5호戶를 '오伍'로 칭하고, 300호를 '졸卒'로 칭했다.

  숫자에 대한 명확한 개념, 정확한 계산과 통계에 의해 중국은 국가와 사회조직의 정비를 이뤄낼 수 있었다. 우리는 사과나 배를 한 개에 얼마라는 방식으로 팔지만 중국은 저울에 달아 그램g 단위로 정확히 판매한다.

'방정식方程式'과 '기하학幾何學' 용어의 유래

  지금으로부터 2천 년 전인 기원 전 1세기의 고대 중국에서 만들어진 《구장산술九章算術》이라는 수학 책에는 놀랍게도 원의 부채꼴 면적을 구하는 법칙이 자세히 소개되어 있다. 그뿐만 아니라 중·고등학교 때 머리를 싸맸던 연립방정식, 제곱근과 세제곱근, 분수의 사칙 계산, 플러스와 마이너스 개념, 복잡한 비례식 등 모두 246개에 이르는 수학문제와 해답, 그에 대한 풀이의 순서로 수록되어 있다.

  '방정식方程式', '기하학幾何學', '분모分母', '평방平方', '입방立方' 등 오늘날 자주 쓰는 수학 용어 중에서 상당수가 서양으로부터 전해온 말이 아니라 중국에서 고대 시대부터 사용되던 용어라는 사실을 많은 사람은 알지 못한다.

　이를테면 '배열한다'는 '방方'의 식이 곧 '정程'이었고, 이들을 비교해 계산한다는 뜻으로부터 '방정식'이라는 용어가 만들어졌다. 실제로 '방정方程'이라는 용어는 《구장산술九章算術》 제8장 제목이기도 하다. 또 "얼마일까?", "몇 명이 필요할까?" 등의 질문은 모두 "기하幾何?"라고 표현되었고, 이러한 용어로부터 '기하학'이라는 용어가 만들어졌다.

　2세기에 중국에서 저술된 천문학 수학서 《주비산경周髀算經》에는 놀랍게도 "직각 삼각형의 빗변을 한 변으로 하는 정사각형의 면적은 두 변을 각각 한 변으로 하는 두 개의 정사각형 면적의 합과 같다."는 피타고라스 정리의 증명을 다룬다. 원주율 π를 구하는 문제만 해도 중국이 서양보다 무려 1천 년 이상이나 앞섰고, 마이너스의 개념은 중국이 서양에 무려 1,700년이나 앞섰다.

　서양인은 16세기에 이르러서도 여전히 고차방정식에 관심조차 가지지 못했다.

　13세기에 살았던 중국 수학자 주세걸朱世傑이 지은 《사원옥감四元玉鑑》에는 이미 14차 방정식의 해법까지 자세하게 소개된다. 당나라 시기의 대학이었던 국자감에서는 수학을 공식 과목으로 가르쳤는데, 가장 어려운 수학책은 바로 남송시대의 조충지祖沖之, 429~500라는 수학자가 지은 《철술綴術》로서 학생이 이 책 한 권을 공부하는 데만도 4년이 꼬박 걸려야 했다.

4장

'공公'과 '법法'에 대해

1

'공公'이란 무엇인가?

'공公'이라는 한자는 '八'과 'ᴧ'가 합쳐진 글자로서 '八'은 "서로 등을 돌리다, 서로 배치되다."라는 뜻이고, 'ᴧ'는 '私'의 본자本字다.

《한비왈韓非曰》에는 "스스로 경영함을 ᴧ라 하고, ᴧ와 배치됨을 公이라 한다."고 풀이한다. '공公은 "私와 서로 등을 돌리다, 배치되다.", "공정무사公正無私하다."는 뜻이다. '사私'란 '禾'와 'ᴧ'가 합쳐진 글자로서 '벼禾'나 '농작물農作物', 개인의 수확물이나 소유물을 의미한다.

'공公'과 '사私'는 항상 대립되는 의미로서 사용되었는데 이는 한자어에서도 나타난다. '병공집법秉公執法'은 "공정하게 법을 집행하다."는 뜻인데, 반대어는 '순사왕법徇私枉法'으로서 "사사로운 정에 이끌려 법을 왜곡하다."는 의미다.

독일에서 '공무öffentlicher Dienst'라는 용어에 포함된 'öffentlich공공'는 '열린'이라는 뜻의 'offen'으로부터 형성되어 모든 것이 은폐된 것이 아니라 "모두의 눈으로 보아 명확하게 보이는 것처럼 열려 있는 것"을 가리키는 단어다. 이 형용사는 프랑스 계몽사상의 정신을 받아들여 19세기 독일에서 구호처럼 자주 사용되었고, 현대의 하버마스에 이르기까지 유럽의 사회 시스템론에서 중요한 역할을 수행한다. 여기에서 '공공公共의 것은 결코 권력자에게 귀속하는 것이 아니라 민중의 어느 누구에게도 열려 있다.'는 개념을 뜻한다.

'öffentlich'는 "누구에게나 열려 있다."로부터 비롯해 '공개된, 투명한'이라는 느낌을 지닌 단어다. 이는 공무원이 정당한 이유 없이 직무상의 정보를 국민에게 은폐하는 것은 허용되지 않음을 의미한다. 'öffentlich'의 반대어는 'privat'로서 "모두의 눈으로 보아 흠결이 있다."는 뜻인데 이로부터 "닫혀 있다."는 의미를 거쳐 '사사로운'의 의미로 확대되었다. '공公'의 의미로 사용되는 영어 단어 'public'은 고대 라틴어로부터 기원했는데 원래 'people'의 의미였다.[40]

'바꾸다'라는 뜻의 '개改'는 '기己'와 '복攵'이 합쳐진 글자로서 '己'는 꿇어앉은 아이를 의미하는 상형문자고, '攵'은 채찍을 손에 쥔 형상을 의미한다. '개改'란 "아이를 가르쳐 그릇된 것을 바르게 한다."는 뜻이다. 개혁改革의 '혁革' 역시 '바꾸다'의 뜻이다.

'신분 보장이 되는' 공무원 자신의 영역은 절대로 타인이 침범해서는 안 되는 '일반인 접근금지 구역'으로 '단호하게' 선포된다. '공公'을 내세우지만, 그것은 참된 '공公'이 아니라 오직 '집단의 이익'으로 포장된 '상표 사기'의 '공公'일 뿐이다.

'공公의 실현'이 전제되어야 할 공무원 신분 보장

공무원이란 영어로 'public servant'로서 문자 그대로 국민을 위해 서비스를 제공하는 사람이며, 한자어로는 '국민의 종'이라는 뜻의 '공복公僕'이다. 우리 헌법 제7조에는 "공무원은 국민 전체에 대한 봉사자이며"라고 규정한다.

---

40 강현철, 〈재미로 풀어보는 법령용어〉, 《법령정보》, 2007년 4월호, 24~25쪽.

공무원의 신분과 정년 보장은 권력의 압력에 굴복하지 말고 정파를 초월해 국민에 대한 봉사를 하라는 의미에서 제공된다.

과거科擧 제도와 똑같은 고시제도

한 국가의 근간은 공무원 조직이며, 정부의 경쟁력이란 곧 공무원의 실력으로부터 비롯된다. 그러므로 국가를 조직하는 데 있어 무엇보다도 공무원을 잘 선발해야 한다.

우리나라 공무원 선발은 먼저 고시考試제도를 철폐해야 한다.

사법고시, 행정고시, 외무고시, 입법고시 등 단 한 번의 시험만으로 모든 것이 결정된다. 이 시험을 제외하고 다른 방법으로는 공무원에 진입할 수 있는 대체 방안이 전무하다는 점에서 현재의 고시제도는 근대 이전의 과거科擧제도와 한 치의 오차도 없이 동일하다.

그간 우리나라 최상층 공무원은 대부분 고시라는 단일 경로를 통해 충원되어 왔다. 고시제도는 기수期數로 묶이면서 관료 집단의 자기 세력 확대 재생산의 수단으로 충실히 기능해왔다.

상위 공직자의 충원이 고시 출신자의 내부 승진만으로 독점됨에 따라 고위 공직 사회는 폐쇄성이 강하며, 이에 따라 복잡 다양하고 전문화된 행정 수요에 대응하기 어려운 구조다. 행정고시, 외무고시, 기술고시, 입법고시 등 현행 5급 공채 고시제도는 일반 행정가 선발이 그 핵심 내용이기 때문에 다양하고 전문화된 각 부처의 수요를 충족시키지 못한다.

공무원 선발제도, 다원화되어야

우리나라처럼 공무원 선발제도를 중앙인사기관이 독점해 관리하는 시험제도에만 의존해 결정하는 나라는 없다. 선진국은 대개 각 부처별로 인력을 충원하는 방식을 채택한다.

미국은 1993년 정부혁신처NPR, National Performance Review가 설치되면서 인사관리의 분권화와 권한 위임이 시작되었다. 각 부처에 채용 권한을 위임하고 각 부처는 자체 실정에 맞게 채용제도를 운영하기에 운영 형태가 각기 다르다.

우리나라가 모방한 일본의 공무원제도는 우리와 많이 비슷하다. 우리나라는 중앙인사위원회에서 한꺼번에 선발해 각 기관에 배분하는 형식인 반면, 일본은 시험을 중앙인사원에서 한꺼번에 실시하지만 각 기관별로 채용후보자 명단을 작성할 수 있다.

공무원 시험에 합격하더라도 바로 임용되지 않고, 우선 '채용후보자 명단'에 등록된 순으로 각 행정기관에 추천된다. 성적이 좋을수록 희망하는 기관에 들어갈 가능성이 높지만, 각 기관은 엄격한 면접과 심사로 임용을 결정하기 때문에 어려운 관문이 곳곳에 도사리고 있다.

우리나라에서 석·박사급 전문직 인력은 정부 공무원 관료 조직에 진입조차 어렵다. 우리나라 공무원 조직은 외부인의 진입에 특별히 높은 장벽을 설치한다. 석·박사급 전문직 인력이 정상 코스를 통해 진입할 수 있는 곳은 5급 계약직이나 4급 팀장이 고작이다.

일본의 국회도서관에 소속된 전문조사원의 대우는 행정부 1급 관리인 국장급이나 사무차관급과 같으며, 국회 상임위원회 소속의 '전문원'과 같은 위상이다. 미국 의회도서관 의회조사처의 전문 연구가 그룹 역시 이와 유사한 위상이다. 전문가를 경시하고 박대하는 나라는 결코 미래를 기약할 수 없다.

미국은 '대통령 공공관리 인턴PMI, Presidential Management Intern' 프로그램이라는 고급 공무원 임명 제도를 시행한다. 이 프로그램은 공공정책 분야에 우수한 석·박사 인력을 충원하기 위해 1977년 카터 대통령의 행정명령에 따라 도입된 제도다.

매년 공공정책 프로그램의 분석, 관리에 뛰어난 능력을 발휘하는 약 200명 이상의 젊은 인재가 연방정부 공무원이 되는 지름길인 이 프로그램을 통해 2년 동안 연방정부에서 인턴으로 근무한다. 이들은 '순환 인턴십 기회'를 통해 모든 정부 부처에서 근무하며, 이 프로그램으로 우수한 석·박사 인력이 연방정부에 채용된다.

프랑스는 유명한 국립행정학교, 에나ENA를 통해 고위 공무원을 채용한다. 2003년 총 선발 인원은 100명으로서 이 중 50명은 외부 경쟁시험, 41명은 내부 경쟁시험, 9명은 '제3의 시험'을 통해 선발된다. 외부 경쟁시험은 28세 이하이고 대학 졸업 이상의 학력을 가진 사람에게 주어진다. 내부 경쟁시험은 현직 공무원에게만 지원 자격이 주어지고, 학력 제한 없이 5년 이상의 공공 부문 근무 경력을 충족시킨 사람을 대상으로 시험을 실시한다.

'제3의 시험'은 40세 미만이고 전문직이나 지방자치단체 의원으로 8년 이상의 경력을 지닌 사람에게 응시자격을 준다. '제3의 시험'은 고위 공무원의 사회, 지리 배경을 다양화시켜 공무원 충원의 민주화에 기여하기 위해 도입된 제도다. 프랑스는 이렇게 하여 고급 공무원 사회 배경의 균형을 추구하고 전문가의 공직 진출을 위해 노력한다. 그밖에도 계급제의 단점인 충원 형태의 경직성을 완화하기 위해 공개 채용시험 외에 다양한 충원 형태를 운영한다. 특별 채용과 전체 공무원의 20퍼센트에 이르는 계약직 공무원 제도의 활성화로써 계급제 하에서 인력 운영의 탄력성을 높이는 것도 그 일환이다.

영국은 속진速進 임용제를 적용해 공무원 중 고위직 공무원에 도달할 수 있는 우수 인재를 선발해 별도의 훈련, 능력개발, 조기승진 기회를 제공한다. 실제 고위 공무원단의 3분의 1에 가까운 인원이 속진 임용제를 통해 선발된다.

모름지기 신상필벌信賞必罰의 원칙이 지켜져야 한다. 업무 수행이 엉터리인 사람에게는 그에 맞는 벌을 주어야겠지만, 뛰어난 성과를 보인 사람에게는 마땅히 적절한 기회를 제공하고 후한 상을 내려야 한다.

프랑스처럼 각 분야별로 특수전문대학원을 개설하고 그 졸업생을 중심으로 고위 공무원의 주축을 구성하는 방안을 적극 모색할 필요가 있다. 이를테면 농업대학원의 우수 졸업자에게 농업부 고위 공무원 임용 기회를 제공하고 일정 기간의 '시보' 과정을 거쳐 정식으로 채용하는 방식이다. 건설, 세무, 과학기술, 문화, 보건, 복지 등 모든 분야에도 마찬가지다.

이러한 방안은 우리나라에서 가장 심각한 문제 중의 하나인 교육문제를 해결해낼 수 있는 중요한 단초가 될 수 있다. 대학별로 특화된 각 분야 전문대학원을 설치하고, 지방의 대학과 서울 소재 대학과의 비율을 적절하게 배분한다면, 일류 대학과 서울 소재 대학을 고집하는 고질병인 입시

지옥 상황을 개선시킬 수 있는 계기가 될 것이다.

고위 공무원 전면 자유경쟁, 외부에서 진입할 수 있어야

결론부터 말하자면 국가를 믿고 맡길 수 있는 공무원 조직을 만들기 위해서는 지금처럼 고시제도로만 고급 공무원을 선발하는 방식을 지양해야 한다. 다양한 선발제도를 통해 우수한 인재가 필요한 곳에 적절히 배치되어야 한다. '정무직' 임명은 대폭 확대되어야 하며, 3급 이상 고위 공무원 직위는 계약직, 개방직으로 전면 전환해야 한다.

복지, 식품검역 등 분명한 실무 능력을 갖춘 인원이 요구되는 곳에는 정작 공무원이 부족한 반면, 국리민복과는 거리가 멀고 '방만한 공무원 조직' 관리 필요에 의해 고위직 공무원은 오히려 과잉 상태인 것이 우리나라 공무원 체계의 커다란 병폐다. 고위직 공무원일수록 연공서열이 아닌 철저히 능력 위주로 임명되어야 하며, 퇴출도 고위직에 우선 적용되어야 한다.

한 명의 고위직 퇴출은 3, 4명 심지어 10명에 이르는 하위직, 일 잘 하는 공무원을 고용할 수 있다. 3급 이상 고위 공무원을 계약직, 개방직으로 전면 전환시킨다면 고시제도 위주의 고위 공무원 선발 역시 크게 변화할 수밖에 없을 것이다.

프랑스는 수백 년에 걸쳐 좋은 공무원 제도를 만들기 위해 법을 정비하고 개선시켜온 나라로서 그 경험은 우리에게 대단히 중요한 모델로 적용될 수 있다.

프랑스의 공무원 제도 중 우리가 눈여겨봐야 할 점은 공무원의 승진에 외부 개방이 잘 실천되어, 내부자의 승진 비율이 절반을 넘지 않도록 규정한다는 사실이다. 공무원 승진에 각 부처별 기관별로 차이는 있지만 외부 인원 선발 비율이 내부자의 승진 비율보다 높도록 했다. 다만 여기에서 직렬전문성의 범위는 엄격하게 적용되며, 외부자와 내부자는 같은 시험을 치른다.

우리나라에서는 한때 외교통상부의 특채 비리 등으로 인해 공무원 외부 개방 선발에 부정 이미지가 적지 않다. 공무원 조직이 국가를 이끌어가는 가장 중요한 근간이라는 점에서 국민에 대한 높은 봉사 의식, 뛰어난 능력을 지닌 우수한 인력을 선발해야 함은 누구도 부인할 수 없다.

우리나라 공무원 제도도 폐쇄, 경직된 구조를 극복하기 위해 외부 개방 시스템의 도입이 절실하다. 이렇게 될 때 비로소 독점, 배타성 강한 공무원 조직에도 새로운 신진대사가 실현되어 조직의 활력과 경쟁력이 확실히 제고될 것이다. 이는 격변하는 현대의 지식 정보 사회에서 각 분야의 우수 인력에게 국가 관리의 기회를 제공함과 동시에 뛰어난 능력을 지녔으면서도 사회와 국가에 봉사할 기회가 '박탈'된 많은 우수 인력에게 '패자 부활전'의 장場을 열어 주는 의미도 지닌다.

이러한 제도의 도입이야말로 이른바 '공정 사회'를 실천하는 중요한 첫걸음이다.

잘못 진행되는 '낙하산 인사'의 이데올로기

'낙하산 인사' 문제가 인구人口에 회자膾炙된다. 철저한 독점욕과 외부에서 도저히 진입할 수 없도록 장벽을 높다랗게 둘러친 공무원 조직의 경직되고 폐쇄된 시스템 역시 지양되어야 한다.

미국에서는 오히려 '정무직政務職'의 임명 범위가 훨씬 넓다. 대통령과 정부가 바뀌면 정부 국장급까지 정무직political appointees으로서 모두 대통령이 임명한다. 미국 대통령이 임명하는 최고위층 공무원은 EL-Ⅰ에서 EL-Ⅴ까지 5등급으로 분류된다EL, Executive Level.

  EL-Ⅰ: Secretary 장관
  EL-Ⅱ: Deputy Secretary 부장관
  EL-Ⅲ: Under Secretary 차관
  EL-Ⅳ: Assistant Secretary 차관보
  EL-Ⅴ: Deputy Assistant Secretary 국장급

프랑스 역시 중앙부처의 국장, 임명직 도지사, 교육감, 대사 등 500여 개의 직위가 임명직자유재량 임명직으로서, 대통령은 총 7만여 개의 직위를 국무회의 심의 심사를 거쳐 특별 채용, 임명할 수 있다. 프랑스 헌법 제13조, '국가공무원지위에 관한 법률' 제25조, 동법 시행령은 "중앙 행정부 국장은 국무회의에서 임명한다."고 규정한다. 대통령이 실제로 국장급 이상의 직위를 직접 임명한다는 의미다.

이 정도 대규모로 바뀌어야 새롭게 들어서는 정권이 정부의 공무원 조직을 효율성 있게 '관리, 통제'할 수 있고, 자신의 정책을 책임 있게 추진할 수 있다. 정무직 임명은 오히려 더욱 확대해 '집단 투입'될 필요가 있다. 이를테면 어느 부처의 장관 한 명 바뀌어봤자 '거대한 바다에 돌 하나 던져지듯이' 고립무원의 허허벌판으로 '투입'되어 실제로는 아무 일도 못하게 된다.

관료 출신의 차관이 해당부처 조직을 기반으로 실권을 장악하는 예가 태반이기 때문이다. 이들 관료 집단은 정권이나 정치가 등 강력한 외부세력을 견제, 통제하면서 자신의 지배구조를 관철시켜 나가는 치밀한 비법이 있다. 예를 들어 개혁 성향의 장관이 부임하면 일부러 국외 출장, 각종 외부 행사, 기관장 회의 등으로만 스케줄을 잡아 내부 문제를 생각할 시간을 원천 봉쇄한다.

대통령이 '정무직'을 임명할 때 소수 '정예 특공부대'가 아니라 선거공약과 국책 사업을 정확히 수행할 수 있는 다수의 강력한 집단이 투입되어야 비로소 '섬멸'당하지 않고 '대중에게 봉사하는' 그 임무를 수행해낼 수 있게 된다. 미국의 저명한 싱크탱크인 헤리티지재단도 "대통령의 정무직 공무원 임명권 제한은 통상 변화와 개혁에 저항하는 세력인 기존 경력직 공무원의 강력하고 뿌리 깊은 관료주의를 강화시키는 결과만을 초래할 뿐"이라고 신랄하게 비판한 바 있다.

말단 직급에서 차관이나 장관까지 올라가는 '입지전적 인물'이 많다는 것은 역설로 우리 공직 사회의 후진성의 반영이기도 하다.[41] 앞으로 우리나라도 탁월한 능력을 보유한 관료 등 소수 예외를 제외하고는 미국이나 프랑스처럼 3급에 해당하는 국장급 이상의 고위직 공무원을 대통령이 임명하는 정무직으로 구성하는 방안이 책임정치를 구현하는 차원에서도 타당할 것이다.

　권력의 낙하산 인사가 오늘날 이토록 악폐를 끼치는데 무슨 말이냐는 반문이 당연히 존재할 것이다. 물론 이제까지 '투입된' 낙하산 인사 중 대다수는 자질이나 정당성에서 분명한 결함이 있었다. 그간 드러난 자질 문제, 측근의 보은報恩 인사, 코드 인사 등의 문제점은 반드시 개선되어야 한다. 특히 낙하산으로 '투입된' 후 해당 부임지에서 올바른 개혁을 추진한 경우가 거의 없었던 점은 반드시 개선되어야 한다.

41　고졸 학력으로 7급 공무원부터 시작해 일약 차관까지 오르는 입지전적 인물로 평가받았으나, 직불금 부당 신청 의혹으로 불명에 퇴진한 한 여성 고위직 인사의 사례에서도 이는 여실히 드러난다.

2

'법法'이란 무엇인가?

법의 기원과 정신

'법法'이라는 용어는 원래 어떤 의미였을까?

'법法'이라는 말은 고대 한자어 '灋'라는 글자로부터 비롯되었다. '물 수水', '해치 치廌', '갈 거去'라는 세 글자가 합쳐진 글자다.

우선 '물 수水'는 두 가지 함의를 지녔다. 하나는 법률과 법도가 물과 같이 공평하고 불편부당不偏不黨해야 한다는 상징 의미를 나타낸다. 다른 하나는 실천 의미인데 원시시대 마을공동체는 골짜기나 강江으로써 경계를 삼고 살았으며, 사람은 그 공동체를 벗어나 살아갈 수 없었다. 공동체로부터 공동체 밖의 '강가'로 '축출'되는 것은 곧 사형선고나 다름없었다. 그리하여 '강'이란 형벌의 위엄을 지녔고, 공동체 생활의 준칙을 의미하게 되었다.

다음으로 '해치 치廌'는 흔히 아는 해태로서 전설에 나오는 뿔이 하나 있는一角獸, 일각수 신령스러운 짐승이며, 그 모습은 소, 양, 사슴, 곰, 기린과 비슷했다. 이 신령스러운 동물은 시비곡직을 분별할 줄 알아 안건을 심리할 때 잘못을 저지른 사람을 뿔로 받는다고 알려졌다. 해치는 공정과 위엄의 상징으로서 법을 의미하게 되었다. 갑골문에도 '어치御廌'라는 글자가 보이는데, 그것은 법 집행을 담당하는 관리를 뜻한다.

중국 한나라 시기 이후 법 집행을 담당했던 어사御史는 머리에 쓰는 관을 해치의 형상을 본떠 만들었다. 해치의 형상은 법을 집행했던 관리의 묘벽墓壁 위나 제왕 능묘의 통로에 조각되어 있거나 또는 황궁의 비첨飛檐, 처마 위에 앉아 인간 속세를 굽어보는 길상吉祥 동물로 모셔졌다.[42] '법法'이라는 글자에서 '해치 치廌'는 사회 권위 기구의 상징을 나타냈다.

마지막으로 '거去'는 '버리다'의 의미다. 그런데 '去'의 고자古字는 화살 '矢'와 활 '弓'이 아래위로 합쳐진 글자였다. 원시시대 사람은 사냥으로 잡은 짐승의 귀속 문제로 분쟁이 자주 발생했고, 이때 해결의 방법은 사냥으로 얻은 짐승에 꽂힌 화살과 사람이 가진 활과의 관련성 여부였다. 화살과 활은 가장 믿을 수 있는 증거로서 '거去'라는 글자는 이러한 증거를 뜻한다.[43]

진시황의 진나라 이후 법法이라는 개념은 두 가지 특징을 보였다. 하나는 법이란 '공의公意'의 체현으로서 "친소親疎와 귀천을 가리지 않고 일체 법에 의해 처리한다."는 의미를 지녔다. 두 번째 특징은 '형刑'과 결합되어 "안으로는 칼과 톱으로, 밖으로는 군대로써 시행한다."라는 표준이 되었다는 점이다.

헌법憲法, 형刑, 죄罪

'헌법憲法'이라는 용어의 '헌憲'이라는 글자는 무슨 뜻일까? 《당운唐韻》을 보면 "법을 걸어놓아 사람에게 보여주는 것을 '헌憲'이라 한다. '해害', '목目', '심心'이라는 글자가 합쳐져 법상法象을 보고 사람으로 하여금 '불선不善'의 해害를 알게 하며, 눈目으로 보고 마음心으로 두려워하여 범하지

---

42 우리나라에 있는 해태상은 모두 뿔이 없는 형상으로 조각되어 있다. 법과의 관련성이라는 의미는 퇴색된 채 화재 예방 차원으로 격하되었다. 국회 입구에 있는 해태상 역시 '법과 전혀 무관하게' 월탄 박종화 선생의 제안으로 화재 예방을 목적으로 만들어졌다.
43 武樹臣,《中國法律思想史》, 法律出版社, 2005년, pp. 52-53.

않게 하다."는 뜻으로 풀이된다.

　'형刑'이라는 글자는 '정井' 자와 '도刀' 자가 합쳐진 글자로서 "井, 法 也"라는 《주역》의 설명에서도 알 수 있듯이 '정井'은 '법法'과 통하는 의미 였으며, 따라서 '형刑'이란 법과 칼이 합한 글자로서 '처벌하다'는 의미로 사용되었다.

　'규規'란 《설문說文》에 '법도가 있다.'는 의미로 풀이되고, 《전傳》에는 '바르다正'로 풀이된다. '율律' 역시 '법法'과 동일한 의미를 지닌 용어로 해석된다.

　'죄罪'의 고어古語는 '辛' 위에 '自'가 있던 글자로서 "죄를 지은 사람이 코를 찡그리고 고통을 당하는 괴로움"의 뜻이다. 진秦나라 때 황제 '皇'과 글자 모양이 유사하다는 이유로 '罪'라는 글자로 바꾸도록 했다.

　'벌罰'은 '도刀'와 '리詈'가 합쳐진 글자로서 '리詈'는 '욕하다'의 뜻이고 '도刀'는 형법刑法을 의미해 징벌과 처벌을 뜻한다.

　'덕德'이라는 한자어는 원래 상商나라 시기에는 "得, 行有所得也"《說文解字》라 해 "외부로 나가 장사를 해서 돈을 벌어 돌아오다.", "소득을 얻다."라는 뜻이었다. 그러다가 주나라 시기에 들어서면 '덕德'의 의미는 재산이나 이익이라는 기존 개념을 벗어나 통치 계급이 마땅히 지녀야 할 자격이나 품성이라는 의미였으며, 그러한 자격이나 품성은 하늘이 지지하는 것이었다.

고대 법률의 기원

고대 시대 법률의 기원은 두 가지 경로가 있었다.

하나는 전쟁으로서 이른바 "형刑은 병兵으로부터 비롯된다刑起迂兵."이며, 다른 하나는 풍속 습관으로서 "법은 예禮로부터 만들어진다法生迂禮."이다.

'병兵'과 '예禮'의 법률로의 전화轉化는 오랫동안의 역사 과정을 거쳤다.

형刑은 병兵으로부터 비롯된다
– 형기우병刑起迂兵

권력과 법률은 쌍둥이 형제로서 마을의 우두머리가 전쟁에 의해 부여받은 권력은 법률 생성의 온상이다. 전쟁에서 우두머리의 명령이 시달되면, 곧 마을 전사의 언행을 제약한다. 이때 마을 우두머리와 마을 구성원의 이익은 충돌하지 않지만, 전쟁에 의한 분업은 과거 그들의 평등한 관계를 변화시킨다.

전쟁에서의 지휘와 복종 관계는 전쟁이 장기화하면서 전쟁 시의 명령 역시 평시의 규범으로 변한다. 이러한 규범은 마을 우두머리의 권력 배경이 되어 일종의 법률 성격을 지닌다. 마을 우두머리의 권력은 다른 한편으로 점령한 적대 마을 구성원에 대한 폭력 진압으로 표현된다. 이러한 토벌과 진압은 사실상 '형刑'의 형식이다.

고대 시대에서 병兵과 형刑은 구분이 없었다.《국어·노어國語·魯語》에는 "대형大刑은 군사를 쓰고, 그 다음으로는 부월斧鉞, 도끼을 쓰며, 중형中刑은 칼과 톱刀鋸을 쓰고, 가벼운 형薄刑, 박형은 채찍을 써서 백성을 위압한다."라고 기술되어 있다.

병兵은 형刑의 수단으로서 군사와 부월로써 적대 마을을 정복하고, 광야에 시체를 즐비하게 만드는 것은 가장 큰 형벌이었다. 형刑은 병兵의 조건으로서 군사행동을 조직하려면 반드시 명령을 만들고 시행해야 했다. 특히 황제黃帝와 천하 쟁탈전을 벌였던 치우蚩尤는 빈번한 전쟁 과정에서 형벌 수단을 정비해나가 마침내 오형五刑을 제정했다.

새롭게 획득한 영토에는 군대를 파견해 주둔시켜야 했고, 정복한 마을에는 제압, 분산, 유도가 필요했으며 마을 내부에는 재물 절취, 사기, 전통 예절을 위반하는 범죄에 대한 제재가 필요했다.

새로운 행위 규범을 만들어 질서 유지가 필요했는데 이것이 오형五刑이었고, 곧 법法이라 칭해졌다《상서·여형(尙書·呂刑)》은 "치우가 오형을 만들었으니 이것을 법이라 칭했다."라고 기술하다. 형벌에는 '살육殺戮'이라는 수단만이 존재했는데, '코를 베고割鼻', '귀를 베며割耳', '생식기를 자르고宮', '얼굴에 자자형刺面, 刺字刑을 가하는' 네 가지 형벌이 더해졌다.

치우는 비록 황제黃帝에게 패해 멸망했지만 치우의 '법法'은 살아남았다. 그뿐만 아니라 오히려 황제는 치우의 형상으로써 천하에 위엄을 떨쳐 보였다.

법은 예禮로부터 만들어진다
-법생우례法生迂禮

고대 시대의 제사는 천지신과 조상에 대한 숭배를 지칭했다. 천지신명

天地神明의 총애와 보우保佑를 획득함은 마을의 가장 큰 일이었고, 천지신명을 즐겁게 해주기 위한 방법은 가장 좋고 진귀한 상품을 바치는 것, 곧 제사였다. 제사는 반드시 의식과 절차가 필요했고, 이것이 곧 예禮가 생성된 연원이었다. '예禮' 자는 '示'와 '豊' 자가 합쳐진 글자로서 '豊'의 상변은 제사를 모시는 그릇인 옥기玉器와 붕패朋貝로서 '朋貝'는 한 묶음의 조개라는 의미로서 화폐를 뜻했다.

예禮란 제사와 관련 있는 행위였다. 사람은 제사를 모시는 과정에서 반드시 예禮가 규정하는 의식과 절차를 통해서만 비로소 천지신명에 대한 감격과 경외를 표출할 수 있고, 그렇지 못하면 천지신명에 대한 모독이며, 예禮를 어긴 자는 반드시 신의 징벌을 받는다고 생각했다. 따라서 예禮는 강제성뿐 아니라 신비성도 지녔고, 신권神權을 그 배경으로 하는 예禮는 의심할 바 없는 법法의 성격을 띠었다.

당시 제사의 중요성은 '의義'라는 글자에도 나타나 있다. '의義'는 '아我'와 '양羊'이 합쳐진 글자로서 '아我'는 병기兵器, 의장儀仗, 고대 시기 왕이나 황제가 의식을 갖출 때 위엄을 나타내기 위해 격식을 갖추는 깃발, 산(傘), 선(扇), 각종 병장기을 나타내고, '양羊'은 제사에 모시는 희생을 나타냈다. '의義'는 '정의'를 뜻하고 '올바른 도덕, 행위, 도리'를 의미했다.

제사는 형식으로는 인간과 신 사이의 문제를 해결하는 것이지만, 실제로는 씨족공동체의 생존과 발전을 유지하는 것이었고, 제사의 결과는 바로 각종 금기禁忌와 예禮의 제정이었다. 예를 들어 "동성동본은 결혼하지 못한다."는 예禮의 규정으로서 이는 금기의 결과였다.

예禮는 금기를 기초로 해서 형성되었다. 제사의 목적은 천지신과 조상의 도움을 받으려는 데 있었으므로 여기에 필요한 예禮는 사람의 관념 중

변경될 수 없는 규범이 되었고, 사람의 '경외지심敬畏之心'을 통해 관철되었다. 그리고 당시 사람의 수많은 풍속 습관이 제사를 통해 예禮의 내용으로 융합되었다.

예禮와 풍속 습관은 모두 혈연사회의 산물로서, 예禮는 법의 성격을 지니면서도 동시에 인정人情을 우선 위치에 자리 잡게 만들었다. 예禮와 형刑의 결합, 온정과 잔인이 일체화되어 고대 사회의 법률 제도와 관념을 형성시켰다.

사마천은 《사기·태사공자서》에서 예의와 법률의 관계에 대해 다음과 같이 말한다.

"예의란 어떤 일이 발생하기 이전에 미리 그것을 금지시킬 수 있는 것이고, 법률이란 사건이 발생한 후에 비로소 제재할 수 있는 것이다."

법의 도구가 아닌, 법의 본질로서의 언어

'의장법意匠法'이라는 법이 있었다. 이 법이 어떤 내용인지 아는 사람은 거의 없다. 사실 이 법은 일본의 동일 법명 법률을 일제 시기를 거쳐 해방 이후에도 그대로 쓰던 것이었다.

'의장意匠'이란 '디자인'을 번역한 일본 한자어로서 특허 분야에 종사하는 극소수 사람을 제외한 일반인으로서는 도저히 알 수가 없는 말이다. '의장법意匠法'은 현재 '디자인보호법'으로 그 법률 명칭이 바뀌었다.

참으로 가슴 아픈 것은 식민지 시기 종주국 일본의 '의장'이라는 용어를 쓰다가 이제 '새로운 종주국'으로서의 위상을 가진 미국의 '디자인'이라는 용어를 쓰는 우리의 '슬픈' 현주소다.

우리나라의 법률 용어는 일제 식민지 시대 이래 일본의 법조문을 그대로 직역해 옮겨 놓았기 때문에 그 폐해를 고스란히 받는다.

해방 후에도 미군정법령 제21호 '법률 제명령의 존속'을 제정, 공포함으로써 명확히 폐기된 법령을 제외한 일제의 법령은 그대로 효력을 가지게 되었다. 1948년 대한민국 정부가 수립된 이후에도 제헌헌법 제10장 부칙 제100조에서 "현행 법령은 이 헌법에 저촉되지 아니하는 한, 효력을 가진다."라는 규정에 의해 새로운 법령을 제정하기까지 일본 법령이 그대로 사용되었다.

계속된 정국 불안과 한국전쟁 등으로 인해 건국 초기의 법령 정비 사업은 "사실상 일본법을 그대로 베끼는 수준"으로 마무리할 수밖에 없었고, 이는 후세대에게 법령 용어의 순화라는 무거운 부담을 남겨 주었다.

더욱 심각한 문제는 일본 법령에 대한 의존의 '관행'이 '현재진행형'이라는 데 있다. 일본 법령을 조사助詞까지도 완벽하게 차용借用하는 '관행'으로 인해 일본 방식의 잘못된 용어와 문장이 우리 법의 용어에 정착되는 악순환이 이어졌다.

19세기 독일 법학계를 주도한 사비니Savigny는 로마법을 계수繼受한 독일이 로마법을 독일 민족의 법으로 발전시키기 위해서는 먼저 로마법상의 법률 용어를 독일어화獨逸語化할 것을 강조했다. 독일 통일민법전의 제정 여부를 둘러싼 사비니와 티보Thibaut 간의 법전 논쟁에서 사비니의 반대 이유 중의 하나도 바로 언어의 문제였다. 언어를 법의 도구가 아닌 법의 본질로 이해한 사비니는 민족정신이 반영되어야 할 법전에 사용될 법률 용어가 당시 독일법학에서는 아직 제대로 형성되지 않은 것으로 보았다.

그의 저서 《현대 로마법체계》는 라틴어 법률 용어를 독일어화하기 위한 정지작업整地作業이었으며, 현행 독일민법전은 라틴어 법률 용어의 독어화를 위한 사비니와 그 이후 세대의 집념의 결실이라 할 수 있다. 사비니는 로마법의 법률 용어를 독일어로 단순 번역한 것이 아니라 로마법의 정신을 함축한 독일에 맞는 법률 용어를 창조하는 데 주력했던 것이다.[44]

'국회법'의 '정명正名'을 위해

입법자인 국회는 4년마다 의회기가 바뀌고 구성원이 바뀌면서 의회의 '불연속성'에 처하게 된다. 따라서 이전 의회기에 처리되지 못한 법안도 폐기되는 운명에 처한다. 이전 의회기예컨대 16대의 입법자가 해당 의회기 국회를 위해 만든 의사규칙을 국회법의 형태로 굳힘으로써 다음 의회기예컨대 17대와 그 의원에 자동 적용되도록 강제해 '연속성'을 부여하는 것은 정당하다고 볼 수 없다.

대다수 국가의 의회에서는 '의회법'이 존재하지 않는다. 시민에 의해 새로 선출된 입법자로서 새 국회에 대한 권한을 갖고 자기규율을 정해야 한다는 취지에 맞춰, '의회법' 대신 '의사규칙'을 제정해 운용하는 방식을

---

44 임중호, 〈한국에서의 외국법의 계수와 법률 용어의 형성과정〉, 《법학논문집》 제26집 제2호, 2002년.

채택한다. 우리나라가 국회법을 제정한 것은 '역시' 일본의 국회법을 그대로 모방했기 때문이다. 제헌 국회가 가장 먼저 가결한 것이 바로 국회법이었다.

18대 국회 개원을 둘러싼 진통에서도 보았듯이 의회제도 자체가 불안정한 우리나라의 특수성을 보완하는 의미에서 국회법의 존재가 의회 안정화라는 기능을 그나마 수행해왔다고 평가할 수 있을 것이다.

우리나라 국회법은 국회의 구성과 조직에 관한 기본 원칙 외에 국회 운영의 일반 원칙까지 포괄한다. 이는 경직성이 강한 국회 구성, 조직 문제, 정치 수요와 상황에 의해 가변성이 큰 국회 운영의 일반 문제가 하나의 법질서 아래 놓이게 됨을 의미한다. 따라서 국회법 자체의 관리에 어려움이 초래될 뿐만 아니라 세밀해야 할 국회 운영에 관한 규정이 가이드라인만 제시하는 수준에서 벗어나지 못하는 원인이 된다.

이러한 취약성은 투표절차에 대한 규정 미비, 경호권, 질서유지권에 대한 규정 미비 등에서 여실히 드러났다. 따라서 이러한 국회 운영에 관한 세부 행동 양식을 다루는 별도의 의사규칙을 만들 필요가 있다.

국회법은 제21조에 국회사무처 조항을, 제22조에 국회도서관, 제22조의 2항에 국회 예산정책처, 제22조 3항에 국회 입법조사처 조항을 둔다. 국회법이란 국민의 대의기구로서의 핵심 사항과 기본 원칙을 규정하는 것으로서 사무처와 도서관 등의 국회 내 입법 지원 기구를 국회법에서 별도의 조항으로 두는 것은 잘못이다. 아래 〈자료1〉의 1960년 국회법에 국회도서관 조항이 처음 규정되었는데, 이때의 조항 규정이 〈자료2〉의 형식보다 더 합당하다.

자료1 第24條(國會圖書館) 議員의 調査研究에 資하기 爲하여 따로 法律의 定하는 바에 依하여 國會에 國會圖書館을 둔다1960년.

자료2

第22條(國會圖書館)

①國會의 圖書 및 立法資料에 관한 業務를 처리하기 위하여 國會圖書館을 둔다.

②國會圖書館에 圖書館長 1人과 기타 필요한 公務員을 둔다.

③圖書館長은 議長이 國會運營委員會의 同意를 얻어 任免한다.

④圖書館長은 國會立法活動을 지원하기 위하여 圖書 기타 圖書館資料의 蒐集·整理·보존 및 圖書館奉仕를 행한다.

⑤이 法에 정한 외에 國會圖書館에 관하여 필요한 사항은 따로 法律로 정한다1988년.

참고로 일본은 국회법 제130조에 "의원의 조사연구에 자문하기 위해 별도로 정한 법률에 의해 국회에 국립국회도서관을 둔다."라고만 규정했을 뿐이다.

국회 소속 입법 지원 기구인 국회도서관, 입법조사처, 예산정책처 규정과 전문위원 등 국회 소속 공무원에 대한 규정은 국회법이 아니라 하위 규정인 시행규칙으로 규정하는 것이 마땅하다.

법률을 가장 잘 지켜야 할
공무원과 대학에서 벌어지는 '편법'

국가공무원이란 국가의 각 분야 공무에 직접 종사하며, 그 행위는 국가의 법률과 조례를 대변한다. 따라서 공무원의 직업 도덕은 무엇보다도 강력한 책임의식과 준법의식을 갖추어야 한다.

또한 국가의 백년대계인 국가 교육과 지식을 대표하는 대학 역시 국가 법률 준수는 그 기본 덕목이다.

《국회공무원인사실무》2006년 168쪽에는 "행정해석: 일반직 공무원은 사립전문대학 교수직에 대해 겸직은 가능하나 겸임할 수는 없다."고 명기되어 있었다. 그런데 어찌된 일인지 《공무원인사실무》2009년에는 갑자기 "사립전문대학의 겸임교수를 겸하는 것은 겸임에 해당하지 않는다."라고 함으로써 기존 규정을 뒤집었다.

'고등교육법' 제17조는 "학교에는 대통령령이 정하는 바에 의해 제14조 제2항의 교원 외에 겸임교원, 명예교수, 시간강사 등을 두어 교육 또는 연구를 담당하게 할 수 있다."고 규정해 겸임교원과 시간강사가 서로 다른 직위임을 명백하게 알려준다. '고등교육법시행령' 제7조에는 겸임교원, 명예교수, 시간강사, 초빙교원 등으로 구분된다.

공무원 겸임교원은 실제로는 시간강사이면서 명목으로만 겸임교원으로 둔갑된다. 대학의 입장에서는 대학평가 기준에서 겸임교원 두 명이 있으면 한 명의 교수가 있는 것으로 계산되기 때문에 교수 충원 비율을 '편법으로' 맞추는 것이다. 공무원은 시간강사보다 훨씬 번듯한 직함과 경력이 생기고 보수도 시간강사보다 훨씬 높으므로 공무원의 겸임교원은 "누이 좋고 매부 좋은 격"이다.

| '겸임'과 '겸직'

일부에서는 국가공무원법 제32조의 3 겸임 조항을 인용해 공무원이 겸임교원이 될 수 있다고 주장한다. 국가공무원법 해당 조항은 다음과 같다.

> 직위와 직무 내용이 유사하고 담당 직무 수행에 지장이 없다고 인정하면 국회 규칙, 대법원 규칙, 헌법재판소 규칙, 중앙선거관리위원회 규칙 또는 대통령령으로 정하는 바에 따라 일반직 공무원을 대학 교수 등 특정직 공무원이나 특수 전문 분야의 일반직 공무원 또는 대통령령으로 정하는 관련 교육·연구기관, 그 밖의 기관·단체의 임직원과 서로 겸임하게 할 수 있고, 대통령령으로 정하는 관련 교육·연구기관, 그 밖의 기관·단체의 임직원은 특수 전문 분야의 별정직 공무원으로 겸임하게 할 수 있다.

국가공무원법 제32조의 3 겸임 조항의 '겸임'은 흔히 사용되는 '보통명사'고, 대학교의 '겸임교원'은 '초빙교원', '시간강사', '명예교수' 등과 다르게 사용되는 '특수명사'다. '겸무'의 의미인 '겸직'과 달리 '양 기관에 동시 임용'된다는 의미인 '겸임'이란 엄밀히 말해 임명권자가 두 명이라는 의미다. 결국 공무원 겸임교원은 법률에서 애매하게 규정된 틈을 비집고 '시간강사'를 '겸임교원'으로 둔갑시켜 특정 공무원 개인과 대학교가 편법으로 '부당한' 이득을 취하는 셈이다.

　국가 지식 사회의 토대를 이루는 대학이 이렇게 '눈 가리고 아웅 하는 식'으로 법을 어기고 법망을 피하는 것은 국가 사회의 기강을 뿌리부터 무너뜨리는 일이다. 국가 법률을 대표해야 하는 국가공무원이 이러한 '편법'과 위법 행위를 범해서는 안 된다.

　'겸임교수'와 '겸임'이라는 용어를 둘러싼 문제에서 알 수 있듯 정확한 법률 용어를 적용함으로써 불필요한 논란이나 잘못된 법 적용을 방지해야 한다. 이처럼 혼선을 초래하는 국가공무원법 제32조 겸임 조항에서 '겸임'이라는 용어는 '겸직'으로 대체되는 것이 바람직하다.

우리 헌법 바로 쓰기

우리는 '국가원수'라는 말을 자주 쓴다.

'원수'라는 용어가 매우 특수한 기원과 역사성을 지녔다는 사실은 거의 알려져 있지 않다.

우리나라 헌법 제66조 제1항에 '대통령은 국가의 원수이며'라고 규정되어 있다. 이 '원수元首'라는 용어는 4·19 이후의 제2공화국 헌법에서 정치 실권은 국무총리에게 집중시키면서 대통령을 형식상의 '국가원수'로 규정했다. 5·16 이후 헌법에서 이 규정은 삭제되었다가 1972년 12월 27일 유신 헌법 때 '원수'라는 용어가 부활해 진정한 의미의 '원수로서의 대통령'을 자처하고자 했다.

'원수'는 라틴어에서 기원되어 '수석 원로'와 '국가 제1공민'이라는 의미를 지녔었다. 로마시대 이후 잘 쓰지 않다가 독일 히틀러 시대에 나찌당의 당수에 대해 '원수'라는 호칭을 쓴 뒤부터 다시 널리 사용되었다. 히틀러가 독일 총리로 취임한 몇 년 뒤 대통령이 병으로 사망하자 히틀러가 대통령을 겸임하고 군정 대권軍政大權을 독점했는데, 이때부터 독일어 중 '원수Staatsoberhaupt'는 대통령과 총리의 통칭으로 되었다. 2차 대전 이후 독일의 원수제는 폐지되었다.

독일의 원수제에서 알 수 있듯이 히틀러 독재를 연상시키고, 유신 헌법 때부터 헌법에 슬그머니 포함된 역사성 그리고 '제왕적 대통령' 관련 논란이 많은 현 상황에서 '원수'라는 용어는 삭제하는 것이 바람직하다고 여겨진다.

'국민투표에 붙여' – 맞춤법이 틀린 표현

헌법 제130조 제2항이하 모두 헌법 조항임의 '헌법개정안은 국회가 의결한 후 30일 이내에 국민투표에 붙여'에서 '국민투표에 붙여'라는 표현은 '국민투표에 부쳐'로 써야 맞다.

'부치다'라는 단어는 동사 '붙다'에서 파생된 말로도 볼 수 있으나 '용언의 어간에 다른 소리가 붙어서 된 것이라도 그 뜻이 본뜻붙다과 아주 딴 말로 변한 것은 그 어간이나 어근의 원형을 밝히어 적지 아니한다.'는 규정에 따라 '부치다'로 표기한다. 이러한 용례로서 '회의에 부치는 안건'이나 '공판에 부치다.'라는 표현이 있다. '붙이다'는 '서로 맞닿아서 떨어지지 않게 하다.'라는 의미로 '게시판에 홍보물을 붙이다.', '닿게 하다.'의 뜻이다.

제53조 4항의 '국회는 재의에 붙이고'도 '재의에 부치고'가 맞고, 제72조 '국민투표에 붙일 수 있다.'도 '부칠'로 고쳐야 타당하다.

헌법은 국가의 토대를 이루는 기본법이며 국민 생활의 근간이 되는 일종의 교본으로서 헌법에 잘못된 맞춤법이 사용되는 일은 피해야 할 것이다.

자연스럽지 못한 표현 방식

제126조의 '국방상 또는 국민경제상 긴절한 필요로 인하여'의 '긴절'이라는 용어는 일반인이 평소 들어보지도 못했을 정도로 어려운 한자 고어이다. 또 제53조 2항 '법률안에 이의가 있을 때 대통령은……국회에 환

부하고'에서 '환부'는 '돌려보내다'라는 쉬운 뜻인데, 일반인이 도무지 알 수 없는 어려운 용어를 사용한다.

"사회적 특수계급의 제도는 인정되지 아니하며, 어떠한 형태로도 이를 창설할 수 없다제11조 제2항"에서 '창설'이란 '어떤 시설이나 기관을 새로 만든다.'는 뜻으로서 부적합하게 사용된 용어다. 그리고 "모든 국민은 자기의 행위가 아닌 친족의 행위로 인하여 불이익한 처우를 받지 아니한다제13조 제3항"에서 사용된 '불이익한'의 형용사형은 매우 부자연스러운 표현이다. 제57조의 '비목費目'은 '비용 명세'로 용어를 순화해야 한다. 또 제60조 2항의 '주류駐留' 역시 어려운 용어로서 '주둔'으로 바꾸는 것이 좋다.

한편 제47조 제1항의 "……국회의 임시회는 대통령 또는 국회 재적의원 4분의 1 이상의 요구에 의하여 집회된다."에서 '집회된다'의 동사형 표기방식은 극히 부자연스럽다. 제120조의 '……이용을 특허할 수 있다.'는 표현 역시 매우 부자연스럽다.

또 제67조 제4항 '대통령으로 선거될 수 있는 자는'에서 '선거'라는 표현 역시 마찬가지다. 같은 헌법에도 "국회는 국민의 보통·평등·직접·비밀선거에 의하여 선출된 국회의원으로 구성한다제41조 제1항"는 규정이 있는데, 구태여 '대통령과 국회의원의 지위와 신분의 차이를 명확하게 차별화해 구별지으려는 목적이 아니라면' 마땅히 '선출'로 바꾸는 것이 타당하다. 이는 제68조 제1항과 제2항의 '후임자를 선거한다.'의 표현 역시 마찬가지다.

제75조, 제76조의 '대통령령을 발할 수 있다.', '명령을 발할 수 있다.'에서 '발할 수 있다.'는 '발發'이라는 고어 투 한자식 표기 방식인데 부자연스러운 표현으로서 바뀌어야 한다. 제122조의 '의무를 과할 수 있다.'의 '과課'와 제109조 '풍속을 해할 염려'의 '해害' 그리고 헌법 전문의 '각인의 기회를 균등히 하고'의 '각인各人' 역시 마찬가지다.

제126조의 '사영기업을 국유 또는 공유로 이전하거나'에서 '이전'이라는 표현은 부적합하게 사용된 일본식 법률 용어다. 일본식 법률 용어는 여전히 자주 나타나는데, 제16조의 '발부', 제53조의 '재의', 제55조의 '계속비', 제65조의 '소추'와 '발의', 제89조의 '회부' 등이다.

여전히 혼선을 빚는 '공포'의 법률 개념

헌법 제53조 6항 "대통령은……확정된 법률을 지체 없이 공포해야 한다."는 '공포'의 법률 개념에 대한 혼선에서 비롯된 표현이다. 우리나라에서 관행상 '공포'는 '관보 발행'으로 여기기 때문에, '지체 없이 공포해야 한다.'는 것은 '지체 없이 관보를 발행해야 한다.'는 뜻으로 해석되어 '대통령이 지체 없이 관보를 발행해야 한다.'는 뜻으로 됨으로써 대통령이 관보 발행업자로 '전락'되는 결과를 빚게 된다.

더구나 6항의 끝부분에는 "확정 법률이 정부에 이송된 후 5일 이내에 대통령이 공포하지 아니할 때에는 국회의장이 이를 공포한다."고 규정되어 있는 바, 여기에서도 '국회의장이 손수 관보 발행을 해야 하는' 결과를 낳게 된다.

'공포promulgation'의 원래 의미는 '대통령의 법률 서명 절차'로서 관련 법률의 수정이 필요하다.

한편 제76조 제5항은 "대통령은 제3항과 제4항의 사유를 지체 없이 공포하여야 한다."고 규정하는데, 여기에서 사용된 '공포'라는 용어는 '법률 공포'와 다른 '발표'의 뜻으로 사용됨으로써 이렇게 '공포'를 '공식 발표하다.'는 의미로 알기 때문에 결국 '공포' 용어의 혼선을 초래한다 혼동을 초래하므로 당연히 다른 표현으로 바꾸어야 한다.

3

대통령이
법률에
서명하면서
서명일자를
쓰지
않는 이유는?

오용되는 법률 '공포' 개념

진리를 찾는 것은 사물의 구별 또는 분별에 대한 인식으로부터 비롯된다. '판단判斷'의 '판判'은 《설문說文》에 "判, 分也"라고 했다 '判'이라는 글자는 '牛'과 '刀'가 합친 글자로서 '牛'은 "소(牛)를 나누다."의 뜻이다.

인간의 판단과 인식이란 '나누는' 구별, 분별로부터 비롯되었다. 어린 아기의 사물에 대한 최초의 인식 과정 역시 사물에 대한 구별과 분별로부터 시작된다.

'기준'과 '원칙'이 있는 사회를 위해

사회란 다양한 개인과 집단으로 구성되기 때문에 원활하게 그 기능을 발휘하기 위해서는 무엇보다도 의사소통 체계가 정립되지 않으면 안 된다.

어느 사회든 그 구성원은 일정한 규범에 의해 제정된 언어를 수용해 강제로 따르게 되는데, 의사소통의 매개인 언어를 바로 규약의 체계, 코드code라고 한다. 개인은 이 사회 규약에 토대를 둔 언어에 근거해 언어생활을 영위하게 되며, 이러한 언어의 국가 사회 규범을 지배하는 것이 바로 '표준標準'이다.

우리 사회에서 '기본'과 '원칙'이 충실히 지켜지지 않는 것은 우리 사회가 안은 갖가지 문제를 야기시킨 근본 요인이라 할 수 있을 것이다.

'기준基準', '표준標準'의 의미인 영어 'standard'는 원래 '군기軍旗'라는 뜻으로서 중세 시대 전쟁에서 가장 높은 곳에 꼿꼿하게 박아놓고 병사로 하여금 결전을 치르도록 하는 의미였다. 군기가 쓰러지면 병사는 더 이상 전진을 하지 못하고 패퇴해야만 했다. 'standard'라는 단어는 전쟁터의 용사가 적의 어떠한 공격에도 굴하지 않고 꼿꼿이 버티는 자세에 적용되어, '최후의 저항, 반항, 확고한 입장'이라는 의미였다.[45]

'기준', '표준'이라는 의미의 'standard'는 사회의 최후의 버팀목이라는 뜻을 담고 있다. 그러므로 이 '기준'이 무너지면 전체 사회가 붕괴함을 의미한다.

'기준', '원칙'이라는 의미의 'principle'의 어원은 라틴어 'principium'으로부터 비롯되었는데 '시작', '근원'이라는 뜻이다. '법'을 뜻하는 'law'의 어원도 'origin'으로서 '근원'이다. '규칙'을 뜻하는 'rule'의 어원은 "똑바로 가다."에서 비롯되었다. '시작', '근원'이 없으면 아무것도 존재할 수 없다. 이렇듯 '기준'이나 '원칙'은 '근원' 또는 '똑바로 가는 것'으로부터 '시작'된다.

공자가 필생의 사업으로 《춘추春秋》를 기술한 목적은 바로 '천하의 표준'을 삼고자 함이었다. 공자는 노나라의 사구司寇로 일했는데, 제후에게 시기 받았고 대부에게 배척당했다. 그는 끝내 자기의 말이 채택되지 않고 자신의 학술이 실행될 수 없음을 알고 《춘추》를 통해 역사의 시비是非를 평론했다. 이로써 '천하의 표준'으로 삼아 제왕을 비판하고 제후를 질책하며 대부大夫를 성토했는데, 그 목표는 왕도王道를 달성하는 데 있었다.

---

45   김현권, 〈언어를 둘러싼 표준 이야기〉, 《기술표준》 제75호, 2008년.

사회의 '원칙'과 '기준'이 무너지면 그 사회는 결코 존립할 수 없고 스스로 바탕으로부터 붕괴되고 만다. 일본 원전 위기 역시 이러한 '기준'과 '원칙'을 지키지 않은 데서 비롯되었다.

대통령의 법률 서명이 일종의 '가假서명' 상태로 된 까닭

국회로부터 이송된 법률안에 대통령이 청와대에서 서명하는 시점에는 서명일자를 명기하지 않는다. 대통령이 법률안에 서명일자를 명기하지 않는 이유는 법률 공포문 전문에 게재되는 관보 발행 일자와의 중첩을 피한다는 취지에서라고 한다.

우리나라에서 대통령의 법률 서명은 흔한 문서 작성의 기본을 갖추지도 않고 일종의 '가假서명' 상태로 시행된다. 국가수반으로서의 대통령이 국가제도의 근간인 법률의 확정을 서명하면서 그 일자조차도 명기하지 않는다는 사실은 우리나라의 입법 절차의 심각한 하자가 아닐 수 없다.

일반인이 차용증을 쓰고 서로 주고받을 때나, 부동산 계약서를 쓸 때도 반드시 그 날짜를 써야 한다. 만약 여기에 날짜가 없다면 계약 자체가 무효가 될 수밖에 없다. 하물며 일국의 대통령이, 그것도 국가의 기본 틀인 법률을 서명하면서 서명한 날짜를 명기하지 않는다는 사실은 놀라운 일이다.

최근 개정된 '법령 등 공포에 관한 법률'은 잘못 개정되었다

 2008년 3월 28일 '법령 등 공포에 관한 법률'이 개정되었다. 개정 이유는 "법률 등의 공포 또는 공고문 전문前文에서 사용하는 일자라는 표현의 의미가 불명확하여 이를 공포 또는 공고일로 변경해 그 의미를 명확히 하고"라고 설명된다.

 결론부터 말하면, 개정된 이 '법령 등 공포에 관한 법률'은 '표현의 의미'를 잘못 이해해 잘못 개정되었다.

 '법령 등 공포에 관한 법률' 제5조와 제7조는 각각 "法律公布文의 前文에는 國會의 議決을 얻은 뜻을 記載하고, 大統領이 署名한 후 大統領印을 押捺하고 그 공포일을 明記하여 國務總理와 關係國務委員이 副署한다."라고 규정한다. 개정 이전의 "大統領이 署名한 후 大統領印을 押捺하고 그 일자를 明記하여 國務總理와 각 國務委員이 副署한다."에서 '그 일자'를 '그 공포일'로 개정한 것이다.

 이는 명백히 사실과 위배되는 내용이다. 대통령이 서명한 후 대통령인을 날인하고 어떻게 '아직 발생하지 않은 행위인 공포'의 일자를 미리 명기할 수 있는가? 한 가지 사례를 들어 설명해보자.

 한때 커다란 사회 이슈였던 '삼성 특검법'은 2007년 11월 23일 국회를 통과해 26일 정부에 이송되었고, 12월 4일 노무현 대통령의 재가를 거쳐 10일 관보에 게재됨으로써 12월 10일 '공포'되었다. 개정된 '법령 등 공포에 관한 법률'에 의한다면 당시 노무현 대통령은 12월 4일에 해당 법률에 서명하면서 '아직 오지도 않은 날짜인' 12월 10일이라는 공포일을 명기한다는 것이다.

이는 사실과 맞지 않은 명백한 '허구'다. 공문서를 서명함에 있어서 '억지로' 사실에 부합하지 않는 허구의 상황이 발생함으로써 문서 성립의 진정성이 심각하게 훼손되었다. 더구나 국가의 수반으로서의 대통령이 국가의 근간으로서의 법률을 서명하면서 사실에 부합되지 않는 일종의 '가짜 서명'이 행해지는 현 상황은 시급하게 개선되지 않으면 안 된다.

과연 법률의 확정 시점은 어디인가?

여기에서 짚고 넘어가야 할 점은, 그렇다면 과연 법률은 언제 확정되는가라는 문제다.

법률은 대통령이 법률에 서명하는 것으로 확정되는가, 아니면 관보 발행이 완료되는 시점에야 비로소 법률이 확정되었다고 봐야 할 것인가?

우리나라와 같이 대통령이 서명일자도 명기하지 않고 오로지 관보 발행일만 기다린다는 것은 사실상 법률의 확정을 관보 발행일에 억지로 맞춘다는 의미다. 이는 국가의 법률 확정이라는 국가 대사大事가 일개 관보 발행 담당 공무원에 의해 최종 실현된다는 '어이없는' 뜻으로 연결된다.

이러한 상황은 법률 공포권자로서의 대통령의 권한을 사실상 형해화시키는 것이다. 만약 관보 발행에 의해 법률이 확정된다면, 대통령이 서명한 뒤 '변심해' 관보 발행 전에 법률에 대한 재의再議를 요구하고 국회로 돌려보낼 가능성조차 존재한다.

법률의 확정 시점이란 대통령의 법률 서명, 바로 그 시점이다. 최고 통치권자인 대통령이 법률에 대해 재의再議를 요구하거나 거부권을 행사하지 않고 서명을 하면 법률은 그것으로 확정된 것이다.

'공포公布'라는 하나의 법률 용어에 대한 이해 부족과 잘못된 사용례로부터 파생된 문제점은 우리가 용어의 사용과 그 적용에 얼마나 신중하고 정확해야 하는가를 다시 한 번 알려주는 대표 사례다.

세계 각국의 법률상 '공포' 개념 고찰을 통한 우리나라 '공포' 규정의 개선 방안

머리말

우리나라는 법률상 '공포' 개념과 관련해 적지 않은 문제점이 존재한다. 이 글에서는 세계 각국의 법률상 '공포' 개념에 대한 고찰을 통해 '공포'의 정확한 법률상 개념과 그 적용 방식의 개선을 모색하고자 한다.

세계 각국 법률에서 살펴본 '공포'의 법률 개념

현대 산업사회에서 입법을 통한 정의 실현은, 다양한 정의 관념의 병존, 대립과 갈등을 상호존중과 관용의 기초 위에서 공정한 절차에 따라 조정하고 그 결과에 의해 잠정으로 정당성을 추정하는 절차 정의를 통해 이루어진다고 볼 수 있다.[46] 그러므로 입법을 통한 정의 실현의 문제는 상당 부분 공정한 입법 절차의 형성과 운용에 달려 있다고 할 수 있다. 여기에서 말하는 입법 절차란 국회에 법률안이 제출되고 법령이 정한 절차에 따라 심의·의결되어 공포, 시행되기까지의 형식 과정을 말한다.[47]

국가의 입법은 법률 제출, 심의, 통과, 공포의 절차를 거쳐야 하며, 그 중 한 가지 절차라도 거치지 않으면 안 된다.[48]

입법 절차의 정당성은 그 결과물인 법률 내용의 정당성뿐만 아니라 절차의 정당성 확보를 위해서도 중대한 의미를 갖는다. 입법 절차에 하자가 있으면 법률의 내용 공정성이 의심스럽게 될 뿐만 아니라 정당한 법률로 추정하기 위한 전제로서의 절차의 공정성이 흔들리게 된다. 어떠한 하자가 중대한 하자인가에 대해서는 논란이 있을 수 있지만 민주주의, 법치주의와 같은 헌법 원리의 핵심 요청에 부합되지 않으면 입법 절차상 하자의 중대성을 인정할 수 있을 것이다.[49]

이러한 상황은 한국에서도 마찬가지다. 한국의 헌법학 원론에서도 "공포는 법률의 효력 발생 요건이다."라고 규정한다.[50] 또한 기존의 입법학 용어 해설[51]에서도 '공포'의 개념에 대해 "입법 과정의 마지막 단계로서 입법 내용을 일반인에게 널리 알리는 공법상의 행위를 말한다."라고 해설

46　장영수, 〈헌법의 기본 원리로서의 법치주의〉, 《안암법학》 제2집, (1994): p.161.
47　강장석, 《국회제도개혁론》, 서울: 삼영사, (2008): p.65.
48　周旺生, 《立法學敎程》, 北京: 北京出版社, (2006): p.241.
49　차진아, 〈공포는 법률의 효력발생 요건인가?〉, 《저스티스》, 제99호, (2007): pp.279-280.
50　성낙인, 《헌법학》, 서울: 법문사, (2008): p.997.
51　임종훈·박수철, 《입법과정론》, 서울: 박영사, 2006.
　　박도영, 《입법학용어해설집》, 서울: 한국법제연구원, 2002.

한다.

'공포'의 법률 의미를 분명히 이해하기 위해 각국의 사례를 상세히 살펴보기로 한다.

프랑스 법률에서의 '공포' 개념

프랑스 법률에서의 공포 개념을 살펴보기로 한다. 프랑스야말로 최초로 법률상 공포의 개념과 규정을 발전시켜온 국가다.

프랑스 법률상 '공표公表'의 개념은 공포와 별개의 개념으로 규정한다. 프랑스에는 법률의 공표 행위에 대한 별도의 규정이 존재한다. '법률, 행정 입법의 공표 방식과 그 효력에 관한 법률 명령'[52] 제1조를 보면, "민법전 제1조는 다음 규정으로 대체된다: 법률은 공화국 관보에 발행되는 때, 행정 입법은 행정 입법에 규정한 일자에, 그 일자에 대한 규정이 없으면 공보 발행 익일에 효력을 발생한다. 다만 법률의 집행에 있어 시행조치가 필요한 경우, 효력 발생은 시행조치의 효력 발생일로 연기된다."라고 명백하게 규정된다.

프랑스 법률사전에는 "공표publication란 공표 절차가 실행되는 행위다. 법률 또는 법 고지의 발행이 게재되는 공보나 신문은 출판물publication이

---

[52] 동 법률 명령의 원명은 "Ordonnance n° 2004-164 du 20 fevrier 2004 relative aux modalites et effets de la publication des lois et de certains actes administratifs"이고, 공화국 대통령이 2004년 2월 20일 제2004-164호로 공포했다. 동 법률 명령이 게재된 관보 제44호의 발행일은 2004년 2월 21일이고 정확한 페이지는 3,514쪽이다.

[53] http://www.dictionnaire-juridique.com/definition/publication.php. (검색일: 2010.05.20)

라고 칭해진다."라고 규정된다.[53] 또한 공포의 법률상 개념에 대해서는 "프랑스 공화국 대통령은 법률이 정부에 이송된 후 15일 이내에 공포한다. 공포는 법률의 합법한 탄생을 확인하는 행위다. 법률은 관보에 게재된 후 한나절의 유예기간이 경과하지 아니하는 한 국민에 대해 의무를 지울 수 없다."[54]라고 명백하게 규정한다.

이를 반영해 프랑스 헌법에서는 "대통령은 최종 승인되어 정부에 이송된 법안을 이송일로부터 15일 이내에 공포promulgue한다프랑스 헌법 제10조."나 "국민투표를 통해 정부 제출 법안이나 의원 발의 법안이 승인되면 대통령은 투표 결과가 공표proclamation된 날로부터 15일 이내에 법률을 공포promulgue한다헌법 제11조 제7항." 등에서 알 수 있는 것처럼 '공포promulgation'와 '출판publication, 공표' 개념을 분명히 구분해 사용한다.[55] 결국 프랑스 헌법에서 '공포'라는 용어는 '선포proclaim', '선언'의 의미로서 사용됨을 알 수 있다.

프랑스에서도 근대 시기에 이르기까지 공포 행위만으로도 법률은 충분히 그 효력을 발생할 수 있었다. 이를테면 나폴레옹법전민법전에서는 아직 출판일의 개념이 존재하지 않았기 때문에 공포일과 출판일이 일치했다당시 프랑스는 입헌군주제를 채택했었던 바, 의회 승인만 있으면 황제 나폴레옹의 서명과 동시에

---

54 Arnauld Salvini, 《Raconte-moi… L'Assemblée nationale, Préface de Jean-Louis Debré Président de l'Assemblée nationale》, Nouvelle Arche de Noé Éditions, 2003.
55 이밖에도 프랑스 헌법에는 "양원의 회의는 공개(public)한다. 전문 회의록은 관보에 게재된다(publie au Journal Officiel, 헌법 제33조).", "조직법은 헌법위원회의 합헌 결정이 있은 이후에만 공포(promulguees)할 수 있다(헌법 제46조 제5항)." 등의 관련 규정이 있다.

법률의 효력이 발생했던 것이다. 근대 이후에는 법률의 공포 사실을 수범자受範者 인 국민에게 널리 알려야 한다는 민주법치주의의 기본 정신을 살리기 위해 법률의 효력 발생 요건을 국민이 법률 공포 사실을 인지한 시점부터 적용함으로써 '출판일자'라는 개념이 부각되기 시작했다. 조금이라도 더 국민의 입장에서 법률을 해석하고 국민의 권리를 구현하려는 법치주의와 민주주의 정신에 기초하여 출판, 발행, 공표 절차를 설정했다.

한 가지 덧붙일 것은 공포라는 용어가 제한되어야 한다는 점이다. 프랑스는 법률loi의 하위 범주로서 '대통령령 또는 국무총리령'에 해당하는 오르도낭스ordonnance에 대해 프랑스헌법 제38조는 "법률 명령Les ordonnances은 게재publication 즉시 발효된다."고 규정한다. 법률의 하위 범주인 오르도낭스를 제정했을 때 '공포'했다고 하지 않고 명령한다ordonner고 하며, 공보에 게재, 출판함으로써 효력이 발생한다.[56]

미국 법률에서의 '공포' 개념

미국 법률은 대통령이 서명함으로써 성립되며, 법률은 특별한 규정이 없는 한, 성립 등 효력이 발생한다. 이를테면 오바마 미국 대통령이 2010년 3월 23일에 서명한 건강보험법안은 오바마 대통령의 서명과 동시에 효력이 발생했다. 미국 법률에서 대통령의 서명은 법률 성립의 최종 요소이

---

56   이러한 점에 비추어 살펴보면, 우리나라에서 "조례를 공포했다."는 등의 용법은 엄밀한 의미에서 잘못된 것으로 볼 수 있다.
57   권태웅, 〈미국의 입법절차와 사법심사〉, 《법제》, 제599호, (2007): p.71.

자 법률안이 법률로 성립되기 위한 전제 조건이다.[57]

이로써 미국에서 대통령의 법률 공포권은 '우리나라와 다르게' 완전히 실현되는 셈이다. 미국은 관보 발행일을 대통령의 서명일에 일치시킨다.[58] 대통령의 법률 서명일이 매우 중요하다는 점을 알려주는 사례다. 성립된 법률은 연방기록관리소The Federal Register[59]에 이송되어 원본으로 보관되고 법률번호Law Number가 부여된다. 이렇게 확정된 법률은 "Slip Law 紙片法律, 지편 법률", "Statutes at Large공포일자순으로 수록", "U.S. Code주제별로 분류해 수록"의 3가지 매체에 차례대로 수록되는데, 이러한 출판물은 법률 성립의 핵심 증거competent evidence가 된다.[60]

미국은 대통령의 서명에 의해 법률이 성립, 공포되며 효력 역시 그 서명일자를 기산점으로 함으로써 완결성을 지닌다고 할 수 있다.

미국의 대통령은 국정 최고 수반으로서 법률도 대통령의 서명 그 자체로 성립된다.

러시아 법률에서의 '공포' 개념

법률상 '공포'와 '공표'의 개념에 대해 법률 용어로써 가장 명료하게 정

---

58   미국이 이렇게 서명일을 중시한 것은 국왕 대권이 강력했던 영국 제도의 영향을 깊이 받았기 때문으로 추정된다.

59   연방기록관리소는 미국 국립기록관리청(NARA) 산하기구로서, NARA는 미국 행정부의 총무처에 소속되었다가 1985년 독립기구로 승격했다. 현재 우리나라에서 법률에 대한 관보 발행은 행정안전부에서 관할하는데, 공공기록의 체계성 있는 관리에 대한 전문성과 중요도를 감안해 향후 미국처럼 독립기구로 발전시키는 방안도 고려해볼 시기가 되었다.

60   1 U.S.C. § 112 , § 113, http://www.law.cornell.edu/uscode/1/112.html, http://www.law.cornell.edu/uscode/1/113.html (검색일: 2010.12.03)

립, 규정된 국가는 러시아라고 할 수 있다. 러시아 헌법에 '공포'와 다른 개념으로서의 '공표' 개념이 명백히 표현되어 있을 뿐 아니라 '공표와 효력 발생 절차법'이 제정되어 적용된다.[61]

러시아 헌법 15조 3항에는 "모든 법률은 공표公表, официальное되며 공표되지 않은 법률은 효력을 갖지 못한다. 시민의 권리, 자유와 의무에 관계되는 규범과 법령은 보편 고지를 위해 공표되지 않으면 효력을 갖지 못한다."[62]고 규정한다. 러시아 헌법 제107조를 보면, "1. 승인된 연방법은 5일 이내에 서명, 공포 обнародование를 위해 대통령에게 보내진다, 2. 러시아 연방 대통령은 14일 이내에 연방법에 서명하고 이를 공포한다."[63]라고 규정한다. 여기에서 '공표 официальное'와 '공포 обнародование'를 다른 법률 용어로 규정함을 분명히 알 수 있다.[64]

러시아에서 법률의 '공표' 절차를 언급한 법률은 1994년 6월 14일자 N

---

61 이는 러시아가 선전 선동이 커다란 의미를 지녔던 구 소련의 사회주의 전통을 계승한 데다가 광활한 국토의 국민에게 어떻게 알릴 수 있는가의 문제가 중요하게 부각될 수밖에 없는 요인에서 비롯된 것으로 보인다. 특히 러시아는 옐친 대통령 당시 헌법을 제정하면서 대통령 중심제 국가인 프랑스의 헌법을 모델로 삼았고, '공포'와 '공표'의 관련 규정 역시 프랑스 법률 규정으로부터 영향을 깊이 받았다고 할 수 있다.
62 주러 한국대사관 사이트에서의 러시아 헌법 번역본, http://rus-moscow.mofat.go.kr/index.jsp
63 앞의 자료와 같음.
64 여기에서 서명과 공포의 시간 간격 문제를 어떻게 보아야 하는가의 문제가 발생한다. 이 점에 대해 러시아 헌법 주석서에는 다음과 같이 해설한다. "만일 연방법의 서명을 위해서만 대통령이 14일의 기간과 관련 있다면, 서명을 한 후 얼마 이내에 연방법은 공포되어야 하는가에 대한 문제가 발생한다. 헌법은 연방법의 서명과 공포가 아주 밀접한 관계에 있음을 상기시켜주기 때문에, 여기에서 이 두 행위 사이의 간격은 중요한 의미가 없다는 결론을 도출할 수 있다. 대통령은 연방법을 서명한 후에 지체 없이 연방법 공포 지침을 하달해야 하며, 공포는 서명 후 즉시 또는 가까운 시일 내에 이루어져야 한다는 점이 명백하다." ЮРАЙТ, 《헌법주석서(Комментарий «Конституции РФ»)》, МОСКВА, 2002, pp.773~775. http://vuzlib.net/21146/(검색일: 2010.10.24)

5-ФЗ 법률이다.[65] 동법 제3조는 "연방 헌법 법률, 연방법은 러시아 연방 대통령의 서명 이후 7일 이내에 공표되어야 한다."고 규정하며, 제4조는 "연방 헌법 법률, 연방법, 연방의회 규정 전문을 의회 신문, 러시아 가제타 또는 러시아 연방 입법회의록에 처음 공표하는 것은 이들에 대한 공식 공표로 인정된다."고 규정한다. 러시아에는 이른바 '관보'가 세 종류다. 따라서 어느 관보에 게재되었는가를 살펴서 가장 빨리 게재된 관보의 일자를 관보 발행 일자로 인정한다고 규정한다.[66] 그리고 동법 제6조는 "연방 헌법 법률, 연방법, 연방의회 규정은 이들 법률이 별도로 그 효력 발생에 대해 규정하지 않는 한, 공표일로부터 10일 후에 러시아 연방 전역에 걸쳐 그 효력을 발생한다."고 규정한다.

'러시아연방 비상사태에 관한 법률' 제6조는 "비상사태 선포에 관한 러시아연방 대통령령은 라디오, 텔레비전을 통해 즉각 공포되고 또한 즉

---

[65] 러시아 법률 N 5-ФЗ '연방 헌법 법률, 연방법, 연방의회 규정의 공표(발행)와 효력 발생 절차에 관한 1994년 6월 14일 연방법 No 5-연방법(1999년 10월 22일 개정)' ФЕДЕРАЛЬНЫЙ ЗАКОН от 14.06.1994 N 5-ФЗ (ред. от 22.10.1999) "О ПОРЯДКЕ ОПУБЛИКОВАНИЯ И ВСТУПЛЕНИЯ В СИЛУ ФЕДЕРАЛЬНЫХ КОНСТИТУЦИОННЫХ ЗАКОНОВ, ФЕДЕРАЛЬНЫХ ЗАКОНОВ, АКТОВ ПАЛАТ ФЕДЕРАЛЬНОГО С ОБРАНИЯ" (принят ГД ФС РФ 25.05.1994).

[66] 여기에서 보이듯 법률 전문이 '의회신문'이나 '러시아연방 입법회의록'에 '러시아 가제타'보다 빨리 게재되는 예도 적지 않다. 그러므로 러시아 법률이 항상 '러시아 가제타'에 가장 빨리 게재된다는 주장은 전혀 타당하지 못하다. 항상 '러시아 가제타'에 먼저 게재된다면 구태여 "연방 헌법 법률, 연방법, 연방의회 규정 전문을 '의회신문', '러시아 가제타', '러시아연방 입법회의록'에 처음 공표함은 이들에 대한 공식 공표로 인정된다."라는 효력 발생 절차법 제4조가 존재할 이유가 전혀 없고 단순히 "관보는 러시아 가제타로 한다."고 규정하면 될 것이다.

[67] Указ Президента РФ о введении чрезвычайного положения подлежит незамедлительному обнародованию по каналам радио и телевидения, а также незамедлительному официальному опубликованию

각 공식 공표된다."⁶⁷고 규정한다. 여기에서 '공식 공표 офицальноеопубли кование'와 '공포 обнародование'라는 용어는 한 문장에 동시에 출현하는데, 이는 두 용어가 서로 다른 의미를 지닌다는 점을 알려준다. 같은 규정에서 '공포 обнародование'라는 용어는 "TV나 라디오 매체를 통해 알린다."는 의미고, '공식 공표 официальноеопубликование'라는 용어는 "위에서 열거된 출판물을 통해 알린다."는 의미다.

러시아법상에서 '공포 обнародование'와 '공표 оφициальное'의 두 가지 용어는 의미상 구분되어 사용한다. 첫 번째 단어 '오브나르도바니예 обнародование, promulgation, 공포'는 신문, 방송, 전단, 포고령, 출판물 등 가능한 여러 수단을 통해 대중에게 널리 알린다는 의미다. 이에 반해 두 번째 단어 '오푸블리코다띠 оφициальное, publication, 출판'는 'публико'라는 어근語根에서 드러나듯 그 의미가 인쇄나 활자매체를 통해 '문서화'해 알린다는 뜻으로서 보다 세분화되고 제한해서 사용되는 용어다.

중세에서 근대로 이어지는 시기의 법률은 대부분 구두나 포고문의 형태로 광장에 모인 사람 앞에서 발표되었다. 그로 인해 첫 번째 '오브나르도바니예 обнародование'라는 단어는 역사, 관습, 일반의 광범위한 의미에서 "대중에게 알린다."라는 뜻을 지니게 되었다.

인쇄와 출판이 발명되고 민주주의와 법치주의의 원칙에 의해 법률이 민중에게 인쇄, 출판되어 공표公表되는 절차가 법률 시행에 있어 필수 과정으로 정착되면서 "대중에게 알리다."는 의미로는 두 번째 '오푸블리코다띠 оφициальное'라는 단어가 채택되었고, 반면 '오브나르도바니예 обнародование'는 오로지 공포권자가 법률 확정 사실을 발표 또는 포고의 형식으로 알리는 '공포'라는 의미로만 사용되었다. 대신 '오푸블리코다띠 оφи цпальное'라는 단어는 현대 어의에 정밀성이 추가되어 신문, 잡지, 단행본 등의 "인쇄물로 활자화되어 사람에게 알린다."는 법률 의미를 지니게 되었다.

소결

유럽 각국의 이러한 사례로부터 법률상 서명과 공포는 거의 동시에 이뤄지며 서명, 공포 행위가 이뤄진 후에 공보또는 신문에 게재, 출판하는 행위를 통해 법률을 '공표公表'함을 명백히 보여준다. 이로부터 '공포公布'라는 법률 행위는 대통령이나 국가 주석이 "해당 법률이 서명되어 확정되다."는 '법률의 서명, 확정' 사실을 알린다는 개념임을 알 수 있다.

근대 시기에 이르기까지 왕이나 황제 등 국가수반首班의 공포 행위만으로써 법률은 이미 충분히 그 효력을 발생시킬 수 있었으나, 근대 이후에는 법률의 효력 발생 시점을 법률을 출판, 발행해 국민이 법률 공포 사실을 인지한 때로부터 적용시키게 되었다. 이는 최대한 국민의 입장에서 법률을 해석하고 국민의 권리를 구현하려는 법치주의와 민주주의 정신으로서 이를 토대로 출판, 발행, 공표의 법률 절차와 제도가 분명히 설정, 시행되었다.

'공포promulgation'의 법률 의미는 대통령의 법률 서명 절차를 가리키며 법률을 성립확정시키는 행위다 예외로 대통령이 거부권을 행사하면 의회의 2/3 찬성으로 성립되는 특수한 예도 존재한다. 따라서 '공포'란 관보 발행을 의미하는 publication출판과는 분명히 다른 개념이다. 이 점에 대해 권위 있는 《Catholic Encyclopedia》는 "법률의 공포는 법률의 출판과 혼동되어서는 안 된다.

법률 공포의 목적은 입법자의 의지를 알리는 것인 반면, 법률의 출판은 법률을 준수할 의무가 있는 당사자에게 제정된 법률에 관한 지식을 전파하기 위한 것이다."[68]라고 설명한다.

이와 관련 벨기에 헌법 제109조는 "국왕은 법률을 서명·공포한다The King sanctions and promulgates laws."라고 규정함으로써 'promulgate'라는 용어를 명기하고, 스페인 헌법 제62조 제1항은 "국왕은 법률을 서명, 공포한다sancionar y promulgar las leyes."라 규정한다. 아르헨티나 헌법 제99조 제3항은 "대통령은 헌법에 따라 법률 제정에 참여하고, 법률을 공포, 출판한다las promulga y hace publicar."고 규정해 '공포'와 '출판'이 동일하게 사용되는 우리와 달리 완전 별개의 절차임을 명기한다. 중국의 입법법立法法 제52조는 "법률의 서명 공포 후 적시에 전국인민대표대회 상무위원회 공보, 전국으로 배포되는 신문에 게재한다."고 규정함으로써 법률의 '공포'와 '게재'가 다른 개념이며 법률의 '공포' 행위가 발생한 연후에 비로소 공보에 '게재', '공표'한다는 사실을 알려준다.

'공포'와 '공표'를 구분하지 않고 동일하게 사용하면 헌법 규정에 위반되는, 위헌의 결과를 초래한다. 러시아의 2007년 1월 10일자 N 4-ф3 법률러시아 출입국절차법을 예를 들어 살펴보자.

---

[68] The promulgation of a law must not be confounded with its publication, the object of the first being to make known the will of the legislator, of the second to spread the knowledge of legislative enactments among subjects bound to observe them.
http://www.newadvent.org/cathen/12454b.htm (검색일: 2010.12.12)

'러시아 출입국절차법'은 러시아 '국가두마'에서 2006년 12월 8일에 채택되고, '연방회의'에서는 2006년 12월 22일에 승인되었다.[69] 대통령은 2007년 1월 10일자로 서명했다. 이 법률은 2007년 1월 15일자 '러시아연방 법령집'에 게재되었고, '러시아 가제타연방 판'에는 2007년 1월 20일자에 실렸다.[70]

러시아 헌법 제107조 제1항은 "승인된 연방법은 5일 이내에 서명과 공포를 위해 대통령에게 이송된다."[71]고 규정되고, 제2항은 "러시아 연방 대통령은 14일 이내에 연방법에 서명·공포한다."[72]라고 규정된다. 따라서 러시아 '연방회의'에서 채택된 법률은 아무리 늦어도 19일 이내에 대통령이 공포해야 한다.

만약 '공포'와 '공표'를 동일하게, '공포'를 '공표'로 잘못 해석해 공표 일자 2007년 1월 15일 또는 1월 20일를 공포일자로 이해하면, 2007년 1월 10일자의 N 4-ФЗ 법률은 연방회의에서 12월 22일 승인되어 러시아 법령집에 1월 15일 게재됨으로써 헌법이 규정한 19일이라는 기한을 넘겨 24일이 경과한다. 이는 명백한 '위헌'이다. '러시아 가제타'의 게재 일자는 29일이나 경과하기 때문에 두말할 나위도 없다.[73]

---

69 Принят Государственной Думой 8 декабря 2006 года Одобрен Советом Федерации 22 декабря 2006 года.

70 Опубликовано "Российской газете" (Федеральный выпуск) N4274 от 20 января 2007 г.
Собрание законодательства Российской федерации "Издательств Юридическая литература, 15 января 2007, N 3, ст. 410.

71 Принятый федеральный закон в течение пяти дней направляется Президенту Российской Федерации для подписания и обнародования.

72 2. Президент Российской Федерации в течение четырнадцати дней подписывает федеральный закон и обнародует его.

한국 법률에서의 '공포' 개념의 현황

서명일자의 문제

2008년에 개정된 '법령 등 공포에 관한 법률' 제5조는 "법률 공포문의 전문에는 국회의 의결을 얻은 뜻을 기재하고, 대통령이 서명한 후 대통령인을 날인하고 그 공포일을 명기하여 국무총리와 관계 국무위원이 부서한다."라고 규정하는데, 이는 '아직 발생하지 않은 공포 행위'를 대통령이 명기해야 한다고 규정함으로써 명백히 '사실fact'과 위배되는 상황을 초래한다. 개정 이전의 "대통령이 서명한 후 대통령인을 날인하고 그 일자를 명기해 국무총리와 각 국무위원이 부서한다."는 규정은 대통령이 서명한 일자를 명기토록 함으로써 관보 발행 일자와 혼선을 빚을 우려가 있었다. 이러한 문제점은 완전히 별개의 개념인 '공포'와 '공표'를 분리시키지 않고 억지로 하나의 개념으로 묶은 데서 발생한다.

우리나라는 대통령이 국회에서 이송되어온 법률안을 서명하면서 관보 발행 일자와의 혼선을 막기 위해 서명일자를 쓰지 않으며, 그 대신 이후 관보를 발행할 때의 발행 일자를 대통령 서명 아래에 쓰는 것이 관행이다. 우리나라에서 대통령의 법률 서명은 일반 문서 작성에서 적용되는 기본 요건조차 갖추지 않은 채 일종의 '가假서명' 상태로 시행된다. 이는 문서

---

73 추가하자면, 이때 대통령이 서명한 1월 10일은 연방회의에서 승인된 날로부터 정확히 19일로서 헌법이 규정한 일자 이내에 완성되어 헌법의 규정에 합치된다. 여기에서도 대통령의 서명이 '공포'라는 사실을 명확히 알 수 있다.

성립의 완결성 자체에도 커다란 하자며, 특히 국가 최고 수반인 대통령이 국가제도의 근간인 법률의 확정을 서명하는 절차에서 발생한다는 점에서 더욱 큰 문제가 아닐 수 없다.

대통령이 법률에 서명하고 그 바로 아래 있는 일자는 서명일자가 아니라는 점에서 명백히 '사실'과도 다르다. 법률의 성립과 아울러 효력 발생의 기점이 미국 대통령의 법률 서명과 비교해보더라도 이런 식으로 이루어지는 우리나라 대통령의 법률 서명 방식은 대통령의 서명 행위 자체가 중요한 의미를 지니지 못하는 요식행위로 전락되고 만다. 이로 인해 대통령의 법률 공포권 행사가 완전하게 이루어지는지에 대한 문제가 제기될 수도 있다.

법률 공포권 보장의 문제

'삼성 특검법'은 2007년 11월 23일 국회를 통과해 26일 정부에 이송되었고, 12월 4일 노무현 대통령의 재가를 거쳐 10일 관보에 게재됨으로써 12월 10일 '공포'되었다. 우리 헌법 제53조는 "국회에서 의결된 법률안은 정부에 이송되어 15일 이내에 대통령이 공포한다."고 규정하는데, '삼성 특검법'은 가까스로 15일이라는 기한을 넘기지 않은 셈이다.

대통령에게 '삼성 특검법'을 거부할 것인가의 여부를 검토하기 위해 15일의 기한을 주는 것 같지만, 사실은 위에서 보는 것처럼 대통령의 재가에서 관보 발행까지는 다시 6일이라는 기간이 소요된다. 법률 공포권자인 대통령은 법률에 대한 거부 여부를 결정할 때 관보 발행이라는 기간까지 고려해야 하는데, 이는 대통령의 법률 공포권 행사 기간을 완벽하게 보장하지 않음으로 인한 권한의 불가피한 단축을 의미한다. 결국 대통령의 법률 공포권이 완벽하게 보장되지 못한다는 또 다른 문제점을 내포한다. 관보 발행이 기술 요인이나 어떤 실수로 늦어지면 대통령이 거부권을 행사하지 않은 법률이 관보 발행 과정에서의 기한 초과로 인해 해당 법률을 거부한 것으로 될 수 있다.

대다수의 국가에서 법률 공포권은 대통령 등 국가수반의 권한으로 규정되며 우리나라도 마찬가지다. 그러나 지금과 같은 공포 절차는 과연 누가 법률 공포권을 가지는가라는 문제가 제기될 수도 있다. 우리나라에서 대통령의 재가를 받은 법령안은 법제처에서 공포일자를 지정해 행정안전부에 관보 게재를 의뢰하고 행정안전부에서 법령을 관보에 게재한다. 물론 이러한 절차에서 법률 공포의 권한은 넓은 의미에서 대통령의 휘하에 있는 행정부에 의해 이루어진다고 할 수 있다. 입법을 종결하는 단계에서 대통령의 법률 공포권을 헌법으로 인정한 취지에 비추어 본다면, 대통령의 법률 공포 행위와 '관보 발행' 행위를 분명하게 분리하는 방식을 통해 대통령의 법률 공포권이 보다 완전하게 행사될 수 있도록 하는 것이 바람직하다.

법제처 역시 이러한 '공포' 용어의 문제점을 아는 것으로 보인다. 2008년 법제처에서 출간된 《법제처 60년사》를 보면, "그러나 '헌법'에 따르면, 법률의 공포는 대통령의 권한인데 대통령의 법률안공포권이 권한으로서 의미를 가지려면 법률안 재의再議 요구권과 결부되어야 하고 법률안 공포 그 자체는 형식 절차에 불과하다고 할 수 있다. 국회의 입법권을 견제하는 수단으로 부여받은 법률안 재의 요구권을 행사할 필요가 없다고 판단될 때 법률을 공포하는 것이고……"[74]라고 기술한다. 법제처 역시 대통령의 법률 공포권이 재의 요구권과 연결되는 문제라는 점을 인식한다.

나아가 법제처는 같은 책에서 "그렇다면 '정부조직법'에서 법령, 조약의 공포 업무를 행정안전부의 권한으로 규정한 것은 단순히 공포 매체에만 착안한 것으로 합리성이 결여된다. 이는 도서의 출판에서 출판사를 제쳐 놓고 인쇄소가 주역인 것처럼 보는 것과 마찬가지다."[75]라고 기술해 우리나라의 법률 공포 방식에 상당한 문제점이 있음을 스스로 인정한다.

일본 법률 '계수'의 문제

우리나라에서 '공포'라는 법률 용어 개념은 "법률 통과 사실을 관보에 게재해 대중에게 법률이 만들어진 사실을 널리 알린다."는 의미로 이해된다. '공포' 개념의 혼선 요인은 'promulgation'의 번역어인 '공포公布'라는 한자어가 '널리 알리다.'라는 의미를 지녀 대중에게 널리 알리는 출판 행위와 동일시되었기 때문이다. '공포'라는 법률 용어가 우리 사회에서 '널리 알리다.'의 의미로 굳어진 것은 일본 법률을 그대로 적용한 데에서 비롯되었다.

일제 식민지 시기를 거친 우리나라 법률 제정 과정에서 일본 법률을 '계수繼受'한 예는 대단히 빈번하다.

우리 헌법 제53조 제7항에는 "법률은 특별한 규정이 없는 한 공포한 날로부터 20일을 경과함으로써 효력을 발생한다."라고 규정한다. 일본의 공

---

74   법제처,《법제처 60년사》, 서울: 법제처, (2008): p.513.
75   법제처,《법제처 60년사》, 서울: 법제처, (2008): p.513-514.

식령明治, 40년 칙령 제6호을 보면, 제11조에 "황실령, 칙령, 각령閣令, 성령省令은 별도의 시행 시기가 있는 경우 외에 공포일부터 기산하여 만 20일을 경과하면 이를 시행한다."라고 규정한다.

나아가 우리나라 헌법 제130조 제3항은 "헌법개정안이 제2항의 찬성을 얻은 때에는……대통령은 즉시 이를 공포하여야 한다."라 규정되는데, 일본 헌법 제96조 제2항은 "헌법 개정에 관해 전항의 승인을 얻을 때에는 천황은……즉시 이를 공포한다."라 규정된다. 일본 헌법은 1946년에 제정되었고, 우리나라 헌법은 1949년에 제정되었다. 그뿐만이 아니라 관보에 서명일자를 명기하지 않고 관보 발행 일자를 표기하는 것이나 "~법률을 이에 공포한다."는 표현까지도 우리나라와 일본은 동일하다.

일본 헌법 제7조는 "천황은 내각의 조언과 승인에 의해, 국민을 위한 아래 국사에 관한 행위를 한다. 1.헌법개정, 법률, 정령, 조약을 공포하는 것"이라고 규정한다. 일본에서는 법률에 의해 천황에게 법률 공포권이 주어진다. 현실은 법률 공포권이 총리에게 위임되면서 원래 의미의 '법률 공포 행위'가 실종되었고, 이렇게 애매한 상황에서 공포 절차를 관보 발행으로 대체하는 상황으로 해석할 수 있다. 더구나 일본은 천황 칙령 6호 공식령 제12조에 "법령의 공포는 관보로써 한다."는 규정이 있었지만, 1946년 일본 신헌법이 시행되면서 이 공식령이 폐지되었고 이에 따라 법률 공포 방법에 관한 일반 규정이 없어졌다.[76] 하지만 판례에 의해 공식령이 폐지된 이후에도 법령의 공포는 관보에 의해 행해졌다.[77]

---

76 일본 最高裁(大法廷) 昭和 32年 12月 28日 判決.
77 일본 最高裁(大法廷) 昭和 32年 12月 28日 判決.

우리나라는 처음에 일본 법률을 '수입'해 "법률의 공포는 관보에 한다."고 했다가 정작 일본에서도 사라진 조항을 그대로 적용시킨 상황이다.

일본은 의원내각제를 채택하는 국가인 데 반해 우리나라는 대통령중심제를 채택한다. 또한 일본은 헌법 규정상 법률에 대한 서명·공포를 수행해야 할 천황이 사실상 그것을 수행할 수 없는 상황이며, 더구나 우리나라에는 그러한 '천황'이 존재하지도 않는다. 우리나라와 일본이 서로 다른 상황임에도 불구하고 우리나라 법률 공포 관련 규정에 일본 방식을 그대로 적용한 것은 우리나라에서 공포 관련 규정에 혼선을 빚은 주요 원인이라고 할 수 있다.[78]

법률상 '공포' 규정의 개선 방안을 위해

두 가지 방식의 해결 방안

그렇다면 혼선을 빚는 법률상 '공포' 개념의 문제를 과연 어떻게 해결할 것인가?

이를 위해서는 무엇보다도 법률의 확정이라는 의미로서의 '공포promulgation' 개념과 관보 게재라는 의미로서의 '공표, 출판publication' 개념이 명확히 분리, 규정되고 적용되어야 한다.

---

[78] 독일의 공포 관련 규정이 애매한 점도 우리나라 공포 용어의 혼선을 초래한 이유 중의 하나로 볼 수 있다. 그러나 독일의 대통령은 상징 존재에 그칠 뿐 사실상 의원내각제를 채택해 대통령중심제인 우리나라와는 다를 수밖에 없다.

프랑스나 러시아의 '공포' 관련 방식은 중요한 모델이 될 수 있다. 이들 나라는 법률 서명일자, 법률 공포일자, 관보 발행 일자를 명확히 구분해 사용한다. 이 방식은 '사실'을 분명히 반영하고 대통령의 법률 공포권과 대중의 '알 권리'를 동시에 보장한다. '실제 사실'에 맞게 법률 서명일자 Issuance Date와 출판일자 Publication Date의 두 가지 일자를 사용하고 대통령이 법률에 서명해 법률이 확정되는 서명일자, 법률의 확정일자로써 법률명으로 사용하는 방식으로 가는 것이 바람직하다고 본다.[79] 이 방식은 프랑스와 러시아뿐만 아니라 유럽연합의 법률 Regulation, 규칙 등 스페인, 이탈리아, 동유럽과 남미 국가 등 세계 각국의 국가 법률[80]에 적용된다.

관보 발행을 '공포'로 규정하는 것이 관행화된 우리나라는 공포 관련 규정을 바로 이같은 방식으로 바꾸는 것은 적지 않은 혼선을 초래할 가능성도 있다.

다음으로 고려해볼 수 있는 해결책은 미국법의 참조다. 미국은 대통령의 법률 서명과 동시에 법률이 성립되고 별도의 규정이 없는 한, 성립과

---

[79] 소준섭, 〈서명 공포일과 관보 발행일은 분리돼야〉, 《법률신문》 (2007.09.13).
[80] 현재 이 방식을 적용하지 않는 국가는 미국, 영국, 독일, 일본 그리고 한국 정도다. 독일은 히틀러 독재 경험으로 인해 대통령의 권한이 크게 약화되었다. 바이마르 공화국 시기의 '제국 대통령'과 달리 현재의 연방 대통령은 국가원수의 상징으로 대통령의 권한은 형식의 범주로 한정된다(독일에서 대통령을 국민의 직선에 의해 선출하지 않는 것도 그 권한을 축소하려는 고민으로부터 비롯되었다. 독일에서 실질 국가 정치 행정 기관의 최고 권력자는 연방 총리다. 독일의 연방 대통령은 우리와 달리 법률 거부권을 인정하지 않음으로 인해 대통령의 법률 공포권이 모호한 상황이다. 대통령의 법률 서명은 단지 의회에서 통과된 법률을 인증한다는 상징 차원에 그치며, 법률안에 대한 연방 대통령의 거부권은 판례에 의해 부정된 상황이다. 독일에서 '공포'의 의미를 지닌 'Verkündung' 역시 'promulgation'과 'publication'의 의미를 모두 지녔다. 특히 민주주의 정신이 강조되는 독일 상황을 반영해 대중의 '알 권리'를 보장한다는 차원에서 'publication'의 의미가 보다 강조된다. 그러나 분명한 사실은 독일에서도 대통령의 서명일자는 법률의 생일을 알리는 '법률일자'로서 법률명 앞에 붙는다.

동시에 효력이 발생한다. 관보 발행은 당일이나 익일까지 이뤄진다. 이러한 방식은 관보 발행 일자가 '경시'되어 우리나라에서 관행화된 '공포' 행위 자체가 실종될 수도 있다. 또한 대통령의 법률 공포권이 분명히 구현되고 관보 발행이 서명·공포에 시간상 매우 근접하기에 입법 절차상의 문제가 매우 적다.

한 가지 지적해야 할 점은 대중에게 법률 성립 사실을 널리 알리는 수단으로서의 '출판publication'의 의미는 갈수록 '법률 증거legal evidence'의 범주로 축소된다는 사실이다. 미국도 '지편 법률Slip Law'은 법률의 공식 출판으로서 '법률 증거legal evidence'로 규정된다.[81] 더구나 온라인을 통해 즉시 업데이트됨으로써 실시간으로 정보가 보급되는 오늘날의 상황에서 그 의미는 더욱 축소된다. 혼선만을 놓고 본다면 오히려 미국 방식이 더욱 효율성 있어 보인다.

우리나라도 미국 방식을 도입해 대통령이 법률에 서명할 때 그 서명일자도 분명히 명기하고 당일 청와대에서 온라인을 통해 법률 확정 사실을 알리는 '공포' 방식을 시행한다면 대통령의 법률 공포권도 실현되고 현행의 제반 법률에도 저촉되지 않기 때문에 충분히 고려해볼 만한 대안이라고 본다.

---

81 The U.S. National Archives and Records Administration, "Federal Register", 2011, http://www.archives.gov/federal-register/publications/laws.html)

법률명의 표기와 서명일자

프랑스나 러시아 법률은 '관보'에 게재되는 법률 공포문 전문의 날짜는 대통령의 서명일자다. 미국 역시 대통령이 법률에 서명한 뒤 서명일자를 명기한다. 그리고 법률명은 그 서명일자를 인용한 "○○○○년 ○○월 ○○일의 '××××법률'"이라고 칭해진다.

법률에는 중요한 일자가 두 개 있다. 하나는 법률이 언제 만들어졌는가, 언제 탄생되었는가의 법률 출생일자. 독일, 프랑스, 미국, 스페인, 러시아 등 많은 국가의 법률은 "○○○○년 ○○월 ○○일의 '××××법률'"이라고 칭해진다. 여기에 기록되는 일자는 이른바 법률일자로서 법률 공포 권자가 법률에 서명한 서명일자와 동일하다. 우리식으로 말하면 법률의 생일을 가리키며 이 일자가 바로 공포일자다. 또 하나의 일자는 법률을 관보에 게재한 발행出版일자다. 출판 인쇄가 없었을 때는 이 일자가 존재하지 않았으나 대중에게 법률이 만들어진 사실을 '출판'을 통해 알리는 절차가 중요해지면서 발행일자가 의미를 지니게 되었다.[82]

그래서 "○○○○년 ○○월 ○○일의 '××××법률'" 뒤에는 "No 5" 등과 같이 법률번호公布番號가 뒤따른다. 법률 명칭, 법률 공포일자, 공포번호는 개인의 성명, 생년월일, 주민등록번호로 이해될 수 있다.

미국, 일본, 한국을 제외한 독일, 프랑스, 스페인, EU국가, 러시아 등 세

---

[82] 예를 들어 특허도, 특허를 처음 등록한 날짜와 '공보'에 그 특허 등록 사실이 게재된 날짜의 두 날짜가 존재한다. 그런데 어떤 특허를 출원하고자 할 때 동일한 특허가 이미 출원되어 있는가의 여부를 판별하는 날짜는 처음 특허가 등록된 날짜를 기준으로 한다.

계 대다수 나라의 법률에서 공포일과 관보 발행일은 서로 다르다. 공포일은 서명일과 일치되며 관보 발행일은 효력 발생의 기산점이 된다. 이들 나라의 법률은 'Date of document or text'와 'Date of publication' 등 두 가지 일자를 분명히 구분함으로써 두 가지 개념을 다르게 사용한다. 전자는 법률명에 함께 붙은 일자로서 공포서명일자를 나타내며, 후자는 관보 발행일공표일로서 민주주의와 법치주의의 요청에 따라 근대 이후의 법률에 있어 효력 발생의 기산점이 된다. 다시 말해 관보 발행일, 공표일은 수범자인 국민의 관점에서 법률의 효력이 공포권자의 일방 서명·공포만으로 충분하지 않으며 그것이 출판 공표의 형식 요건을 갖출 때 비로소 발생하도록 해 시민의 법률상 안정성을 도모했다.

우리나라에서는 특정 법률을 지칭할 때 앞뒤의 일자와 번호는 언급하지 않은 채 '×××법률'이라고만 부른다. 우리나라의 법률에는 법률이 언제 만들어졌는지의 출생일자를 알 방도도 없다. 아이가 태어났을 때 주민자치센터에 출생 신고를 하는데, 신고일자만 남고 정작 출생일자는 없어져 버린 것과 마찬가지 결과가 된 셈이다. 이렇게 법률의 '출생일자', '법률 확정'의 일자가 실종된 것은 '공포公布'라는 개념을 "대중에게 널리 알리다."의 의미로만 이해해 그 일자를 억지로 '대중에게 널리 알리는' 의미로서의 관보 발행 일자로 잘못 적용한 데서 비롯된 것이다.

미국 의회 법률도서관이 주관해 세계 각국에서 제공되는 법령 전문과 영문 요약문을 데이터베이스화한 '세계법률정보망GLIN, Global Legal Information Network'[83]에서 세계 각국의 법률을 '법령 공포일자Issuance Date'와 '관보 발행 일자Publication Date'로 구분함은 유의미하다. 공포일자와 공표일자또는 출판일, 관보 발행일를 동일하게 규정하는 미국, 일본, 한국, 타이완은 공포일자와 공표일자를 동일한 일자로 표기하고 나머지 대륙법 국가는 모두 공포일과 공표일, 출판일로 구분해 표기한다.[84]

우리나라에서는 법률의 효력 발생을 중시해 관보 발행 일자를 특별히 강조하는 경향이다. 보다 엄밀히 설명하자면, 관보 발행 일자란 다만 효력 발생의 기산점으로 기능할 뿐이며, 효력 발생 이후에는 아무런 의미도 지니지 못하는 일자가 된다. 더구나 갈수록 거의 모든 법률에서 효력 발생일을 법률에서 이미 규정하는 추세이기 때문에 관보 발행 일자의 중요성은 더욱 약화된다고 말할 수 있다.

우리나라는 "법률의 공포일은 관보 발행일로 한다."는 '억지 규정'에 의해 '엄연히 별도로 존재하는' 두 가지 일자를 '억지로' 동일한 일자로 묶은 데서 대통령의 법률 서명일자, 법률의 출생일자는 완전히 실종되어 버렸고, 이로 인해 입법 절차도 하자가 발생했다.

한 가지 추가해 말할 것은 관보 발행 업무의 전문성 제고와 통일성 실현을 위해 행정안전부 업무로 규정된 관보 발행 업무는, 연방기록관리소

---

83 이와 관련된 사항은 국회도서관 홈페이지에서 찾아볼 수 있다. http://www.nanet.go.kr/glin/index.jsp
84 필자는 세계법률정보망(GLIN) 본부에 이메일을 보내 러시아 법률의 GLIN에서 시행하는 '공포일'과 '공표일'의 구분 기준에 관해 문의한 바 있었다. 이에 GLIN 본부는 "미국 등 일부 국가에서는 '공포'의 개념이 '대중에게 알리다.'는 뜻으로 사용되면서 '출판 또는 공표'의 개념과 동일하게 인정되어 공포일이 출판일(공표일)과 동일한 일자로 인정되지만, 다른 많은 국가에서는 '공포'의 개념은 '법률의 확정 또는 법률의 통과'나 '법률 공포권자의 서명'과 동일하게 인정되므로 공포일과 출판일이 서로 다르다. 러시아 GLIN 팀은 이러한 GLIN의 기준에 토대한 구분 방식을 적용시킨다."라고 회신했다(In some countries, including the United States, the date of promulgation equals the date of publication (to promulgate means 'to make known' or 'to make public' and therefore it is equivalent to publication). In many other countries, however, promulgation is equivalent to the date of enactment, or the date when the law was passed by the legislature or issued by the executive authority).

가 관할하는 미국처럼 전문 국가기록관리 기구를 별도로 설치해 이관시키는 방안이 적극 고려되어야 한다는 점이다.

맺음말

입법 절차의 정당성은 법률의 정당성 확보를 위한 필요조건의 하나다. 따라서 이 문제는 비단 법률 개념 차원에 그치지 않고 입법 절차의 공정성 확보와 민주주의, 법치주의의 구현이라는 차원과도 관련되는 중요한 문제다.

우리나라에서의 법률상 '공포' 규정을 정확히 확정하기 위해서는 법률의 확정이라는 개념으로서의 '공포promulgation'와 관보 게재라는 개념으로서의 '공표publication'를 분리시켜 별도의 범주로 명확하게 정립함으로써 이 두 개념을 동일시하는 것으로부터 발생하는 여러 혼선을 극복해야 한다. 아직 발생하지도 않은 '공포일자실제로는 관보 발행 일자'를 명기해야 한다고 규정된 '법령 등 공포에 관한 법률'을 사실에 맞게 다시 개정하는 작업이 필요하다.

대통령이 법률에 서명하는 서명일자는 법률을 확정하는 입법 절차의 완결성이라는 의미에서, 대통령의 법률 공포권을 실현하는 행위로서 대단히 중요하다. 여러 유럽 국가와 미국 등 대다수 국가에서 서명일자를 중시하고 바로 그 일자로써 법률명에 표기된다는 사실은 이러한 점을 웅변해 주는 분명한 증거가 아닐 수 없다. 우리나라 법률에서는 서명일자가 전혀 중시되지 않으며, 심지어 실종되어버린 상태다.

우리나라 대통령의 법률 서명 절차에서 드러나는 이러한 문제점은 반드시 개선되어 대통령의 법률 서명이 지니는 원래 의미를 되찾아야 한다. 대통령의 법률 공포권이 완전하게 보장되어야 하고, 그럼으로써 입법상 하자가 없는 법률 성립의 절차가 실현되어야 하며, 동시에 '사실'에도 부합시켜야 한다.

'공포' 개념에 관한 문제를 해결하기 위해 선행되어야 할 근본 방안은 '효력 발생과 공표 절차법'의 제정이라고 할 것이다. 이 '효력 발생과 공표 절차법'에서는 "법률은 공포되지 않으면 효력을 발효할 수 없다."는 내용이 포함되어야 하며 관보, 게재되는 신문의 자세한 지정, 공포된 법률의 관보나 지정된 신문에의 게재 기한, 공포의 방식 등이 명확하게 규정되어야 한다.

'법률의 확정'이라는 개념으로서의 '공포', '관보 게재', '법률 확정 사실을 대중에게 널리 알리다.'라는 의미로서의 '공표'는 분명히 구분되어야 한다. 억지로 동일한 개념으로 묶여 있는 '공포'와 '공표'를 명확히 구별하고 '공표' 절차와 효력 발생에 대한 개념을 자세히 정립시켜 이를 법률로 반영하는 것은 한국의 입법학立法學을 보다 완성도 높은 차원으로 발전시키는 데 적지 않은 도움을 줄 것이다.

동사, 명사, 명분론, 실용주의,
사람을 '문맹'으로 만드는 잘못된 용어

올림픽 종목 중 '추발 경기'가 있다. '추발'이라니 도무지 무슨 종목인지 알아들을 수가 없다. 영어는 'Team Pursuit'로 사이클이나 스피드스케이팅에서 팀을 이뤄 상대팀을 앞서가면 이기는 경기인데 이것을 '추발追拔'이라고 옮겨 놓았다. 물론 일본에서 만들어진 조어다. 우리말에는 원래부터 '추발'이라는 말이 없고, '추追'와 '발拔'이라는 한자를 억지로 합쳐 놓은들 도무지 무슨 말인지 알 수 없는 억지 조어일 뿐이다.

고위 공무원의 비리가 들통나 '직위 해제'되었다는 뉴스를 자주 듣는다. 일반인은 이 '직위 해제'라는 말이 무슨 뜻인지 알 길이 없다. 파면되어 옷을 벗는다는 것인지, 아니면 단순히 그 직책에서만 일시로 정직되었다는 얘기인지 알 수가 없다. 이러한 것이 사실상 모든 사람을 '문맹'과 다름없게 만든다.

우리나라 용어는 일본 영향을 받아 두 글자 한자어로 구성된 조어 방식이 절대 다수를 점한다. 그 속에는 일반인이 도저히 알 수 없게 만들어진 용어가 적지 않다. "~를 차출하다."의 '차출差出'이나 "세금을 포탈하다."의 '포탈逋脫'도 어려운 암호와 같기는 마찬가지다.

세상 사람의 관심사로 떠오른 이른바 '존엄사'라는 용어가 '무의미한 연명치료 중단'이라는 용어로 바뀌었다. '존엄사'라는 말은 그 개념이 모호하고, '의사의 조력 자살'이라는 오해를 불러 법조계, 의료계, 종교계, 시민단체 전문가가 토론 끝에 용어를 바꿨다.

이는 의미가 애매모호해서 사회의 논란을 초래하는 용어를 관련자의 논의를 거쳐 바로잡았다는 점에서 매우 바람직한 사례로 볼 수 있다. 우리말은 대부분 단어수를 줄이는 축약을 관행으로 삼아왔으나, 위의 사례에서처럼 앞으로는 단어수를 늘여서 정확하게 내용을 표현해내는 것이 타당하다.

우리 문장 구조의 특성으로부터 강화된 '명분론'

우리가 흔히 사용하는 문장 구조 역시 우리의 사고 틀 형성과 밀접한 관련이 있다.

서양어의 문장구조중국어 포함는 '주어s+동사v+목적어o'인 데 반해서 우리말의 구조는 '주어s+목적어o+동사v'의 방식이다. 서양어에서는 동사가 명사보다 앞에 놓이지만, 우리말은 명사가 동사 앞에 놓인다. 서양어는 말을 할 때 항상 동사를 먼저 생각해야 하는 반면, 우리말은 명사부터 먼저 생각해야 한다.

이러한 문장 구조는 당연히 사고 틀에 커다란 차이를 발생시킨다. 동사를 먼저 생각하는 서양중국 포함은 상세한 행위나 실천, 실행을 먼저 고려하고, 또 그러한 언어 습관에 의해 일상생활 역시 행위action, 실천, 실행이 강화된다. 하지만 명사를 먼저 생각하는 우리는 명칭, 개념, 명분이 강화될 수밖에 없는 조건에 놓인다. 이러한 언어 습관은 서양에서 실용주의가 발전하고 우리나라에서 명분론이 강화된 한 요인으로 작용했다고 볼 수 있다.

서양어가 동사動詞 위주의 언어 체계인 데 비해 우리말은 명사名詞 위주인 언어 체계라 할 수 있다.

영어는 'move'라는 동사로부터 'movement', 'moving'이라는 명사와 'movable'의 형용사가 만들어진다. 'provide'라는 동사로부터 'provider', 'provision', 'provisional' 등의 단어가 생성되는 것도 마찬가지다. 이에 비해 우리말은 '운동'이라는 명사로부터 '운동하다'의 동사나 '운동가', '운동권' 등의 명사가 생성되고, '공급'이라는 명사로부터 '공급하다'라는 동사나 '공급자' 등의 명사가 생성된다.

이러한 '명사 위주'의 언어 체계의 구조와 관행이 우리 사회에서 무슨 일을 할 때 실제로 '움직여 실천하는' '행위'보다 구체성 없는 명분이나 구호가 앞서고 결국 '소통'이 잘 이뤄지지 않는 경향을 만드는 데 적지 않은 작용을 했다고 할 수 있다.

상호 간에 '명사'가 먼저 부딪치면서 '고정성과 불변성'의 '명사 중심 사고 행태'로서의 명분전이 전면화 된다. '변화 가능성과 응용성을 고려하는' '동사 중심의 사고 행태'로서의 타협과 협상은 뒷전으로 밀리는 현상이 강화된다. 오랫동안의 집단 언어생활을 통해 전체 사회 구성원의 집단 성격으로 고착될 수 있는 경향성이 존재한다.

표의表意문자인 한자를 사용하는 중국은 '공작工作'이라는 단어가 그 자체로 명사도 되고 동사도 된다. '활동活動' 역시 마찬가지로 동사로도 사용되고 명사로도 사용된다.

동사가 명사보다 앞에 나오는 문장 구조 등 동사와 명사를 한 단어로 표기하는 중국은 실용주의에 명분론이 더해졌다고 풀이할 수 있다. 우리말은 동사와 명사가 한 단어에 내포된 한자를 받아들였지만, 실제로 그것을 사용할 때는 중국과 달라진다.

이를테면 '공작工作'은 명사는 곧바로 '공작工作'으로 사용 가능하지만, 동사는 '공작工作' 뒤에 '하다'를 붙여야 비로소 '공작하다'의 동사가 이뤄진다. '학습學習'도 이와 마찬가지다.

한자의 유입으로 인해
억제당한 우리 민족의 '실천성'

여기에서 반드시 짚고 넘어가야 할 점이 있다. 고유한 우리말은 동사 위주였다는 점이다. '짓다', '먹다', '막다', '만들다' 등등 모두 동사고 이들 단어로부터 각각 '짓기', '지음', '먹기', '먹음', '막기', '막음', '만들기', '만듦'의 명사가 비롯되었다.

한자어가 대규모로 우리말에 들어와 주로 쓰이게 되면서 우리말 자체가 거꾸로 명사 위주의 단어 구조로 변화되었다. 우리 민족은 유목민족으로서 쉴 새 없이 움직이고 행동과 실천에 민첩성을 발휘했던 민족이었다.

하지만 정착 농경민족인 중국 한족으로부터 한자를 받아들인 뒤, 동사 위주였던 우리말의 언어 구성이 명사 위주로 전환되었다. 이의 영향으로 실천성이 약화되고 대신 명분론이 강화되었다고 볼 수 있다.

촌철살인,
'말'이 갖는 파괴력과 주도권

'촌철살인寸鐵殺人'이라는 말도 있듯이, 언어란 때로 비수와도 같은 투쟁의 무기고 전쟁의 수단이기도 하다. 선거 운동에서 어떤 용어를 사용하느냐에 따라 유권자의 마음을 완전히 장악할 수도 있고 반대로 모든 것을 한 순간에 날려버릴 수도 있다.

1960년대 미국에서 여성운동, 동성애자 운동, 민권운동이 활발할 때 보수파는 제대로 대응하지 못한 채 수세에 몰렸다. 1980년대 초에 이르러 이들 보수파는 자신의 전략을 수정했다. 낙태나 동성애 등을 반대하는 기존에 자신에게 붙여졌던 '구시대의 반대만 하는 수동 이미지'를 털어내고, 새로운 가치를 제시하는 능동 운동으로 전환했던 것이다.

이에 따라 '낙태 반대'라는 기존의 구호는 '생명 옹호'라는 구호로 바뀌었다. 동성애자 운동과 사회 약자 보호법 반대는 '누구에게도 특권은 없고, 모두에게 동등한 권리'로 제시되었다. 이러한 담론의 변화를 통해 미국의 보수파는 '도덕의 수호자'라는 이미지를 구축하면서 기존의 열세를 극복해내는 데 커다란 성공을 거두었다.[85]

1992년 민주당 대통령 후보였던 클린턴은 "이 바보야! 문제는 경제야! It's the economy, stupid!"라는 구호로 거함巨艦 부시를 격침시킬 수 있었다.

우리나라도 자유당 정권에 대항해 내세웠던 "못 살겠다! 갈아보자!"라

---

[85] 이에 대해서는 김지석,《미국을 미국으로 이끄는 세력에 대한 보고서》, 교양인, 2004년판을 참조할 것.

는 선거 구호는 자유당 독재를 붕괴시키는 비수와도 같은 무기였으며, 정당성이 결여된 노태우는 '보통사람'의 이미지를 내세우며 양김의 '분열된' 아성을 무너뜨리고 13대 대통령에 당선됐다.

'무책임'과 '판단 부재'를 초래하는 주어主語 없는 문장 구조

우리말 문장에서 '주어主語'가 생략되는 현상이 자주 나타난다. 인도, 유럽어, 중국어와 달리 우리가 사용하는 일상 대화는 대부분 '나', '너' 등의 주어가 생략된다. 이것은 판단 주체로서의 자신과 실천 존재로서의 자신이 철저히 '부재不在'된 상태를 의미한다. 일종의 '기회주의고 무책임한' 태도를 노정시키는 것으로 풀이될 수 있다.

《국회법해설》2004년 547쪽을 보면, "의장이 의원가택권을 행사함에 있어서 경호권 행사와 같이 경찰관의 파견을 요청할 수 있는지 여부와 또한 국회운영위원회의 동의를 얻어야 하는지의 문제가 있다. 생각건대 국회 안의 질서유지를 위하여…(중략)…국회운영위원회의 동의를 얻지 않아도 될 것이다."라고 기술한다.

'생각건대'라는 표현은 "내가 생각하건대"의 준말이다. 따라서 '생각건대'라는 말은 '내가'라는 주어를 빼고 문장을 기술함으로써 애초부터 책임 소재의 주체를 누락시키며, 독자로 하여금 나의 생각인지 아니면 다른 사람의 생각인지 도무지 알 수 없게 만든다. 결국 자기가 분명히 발언을 해놓고도 그로 인해 발생될 수 있는 책임은 전혀 지지 않겠다는 '정직하지 못하고 비겁한' 표현 방식이다.

　이러한 유형의 표현 방식은 우리말 구조에서 너무도 많고, 이러한 언어, 문장 습관은 건전하고 투명한 사회 문화를 만들어나가는 데 커다란 장애 요인이 아닐 수 없다.

말의 소리, 발음도 중요하다

　언어에서 정확한 문자를 사용하는지만 중요한 게 아니라 그 언어의 소리, 발음도 매우 중요하다. 우리가 꾀꼬리 소리는 아름답다고 느끼는 반면에 까마귀 소리나 까치 소리는 왠지 모르게 꺼려지고 시끄럽게 느껴지는 것과 같은 이치다.

　'평화平和'라는 말의 '평平'이라는 한자어는 '우亏'와 '팔八'이 합쳐진 글자로서 '우亏'는 '기氣가 방해를 받지만 그것을 뚫어내다.'는 뜻이고, '팔八'은 '끊다', '분단하다'의 의미다. 《설문說文》에 "平, 語平舒也"라고 설명된 바대로 '평平'이란 "어기語氣가 평화롭고 편안하다."는 의미로서 인간에게 편안하고 평화로운 분위기가 언어의 말투나 어기語氣와 밀접한 관련을 지님을 이 글자로서도 알 수 있다.

　우리나라 일부 텔레비전 뉴스 앵커가 '北京'을 '뻬이징'이나 '베이찡'이라고 발음한다. 그러나 '北京'의 발음은 '베이징'이다. '뻬이징', '베이찡'이라고 발음하면 중국인이 알아듣지도 못할 뿐더러, 텔레비전 정규 뉴스 시간에 '공식으로' 이웃 나라 수도 이름을 잘못 발음하는 것이기 때문에 여러 가지 부작용을 초래할 수 있다.

　좋은 말을 사용할 때 그 말을 주고받는 사회 구성원과 사회 전체가 자연스럽게 편안해지고 평화로워지는 것이다. 아름다운 소리(발음)로써 대화를 할 때 화자話者의 심성도 아름다워지고 듣는 상대방도 어울림이 생겨나기 때문이다. 이렇게 되면 자연히 사회 구성원 간의 분위기가 좋아질 수밖에 없다. 우리말을 정성스럽게 다듬고 가능한 가장 아름다운 말과 발음을 사용하도록 노력해야만 하는 이유가 바로 여기에 있다.

언어는 인간 정신의 가장 좋은 거울이다

　인간이라는 존재는 언어를 통해 자신을 드러낸다. 그러나 언어가 단순히 표현의 기능에 그치는 것만은 아니다. '개념'의 언어상 외피外皮가 곧 '말語'이다.

　'언어言語'의 '언言'이란 '직접 말하는 것'을 가리키며, '어語'란 '의론하고 반박하는 것'을 가리킨다. 인간의 '입'을 통해 일단 세상에 나온 말은 분명한 구속력을 지니면서 하나의 독립 세계를 형성한다. 남녀 간에 "사랑한다."는 말을 하기 전과 말을 하고 난 뒤의 상황은 전혀 다르다. 마찬가지로 어떤 사람에 대해 '유죄' 판결이 내리기 전과 내린 후의 사정은 전혀 달라진다.

　라이프니쯔는 "언어는 인간 정신의 가장 좋은 거울이다."라고 말했다. 언어는 인간 생활의 독특한 특징이고, 인간의 삶이란 의사소통 과정을 떠

나서는 결코 이해될 수 없다.

　서양에서도 명칭에 관한 정당성의 문제, 명칭론Bennenungstheorie은 고대, 중세 철학의 가장 중요한 분야 중 하나였다. 명칭론의 일반 개념은 명칭의 도구로서의 성격, 즉 단어는 그것이 어떤 대상을 표시함으로써 도구와 같으며 그 도움으로 인간 활동에서 그 단어에 의해 명명된 사물이 생성된다. 그리하여 명칭론은 명칭, 언어, 사물 간의 관계를 설명하는 데 그 목적이 있다.

　플라톤의 《대화록》은 명칭의 정당성에 관한 문제를 논의하는데, 언어의 내용은 표현과 연계되고, 이 양자는 서로 분리되어 존재할 수 없으며, 그 구성 요인을 식별할 수도 없다는 이율배반의 개념이 제시된다.[86]

　스토아학파는 언어의 형식과 의미의 이분법을 형식화해 언어 속의 '표현하는 것signifier'과 '표현되는 것signified'으로 구분했는데, 이는 훗날 소쉬르의 이론에 이어졌다. 루소는 그의 저서 《언어 기원에 관한 시론》에서 몸짓이 아닌 소리로 말하기 시작하면서 사회관계가 성립했다고 보는 입장에 이르며, 언어란 의사소통 수단의 기본이라는 점을 역설했다. 데카르트는 언어란 인간이 기계가 아니고 생각하는 정신을 가졌다는 사실을 알려주는 유일한 외부의 징후라고 강조한다.

　비트겐슈타인은 언어 활동이 사회 활동 속에 편입되며, 언어는 본질로서 사회성으로 파악했다. 저명한 언어학자인 촘스키는 모든 언어는 인간의 마음에 주어진 보통의 생득生得 능력의 결과로 볼 수 있고, 이 생득 능

---

[86] 이 부분에 대해서는 김윤환, 〈구조주의 언어학과 인문학〉, 《언어학과 인문학》, 서울대학교출판부 참조할 것.

력의 해명이야말로 언어학의 궁극 목표라고 주장한다. 언어를 기호 체계로 파악하는 소쉬르에 의하면, 언어 기호란 시니피앙signifiant, 청각영상과 시니피에signifié, 개념의 결합이며, 양자는 종이의 양면처럼 상호 결합되어 있어 분리할 수 없다.

비트겐슈타인, 촘스키, 소쉬르의 언어학 이론은 난해하기로 유명한 여러 학설과 이론 중에서도 가장 난해한 이론으로 손꼽힌다. 이 이론이 어려운 이유는 언어가 인간의 본질 요소로서 동시에 철학, 심리학, 인류학, 정치학뿐만 아니라 예술과 자연과학의 분야와도 깊은 관련을 지니기 때문이다.

20세기의 철학은 전통으로 인정되었던 경험이나 관념보다도 언어를 인식의 매체로 더 주목하게 됨으로써 의식의 철학에서 언어 철학으로 전환되었으며, 이러한 맥락에서 현대의 사회철학도 인식 과정에서 언어 행위가 지니는 중요성을 수용했다. 하버마스를 비롯한 일련의 철학자는 자신의 이론에서 일관되게 언어 행위를 강조했는데, 그들의 이론과 개념의 핵심에는 언어 행위가 자리 잡고 있었다.

지식인으로서의 책무

그리스어 중에 'barbro'라는 말이 있다. '야만인'이라는 뜻을 지닌 이 단어는 '말을 하지 못하는 벙어리'라는 의미도 동시에 지닌다. 그리스인의 눈에 언어란 문명의 상징이었던 것이다. 만약 우수한 언어가 없다면 문명은 존재하지 않게 된다. 그리하여 정련된 언어는 문명 진보의 중요한 요소이다.

우수한 언어란 첫째, 우수한 해석 능력을 지녀야 한다. 둘째, 우수한 묘사 능력을 지녀야 한다. 전자는 인간의 지식 활동을 유지하고 발전시키며, 후자는 인간의 감성 활동을 유지하고 발전시킨다. 우수한 언어는 인간의 지성과 감성의 통일을 이뤄낸다.

흔히 사용되는 언어가 사물의 '실질'을 상세히 표현해내지 못하고, 또 허장성세의 모호한 빈말, 이른바 허언虛言과 공론空論이 언어생활의 주류를 이룬다면, 그 사회 구성원의 사고와 감각은 조잡해지고 혼란스럽게 되어 퇴화될 수밖에 없다. 결국 그 구성원이 일궈낸 문명 역시 곧바로 쇠락하고 말 것이다.

언어에 대한 정확한 선택과 사용, 이에 대한 정확한 이해는 사회 약속 이행의 시작이다. 특히 사회 문명의 품격을 대표하는 지식인이란 언어의 해석 능력과 묘사 능력을 끊임없이 강화하고 발전시켜 나가야 하는 막중한 책임을 지니고 있음을 명심해야 할 것이다.

신촌일기

신촌일기

이든시인선 027

유재용 시집

| 서시 |

부르고 싶은 이름이
있었는가

지독하게 부르고 싶은 이름이
있었는가

지금이라도

아프게 부르고 싶은 이름
있었다면

사무치게 부르고 싶은 사람
있었다면

저무는 날 더
아프기 전에.

■ 차례

서시 —————— 5

1부 신촌일기

선운사에서	13
상사화	14
인연 1	15
이별	16
사랑	17
삼오선	18
내가 없는 날에는	19
노을 1	20
인연 2	21
경변들녘에서	22
생일	23
청산도에서	24
독새기	25
파꽃 피어나다	26
라일락 피어나다	27
가녀린 싹에게	28

2부 내 하늘

내 하늘 1	31
내 하늘 2	32
내 하늘 3	33
찐빵	34
구절초	35
소멸	36
장마	37
산다는 것	38
붉은 맨드라미	39
머저리	40
쑥부쟁이 꽃잎 지던 밤	41
귀로	42
가을에는	43
늦가을 오후	44
뻐꾸기	45
감잎 아래서	46
붉은 소나무	47

3부 꽃잎만 지더라

해가 지네 —————— 51
꽃 —————— 52
세월 —————— 53
비 —————— 54
모기 —————— 56
봉숭아 물들이다 —————— 57
허허로운 날 —————— 58
냉기 —————— 59
꽃잎 지던 날 —————— 60
꽃자리 —————— 62
꽃잎만 지더라 —————— 63
애기똥풀 꽃 —————— 64
춘설 —————— 66
담배꽃 —————— 67
칡꽃 —————— 68
아카시아 꽃 —————— 69
사월의 꽃 —————— 70
밤꽃이 피다 —————— 72

4부 빈 바다

빈 바다	75
봄날은 간다	76
별을 여의다	77
바람소리	78
새벽	79
바람이 불었다	80
안개	81
햇살 좋은 오월에	82
녹음	83
노을 2	84
이슬	85
잡초	86
엉겅퀴 하늘로 날다	87
개망초 별이 되다	88
나무로 늙어간다는 것	89
달팽이	90
어느 노숙자의 노래	91
아무것도 버릴 게 없네	92
그로데스크	93

발문 | 이영옥 / 에스프레소 한 모금 입에 물고 ─ 94

1부
신촌일기

선운사에서

흐르는 세월 구비 돌아
붉은 상사화는
대웅전 자태에 넋을 놓았고

스님의 낭랑한 목탁 소리에
동백 잎은 시퍼렇게 떨려오고
백년 해를 여미는 선운사에
야윈 새 한 마리 날아오른다

상사화

무엇이 그토록 부끄러웠나요
잎도 올리지 못하고
수줍게 고개 숙이는 꽃무릇
발그레 꿈을 꾸는
소녀의 꿈은
애가 타는 풍경 소리로
물들어 갑니다

인연 1

당신의 옷을 감고 감아 울어버리는
아이의 지친 마음
거울 속에 담았다

스쳐가는 바람 속에
공허함을 저며 두고
돌고
돌아서 간다

이별

혼자서 가야하는데
눈이 부셔 볼 수도 없습니다
가슴 졸여 기다릴 수도 없습니다

스산한 바람에
멈춰버린 사람
끝내 눈동자를
볼 수가 없습니다

사랑

옷자락에서 풍겨오는 땀내음
못내 벗지 못하는
가슴 한켠 고개 숙이는
가을을 닮은 사랑
말 못하고 서성거리는
거울 너머의
향기

삼오선*

울 아빠 곰방대에 불이 붙는다
신작로 너머 작은 언덕 밑
삼오선

한 걸음 한 걸음 다가서는
삼오선 담배포에 적셔지는
그리움

울 아빠 이마에는
세월이 그려지고
저물어가는 노을 속에
삼오선 담배포에
내뿜는 연기

*삼오선 : 전북 고창군 신림면 소재의 지명

내가 없는 날에는

빛바랜 사진 한 장
슬프게 잠들었다

눈물자리에 풀 한 포기
한 줌 흙으로 채워지는 자리
그립고
그립고
그리운 어머니 품 속

너울처럼 춤추는
그
허무한 여정

노을 1

입가에 풍겨지는 우리 누이 넋두리는
어쩜 저리도 고울까

갈망하는 세월의 꽃
저리도 붉게 타오르나

누이의 세월은
참으로 붉다

인연 2

바람이 더디게 얼굴을 부빈다
요란스럽게 흐느끼는 감잎
가슴 깊이 내려앉는다

경변들녘에서

감잎 사이 아낙의 넋두리가
용구동 모퉁이를 돌아
붉은 노을 속으로 녹아내리고

신촌 들녘 소쩍새 울음소리
경변뜰*에 어슬렁거리면
이명에 갈잎은 숨죽이고
시퍼런 바람소리
아비 가슴에 내려앉는다

*경변뜰 : 전북 고창군 산림면 소재의 지명

생일

온기 없는 허허로운 들녘에
동짓달 칼바람이 휘돌아치고

희끗희끗 눈을 이고
어머니 등이 휜 겨울이
걸어오신다

스무아흐레 시루떡 위에
눈물꽃처럼 하얗다
하얗다 내 어머니
애틋한 눈물

청산도에서

초록 바닷물결 술렁이고
아쉬운 듯 파도는 눈물빛 메아리치는데

한적한 항구의 닻은 언제쯤 내리려나
한서린 노랫가락 뉘인들 귀기울이네
적막한 북소리에 아낙의 한탄을
아리아리랑 스리스리랑

권덕리 작은 항구 유자향 묻어나고
범바위 바람소리에 스쳐가는 인연의 노래
동동주 파전의 그윽한 향기 발걸음 재촉하고
파도 따라 여미는 울부짖는 바람소리

유자향 젖어드니 인정 담은 웃음소리
꽃 담장 넘어 퍼져나가더이다

술 한잔 기울이며 잔 비울세라
왕초의 가슴시린 이별빛 따라
적막한 어둠 흐느껴 우네

독새기

그분이 오시기 전에 이 몸이
먼저 살아보지요 잘박거리며
이 땅이 참 땅인지 헛 땅인지
목숨 걸고 살아보지요
뒷산 개꽃 피고 지면
엎어질 인생 그래도
고개 꼿꼿이 세우고
잠시만 달디단 봄 햇살 아래
당당히 흔들려 보지요

파꽃 피어나다

아주 낮은 자리에서
작은 놈들끼리 궁시렁대다
듬성듬성 잡놈이 끼어도 좋다
온 몸뎅이 그리 초록으로 흔들리다가
햇살 고운 봄날
기어이 머리 위에
모진 세월 하얗게 피워올리다
아주 낮은 세월
파꽃으로 피어나다

라일락 피어나다

그의 집 뒤란에 라일락 피어나다
그의 집 안으로 라일락 들어왔고
착한 가슴에 꽃물 들이다
그가 피어났고 오월 비는 그치고
연하디 연한 보라색 향기
그윽히 꽃물이 진다
라일락 고운 꽃자리 위로

가녀린 싹에게

어떻게 올라온 세상인디
더 이상을 자라지 말그라
더 이상은 보려하지 말그라

시방 만큼만 이쁘고
시방 만큼만 지혜롭자

무심한 바람에 꺾이거나
사나운 짐승에게 밟히거나
우악스런 세상에 뽑히거나
스스로 자괴에 자빠지거나

시방 생각 하는 이치가
시방 보고 있는 세상이
항명을 모르는 것

이쁘고 이쁘고 이쁘고
참말로 이쁜 시방에서
멈추어주라 가녀린 싹아

2부

내 하늘

내 하늘 1

엄마는 늘 저녁이 오면
보따릴 싼다

퍼줄 것 없는데
쏟아낼 것 더는 없는데

닳아버린 신 신었다 벗었다
겨운 삶 놓았다 잡았다

울타리 쪽나무 가지 흔들리고
내 목울대도 흔들리고

조선간장보다 저 짠 것
자꾸 차오르는데

밤 바람은 왜 이리
어설프다냐

내 하늘 2

돌아앉아 보려해도
돌아앉아 보려해도

멍한 가슴팍에 들앉아
기력 없이 흔들리는 애잔한 주름 꽃

보릿대 툭툭 터져가는 이 더위에
알량한 내 눈물로는
감당키 어려운 등 굽은 뜨건 꽃

이 계절이라도 붙들었으면
이 날만이라도 붙들었으면

새벽을 걸으면서도 눈앞이 흐렸고
저녁을 닫으면서도 눈앞이 흐리다

하늘은 자꾸 북망산천으로 흘러가고
언제쯤 마르려나 알량한
가슴아

내 하늘 3

영락없이 닮은 내 손에서
하얗게 보튼 별 하나 빠져나간다

어른거리는 눈 속에서
돌덩이 가슴에서

날 업고 오던 그 길 위에서
난 어쩐데요
혼자서 어쩐데요

업어주지도 못했는데
웃어주지도 못했는데

아른대는 별만 셉니다

찐빵

모락모락 추억 찾아드리려
다 늦은 밤 찐빵을 사러간다

더는 추억조차 놓아버린 엄마의 세월

더듬더듬 팥고물에 들어있을
어두웠지만 달달한 기억 드리려

다 늦은 밤 젖지 않겠다
따슨 김 가슴에 품고
서둘러 걸었지만

하염없이 젖어가는
가슴 속 하얀 찐빵
저 너머에 하얀 엄마

구절초

가을비 내리는데
그 언덕에서 구절초가 웃네요
목양목 하얀 저고리 젖어가는데
창백하게 흔들리며 웃고 있네요

이유 없이 허한 계절
야윈 사랑 감추려는데

그 언덕에서 웃고 있던
목양목 하얀 저고리
내 가슴이 젖네요

소멸

비는 내리는 것보다
흐르는 것이 아름답다

기억하는 이 없는
혼돈의 고통

흐르다 눈부신 어느 날
한 점 바람의 무관심 끝에서
사라진다 해도

찰나의 희열 있었음으로
비가 비로써 행복했었음으로

비는 흐르는 것보다
사라지는 것이 아름답다

장마

감당 못할 비 쏟아진다

사방 닫혀 버리고
애끓는 소란한 침묵
어스름한 허기가 모질다

간신히 빈가지 붙드는 어미새
젖은 가슴 후비는 어린 것들

눈물나게 아름답다

저
아슬하게 버티는 삶의 절정

저
하얗게 후벼 파는 가난한 사랑

산다는 것

잠시 지나가는데
붙든다

내가 좋다고
니가 좋다고

사람이든 병이든
공기라도

내가 아니면
니가

잠시 지나갈 뿐인데
붙들어 세운다

이 지독한 편견
해체해 버릴란다

붉은 맨드라미

붉다
검붉은 계절 끝자락에서
작은 씨앗 몇 떨어뜨리고

붉은 서산 너머
검붉은 순례의 길 떠나간다

처연한 마른 살점 뒹굴고
침묵하던 찬바람이 분다

높디높은 그 하늘은
보일 리 없겠지만

붉디붉은 작은 성자는
말없이 왔다 간다

머저리

눈 한번 깜박였을 뿐인데
세월 그리도 흘렀나

눈 한번 깜박였을 뿐이데
사연 참 버겁게 쌓이고

눈 한번 깜박였을 뿐인데
초라한 나 보였고

눈 한번 깜박였을 뿐인데
허한 길 낙엽만 구르네

쑥부쟁이 꽃잎 지던 밤

낮달이 까치발로 서성대다
담 넘어가는 홍시 끝에서
소스라치게 부러졌고

늦가을 빈 울안은
깊은 바람 소리에
고독하게 너덜거렸고

잠못 이루는 별 하나
새벽이슬에 졌다

귀로

두근거릴 적마다
가을은 쏟아져 내렸고

쏟아질 적마다
가을은 두근거렸다

바람 깊어질수록
살아있는 별은 눈부셨고

아무도 없는 길 위에
화려한 침묵만 구르고

긴 산 그림자 홀로
발길 재촉한다

가을에는

한 겹 우주를 벗겨내는
처절한 가을에는

절대 외롭다 하지 마라

섬뜩한 광란의 바람 앞에
현란한 색의 소용돌이로
완벽한 고독이 술에 젖는데도

절대 외롭다 하지 마라

내리고 다 내려놓고
무심한 하늘마저 내려놓고도
흔들리지 않는 고목 앞에서는

절대 외롭다 하지 마라

늦가을 오후

시리게 아픕니다

차마 마주할 수 없었던
눈부신 꽃잎

황량한 계절 끝에서
비틀거리는 빈 그림자로

아무리 깊은 통곡이
버텨보려 해도
쓰린 세월만 허합니다

바람이 부서지는
따순 기억들
찬비에 흩날리고

바스락대던 고독한 하늘만
무겁게 침전됩니다

뻐꾸기

검은등뻐꾸기가 울 적마다
하나씩 별은 지고

별이 하나씩 질 때마다
숲이 하나씩 흔들렸다

밤새 여름이 뒤척인다

낼 아침 잔등에는
찬이슬이 흥건하겠다
넉넉히 가슴까지 적셔지겠다

감잎 아래서

퍼붓는 태양 아래
실핏줄까지 드러내놓고 웃고 있다
별것 아니라고 암것도 아니라고
그리고 호방하게 웃고 있다

내 새끼 살만 올릴 수 있다면
내 자식 입에 단 것 하나 물릴 수 있다면
이까짓 더위 암것도 아니라고

참말로 당당합디다
참말로 눈물납디다

붉은 소나무

눈이 부시게 푸른 하늘 아래
죽은 듯 죽은 듯 흔들리는 붉은 놈
숨막히는 태양 아래 담담히
죽은 듯 살아있는 니 그림자 밟고
참말로 니 놈과 한 몸이고 싶다
니 동맥 속에서 당당히 흐르고 싶다
눈부신 하늘 아래 끝끝내
버텨내는 붉은 소나무

3부

꽃잎만 지더라

해가 지네

뜨겁게 한낮은 지나가고
징하게 정들었던 사람들도 지나가고

슬픔 바람과 숨바꼭질 하다

하늘보다 더 웃자라버린 깨밭에 숨어

저기 어슴한 풍금소리

나의 살던 고향은

꽃

한 조각 봄 볕으로
땅 위에 허상도
가슴 속 찬 서리도
묵은 허물로 벗는다

눈물나게 여린 것
아찔하게 고운 것

고통의 무덤 위에 피는 것

세월

허기진 파리가
마른 손목에 앉는다

훑어도 보고
핥아도 본다

원하던 무엇도
줄 무엇도 없음으로

침묵이 고개를 저었고
날개를 접는다

깊은 잠이다

푸석한 꿈이 웃는다

비

감춰 줄 누구 없다면
고스란히 맞아라

젖을수록 분명해지는 본능으로
잠시만 눈 감아버리고

비가 닿지 않는 곳은 없어라
심장 깊은 곳까지 젖었다면

그의 허락 없이
어색했던 허물 벗어버리고

흐를 수 있다면
거침없이 흘러라

흐르다 어느 이름 없는 골짜기
착한 바람과

단 하루만 살다가
갈 수 있다면

참말로
야문 행복이어라

모기

죽이지 말란 애기가 아니다
해로워서도
귀찮아서도
못나서도 아닌

저리
해롭고
귀찮고
못난 것이어도

피에 굶주린 본능만큼
그리움도 굶주릴 것을

하나가 아닌 둘을
둘이 아닌 전부를

피에 굶주림도
굶주림의 그리움까지
죽여버리란 애기다

봉숭아 물들이다

손톱보다 더 아프다는 곳에
너를 물들인다
다디단 연분홍

혹시 만분지 일이라도
니가 스밀까

정지된 심장의 끈
묶고
묶는다

너만 아는
마알간 꿈속

아이가 춤을 춘다

허허로운 날

새 계절을 맞기 위해
지난 계절을 칼질한다

요란한 칼질 끝에서야
맨살은 돋고
진통의 그림자가 미친 춤을 그친다

눅눅한 영혼의 축제가 끝나고
아주 모호한 질서가 잡히고

그저 속 좋은 바람은
허허로히 흘러간다

냉기

온기 없는
술을 마신다

인기척 없는 세상
애타게 바라본다

기척도 없이
비가 내리고

차디차게
젖어가는 새벽녘까지
마른 기침소리

그 흔하디 흔한
별 하나가 진다

꽃잎 지던 날

진정 내 안에 왔다고 하지만
생 속앓이로 그렇게 화사하게 피었다 하지만

세월에 박재되어 가는
가슴 한켠 물들이지도 못하고

그렇게 매정하게
부서질 수 있냐고

사랑했다고
진정 사랑했다고
온몸으로 이야기 했어도

온통 하얀 밤 꽃등으로
허공에 둥둥 벅차게 떠 있다

달빛 잠시 가린 사이
물안개 속으로 천천히
사그라드는 건

진정 니 뜻이 아니었다고

세월 그 놈
수시로 왔다가 가는 게 순리래도
너는 정녕 깊은 신열이다

꽃자리

아우성 발소리
음울한 밤바람 소리에도
결코 밟히지 않는 자리
니 것도 내 것도 없는
외면자리

세상 가장 외진 곳
식은 땀 흘리며 뱉어내는
슬프디 슬픈 보라

제비꽃 핀 자리
속 깊은 꽃자리

꽃잎만 지더라

꽃잎만 진다

계절은 취해
천지간 무성히도 흔들리고
봄비도 취해
대지 가득 휘청거리는데

순식간에 오진
꽃잎만 지더라

한나절 미친바람으로
한 세월이 지워지고

그 세월 허물어진 자리
냉정히 도려진 자리

넋 놓고
꽃잎만 지더라

애기똥풀 꽃

초행길은 멀고도 험하다

땡볕 아래 하나 가릴 것 없이
노랗게 현기증으로 흔들렸다

세상 참 조화롭다

숨 멎은 더위 뒤에
태풍은 숨어 있고
겁나게 쥐어뜯던 그 놈 뒤엔
감당 못할 소낙비 숨어있다

인생
초행길 멀고도 험하다

가녀린 꽃대 하나로
험한 꼴 다 넘기고도
잠 못 드는 실비소리에

노란 홑잎 하나
맥없이 흘려 보낸다

춘설

삶의 하얀 조각들이 사방에 튄다

쓸어담을 수 없겠다
정리될 수 없겠다

따순 기억들
살아 볼라고 지운다

여지없이 아프다

담배꽃

지긋지긋한 마른더위에 보란 듯이
담배꽃은 피어난다

푹푹 찌는 밭고랑 사이를
모진 농부가 수선스럽다

몇 번의 더위만 가거라
경운기에 실려 갈 넙대대한
이 못난 잎사귀야 니 놈이

둘째놈 내년 등록금인겨
잘난 내 아들 등록금인겨

벌건 더위야
넙대대한 못난 잎사귀야

너울대거라 힘껏
너울대거라

칡꽃

바람도 가까스로 기어올랐던
아스라한 비탈길을 숨소리도 없이
끌어안았다 부둥켜안았다

어머니의 어머니가
아버지의 아버지가 그랬던 것처럼
가난을 안았고 자식을 품었던 것처럼
야물게 부둥켜안았다
눈물로 기어올랐다

아슬하게 넘어왔다
뒤돌아볼 새 없이 오르고
숨소리조차 사치스러워
이제사 배시시 보라색 꽃 한 송이
피어 놓고 어거지로 한번 웃어 보였다

아카시아 꽃

참말로 능청스럽게
고개 한번 돌렸을 뿐인데
거기 야물게도 영글어 하양
푸짐하게도 흔들리드만

가난하고 배고픈 시절
그 달큰한 추억의 향기는
어쩌야 쓴단가 어쩌야 쓴단가

오늘은 기필코 니 모가지 비틀어
가난한 배 터지게 채우고
니 못난 가시에 찔려도 좋겠다

사월의 꽃

물안개 속 사월의 가슴으로
향기 가득 라일락 피어난다

바람은 아니 온 듯하나
성난 팽목항 물결 사이로
피지 못한 꽃들 애절한 통곡이 헛돈다

애절이다 눈물이다
아들딸들아
목이 터져라 부르고 싶은 이름
끝내 부르지도 못하고

노란색 리본이 아이들
아우성의 끝자락이었다면
못난 발길 돌리고 싶다

사월의 바다에서
고운꽃 한 송이 들고
그대들 유유히 흐르는

맑은 소리라도 듣고 싶다

사랑한다 잊지 않으마
슬픈 파도 위에 떠도는
피지 못한 라일락 꽃 한 송이

밤꽃이 피다

산그늘 밑에서 능청스럽다
능청스럽다 너처럼 능청스럽던 놈
첨본다 보시시 그렇게
보드랍게 피어나는 널 보면
가슴에 그 많은 가시 숨기고도
윤기나는 심장 속 뽀시시 또
속살 숨길 수 있는 니 놈이
참말로 부러워 죽겠다

4부

빈 바다

빈 바다

어슥한 이명이 내리면
허름한 빈 바다에
어김없이 그리움이 들어온다

가신다고 간 것이 아니었고
오신다고 온 것이 아니었다

가는 것도 오는 것도
그 빈 바다에 있었음으로

아 허름하고 허름하고
아름답고 아름다운 빈 바다
눈부신 바다여

봄날은 간다

이봐
가는 봄날이 아프단다
덩달아 맥없이 지는 꽃잎도 아프단다

이쁜 꽃도 꽃이었을 때 꽃이고
설은 아픔도
아픔였을 때 아픔이어라

발정났던 봄날은 잠시
청춘이었다
황혼이었다

꿈을 꾸듯 바람은 불고
또 하나의 봄날은 간다

별을 여의다

별만큼 새털 같은 날
먼 별만 치켜보고 살았소

알아야 할 것도
채워야 할 것도
한 마디 흔한 고함조차 지르지 못하고
뒷산 개꽃 서둘러 지는데

그 잘난 별도
뒷산 이쁜 개꽃도
지지리 못난 지 안에
있었다는 것도 모르고

바람소리

4월에 부는 바람은 통곡이다
죽은 땅에서 생명을 끄집어내는
아찔한 잉태의 통곡이다

살아나야 될 자리에
삶의 구색을 주문하는

소복의 칼춤 추는
늙은 무당의 통곡이어라

새벽

성장을 멈춰버린 잡초가
공복의 새벽 담배를 피워대다
바튼 기침 뱉어낸다
잦은 기침 뜰안에 그득하고
서늘한 이슬 비정하게도 맑다
잠이 덜깬 산그늘 돌아누우면
쑥부쟁이가 흔들리고
비정한 이슬 힘없이
낙하한다

바람이 불었다

아무 말없이 바람이 불었다
아무 말 없이 숲이 흔들렸고
아주 낮은 곳에서 풀이 흔들렸다

그렇게 모양이 잡혔고
세월이 간다

혹 니가 웃자라거나
고함을 지른다면 또
아무 말 없이 바람이
불어올 것이다

안개

안개가 새벽 산을 품었다
밤새 은밀한 소통과
깊은 몸부림으로
새벽 골짜기에 땀이 맺히고
마알간 물이 흐른다
그가 품었던 세월만큼
산은 늙어갔고
이제 태초의 무게만큼
간결해졌다
영롱한 햇살에 그는 홀연히
떠나갔고 그 자리엔
너무도 하얀 찔레꽃 한 송이
아물게 피어났다

햇살 좋은 오월에

보리밭 시퍼렇게 흔들리고
바람은 영글어 햇살 쪼개고
길고양이 한 마리 그의 집 뒷켠에서
작은 가슴 새큰거리며
봄볕 아래 졸고 있다
어디든 아무나 살 집 커지는계절
그 모양이 그림이고
어떤 짓거리도 사무치게 애틋하다
온전히 사랑스럽다

녹음

시방 봄 산은 참으로 깊어졌소
밤새 이년 저년 착한년 분냄새로
퍼질러 앉아 호방하게 퍼드시고
새벽녘 어느 골짜기에 쏟아 놓으시오
사정없이 사랑이든 세월이든
눈물이든 쏟아 부어
어디로 흐르던지
어디로 가시던지
빈 몸뎅이로 다시
일어나 보자구요

노을 2

세월의 흔적 지워보려
늙은 나무는 온몸으로 비를 맞는다

몸뎅이를 타고 세월이 흘렀고
발끝으로 질긴 흔적이 떠나갔다

늙은 빈 몸이 걸어간다
해가 지는 서쪽으로
휘적휘적 바람 가르며
석양 참으로 곱다

이슬

우리 이만큼만
사랑하다 가자고
이만큼만 살다 가자고
이만큼만 투명하게
영롱하게 착하게 살다 가자고
우리 이만큼만 잠시
머물다 가자고

잡초

잠시 당신이 주는 물
먹고 자랐습니다 몰래
이제사 겨우 모냥 만들었는디
스플링클러 밑에서
같은 모냥이 아니란 이유로
시퍼렇게 낫질에
모가지 잘렸습니다
잠시 당신이 주는 물 먹은 죄로

엉겅퀴 하늘로 날다

보라색 그 곱던 시절은 가고
젊은 날은 화사하게 흩날리고
무게도 없는 것이 솜털 이고
가보자 미련 같은 것 없다고
어디든 가 머무는 곳이
고향이라면 저 푸른 하늘로
거침없이 차오르자
내 그리운 보라

개망초 별이 되다

저리도록 바람 스산한 밤에
가난으로 흔들리는 한 가족
개망초 위로 별이 내려눕는다
그 별 진자리 개망초 한 가족
눈물나게 반짝인다

오늘같은 밤에는 슬픔도
별이 되어 빛나겠다

나무로 늙어간다는 것

변방 한적한 곳에 서서
나무로 늙어간다는 것이
그저 한때는 슬프게만 보였다네

바람이 훑고 가며 던진 이야기가
내가 앉아 부르던 노래가
지나가는 어느 나그네의 넋두리가

변방 외진 곳에 서서
한적히 흔들린다는 것이

세상을 다 알고 있었다는 것
세상을 향해 그저 웃고 있었다는 것

절대 외롭게 늙어가는 것이
아니었다는 것

달팽이

푸르른 나무가 흔들리는 게 아니라
숲이 푸르게 흔들리는 것

햇살 아래 나무가 자라는 게 아니라
숲이 싱그럽게 자라고 있는 것

들에 꽃이 화사하게 피어난 게 아니라
화사하게 들이 피어나는 것

네가 세월 앞에 늙어가는 게 아니라
유년이 세월을 뒤로 끌고 가는 것

하늘 아래 아직 살아있다면
서두르거나 요란함 없기를

지나가는 달팽이가
나지막히 속삭여준다

어느 노숙자의 노래

사는 게 꿉꿉해서 세상이 꿉꿉해서
이렇게 하늘마저 꿉꿉한 날
역전 가난한 새들은
죄다 어디로 가셨나
꿉꿉해서 너무나 꿉꿉해서
북망산으로 황망히 꽃구경 가셨나

아무것도 버릴 게 없네

세상이 아프다니 세상을 버렸다
친구가 아프다니 친구를 버렸다
니가 아프다니 너를 버렸다
머리가 아파 머리를 자르고
이가 아파 이를 뽑아버리고
다리가 아파 다리를 자르고
눈이 아파 눈을 뽑고
맘이 아파 맘을 빼버렸다
다 버리고 나니 다
내 속에 온전히 와 있었다

그로데스크

살구꽃 지던 날
불현듯 거울 앞에 서다
거울 속에 내가 아닌 당신을 보고
세월 아 사랑이 이런건가
내가 당신이었고 당신이 나였음이
참말로 기이한 일이다
참말로 행복한 일이다

| 발문 |

에스프레소 한 모금 입에 물고

이영옥 시인

1. 조심스럽게 시문(詩問)에 한 발을 들이며

유 시인의 시는 에스프레소 맛이다. 툭툭 던지듯 내뱉은 시어들이 타래로 엮인 시가 시선을 끌어들이고 입술에 닿아 입안을 적시는 향이 오래도록 가슴을 전율한다. 너풀대는 시인의 마음을 정제하고 또 정제하며 내린 커피의 원액처럼 깔끔하게 정돈된 시가 읽으면 읽을수록 찰진 맛을 내어 되새김하게 만드는 매력이 있다.

내 시도 아직 제 맛으로 익히지 못한 내가 누구의 시를 읽고 어쩌고저쩌고 말을 붙이는 것이 처음에는 궁색하도록 내키지 않는 작업이지만 조금이라도 시인의 마음을 들여다보고 다독일 수 있다면 하는 간절함으로 쓴, 평설이라기보다는 순수한 독자의 감상이라고 보아야 옳다.

처음 시를 쓰기 시작할 때는 할 이야기가 너무 많고, 보고 듣고 느꼈던 감성들이 하늘의 별처럼 무수히 쏟아질 것 같지만 몇 작품 쓰고 나면 이내 비슷한 대상과 표현들이 엉켜 어려움에 봉착하기도 한다. 어떤 것이 시적 대상에 적합할까. 지극히 평범한 것도 시적 대상이 될 수 있을까. 선대의 시인들이 수없이 다루어온 소재들을 내가 써도 될까를 고민한다. 유 시인의 시 역시 대상이 낯설지 않음은 일상적으로 우리가 보고 겪는 것이 크게 다르지 않기 때문이리라. 그러나 그것을 나의 생각과 경험을 접목시켜 나만의 것으로 무엇을 어떻게 형상화시키고, 풍부한 상상력으로 생명을 불어넣어 주었느냐가 나만의 독립적인 시의 완성도를 높이는 데 가장 주안점이 될 것이다.

유 시인 역시 '상사화' '이별' '인연' '구절초' '세월' '이슬' '잡초' 등 이미 다른 시인들이 다루어 왔던 시적 대상에서 멀지 않음에도 불구하고 나름의 어떤 맛을 내고 있는지 들여다보기로 한다.

2. 가을과 비에 젖은 시(詩)

'머저리' '귀로' '쑥부쟁이 꽃잎 지던 밤' 등 시인은 고독의 자리에 가을을 차용한다. 아마도 가을은 네 번의 계절 중 가장 외로움이 득실대는 때일 수도 있고 시인이 아픈 기억 또는 이별을 경험한 계절이라서 일수도 있지만 그런 일반적인 유추 말고라도 사람으로 하여금 사유의 강에 깊게 빠져들게 하는 계절이기 때문일 수도 있겠다.

한 겹 우주를 벗겨내는
처절한 가을에는

절대 외롭다 하지 마라

섬뜩한 광란의 바람 앞에
현란한 색의 소용돌이로
완벽한 고독이 술에 젖는데도

절대 외롭다 하지 마라

내리고 다 내려놓고
무심한 하늘마저 내려놓고도
흔들리지 않는 고목 앞에서는

절대 외롭다 하지 마라

―「가을에는」 전문

   다들 외로움을 안고 산다. 고독하다고 느낀다. 하지만 고독은 삶의 일부분일 뿐 외로움이 아니다. 혼자만의 시간 속에서 성숙함이 배어난다. 고통을 부려놓고 이겨내야 진정한 자신의 모습이 나타난다. 나를 사랑해야 한다. 나의 삶을 사랑해야 한다. 살며 사랑하며, 때론 삶이 힘들어도 고개를 들면 나에게만 이런 시련이 있을까 탄식하도록 아프지만 심장박동 소리 하나도 놓치지 말고 자기를 직시하며 들여다봐야 한다. 아마도 시인은 스스로에게 최면을 걸 듯 '절대 외롭다 하지 마라'고 독립된 3연이나 사용하며 거듭 세 번이나 외로움을 역설한다. 그래서 더 외로움의 절정에 다가서 있음을 실토한다.

"두근거릴 적마다/ 가을은 쏟아져 내렸고//쏟아질 적마다/ 가을은 두근거렸"던 시인의 가을은 철저히 홀로임을 확인하게 한다. 얼마나 그 외로움이 못 견디게 처절했으면 늦가을 울안까지 차고 들어와 함께 있자 한다.

>낮달이 까치발로 서성대다
>담 넘어가는 홍시 끝에서
>소스라치게 부러졌고
>
>늦가을 빈 울안은
>깊은 바람 소리에
>고독하게 너덜거렸고
>
>잠못 이루는 별 하나
>새벽이슬에 졌다
>―「쑥부쟁이 꽃잎 지던 밤」 전문

바라보는 것만으로도 풍요로워야 할 가을에 진정 시인은 홀로 설 수 있을까를 염려했을지도 모른다. 그래서 잠못 이루고 밤을 지세며 별을 헤아리다 새벽이슬을 맞고서야 잠잠해지는 고독과 맞서고 있다. 고독으로부터 몸서리치게 했던 가을은 계절을 넘어 비로 '구절초' '소멸' '비' '늦가을 오후' 등을 빌어 확대 전염시키다가 '장마'로 정점을 찍는다.

>감당 못할 비 쏟아진다

〉
사방 닫혀 버리고
애끓는 소란한 침묵
어스름한 허기가 모질다

간신히 빈가지 붙드는 어미새
젖은 가슴 후비는 어린 것들

눈물나게 아름답다

저
아슬하게 버티는 삶의 절정

저
하얗게 후벼 파는 가난한 사랑
―「장마」 전문

 봇물 터지듯 쏟아지는 장마처럼 감당 못할 가난이 있었고, 가난 속에서 '젖은 가슴을 후비는 어린것들'을 감당해야 하는 어미가 있었다. 그래서 시인은 그 시절의 장마가 아니어도 비가 억수같이 퍼붓는 계절이 오면 '아슬하게 버티는 삶의 절정'과 '가난한 사랑'이 오롯이 피어나는 것이다. 자연에서 얻은 소재를 놓치지 않고 시인은 주제와의 연결고리가 되는 착상에서 상상력을 대폭 상승시키기에 나선다.

3. 시인의 마을에 피고 지는 꽃

 어쩌면 말이란 입으로 혹 불어서 퍼뜨리는 하얀 민들레

씨 같은 것인지도 모른다. 언제 어디서 뿌리를 내리고 열매를 맺을지 모르기 때문이다. 아무 의미도 없이 내뱉는 수다는 속이 텅 빈 열매를 맺고 조심스럽게 전하는 소중한 말들은 따뜻함과 아픔을 서로 나누며 어루만지는 예쁜 꽃으로 피어나기도 한다. 그래서 시인은 어여쁜 꽃들을 보며 오랫동안 보석처럼 빛나는 말들을 뽑아내기도 하고, 생채기 진 가슴을 쓸어내리기도 한다.

    그렇게 매정하게
    부서질 수 있냐고

    사랑했다고
    진정 사랑했다고
    온몸으로 이야기 했어도

    온통 하얀 밤 꽃등으로
    허공에 둥둥 벅차게 떠 있다

    달빛 잠시 가린 사이
    물안개 속으로 천천히
    사그라드는 건

    진정 니 뜻이 아니었다고

    세월 그 놈
    수시로 왔다가 가는 게 순리래도
    너는 정녕 깊은 신열이다
                     ―「꽃잎 지던 날」부분

기다림과 설레임으로 가슴 벅차게 마음 깊이 자리를 틀고 있다가 "그렇게 매정하게/ 부서질 수 있냐고" 따져 묻고 싶지만 꽃은 제 계절이 오면 오라하지 않아도 찾아들어 제 빛깔로 피었다가 시절을 보내고 나면 저 혼자 지고 마는 꽃들의 자연섭리를 핑계 삼아 시인은 아픈 이별을 토로하고 있다. 그것은 어떤 세월 앞에서도 감당할 수 없는 '정녕 깊은 신열이'라고 그 또한 스스로의 몫임을 자인하고 있는 것이다.

내 안에서 그대의 얼굴과 그대의 목소리와 그대가 남긴 사소한 추억까지 몽땅 가지고 하룻날 꽃잎 뚝 떨어지는 날처럼 떠난 이의 그림자를 기억하고 싶지 않아도 가슴 깊이 웅어리져 남아 있는 것이다. 그 꽃자리는 "세상 가장 외진 곳/ 식은 땀 흘리며 뱉어내는/ 슬프디 슬픈 보라// 제비꽃 핀 자리"가 되기도 하고 '속 깊은 꽃자리'가 되어 화인처럼 가슴 곳곳에 박혀있다. 사랑은 가지려고 하면 결코 가질 수 없는, 다가서려고 하면 결코 다가오지 않는 그리움 하나, 아무것도 소유하지 않을 때 비로소 모든 사랑은 내 가슴 속에서 자유로운 영혼의 날갯짓을 한다. 그런 사랑을 바로 아버지의 지극한 사랑에서 찾아낸다.

> 지긋지긋한 마른더위에 보란 듯이
> 담배꽃은 피어난다
>
> 푹푹 찌는 밭고랑 사이를

모진 농부가 수선스럽다

몇 번의 더위만 가거라
경운기에 실려 갈 넙대대한
이 못난 잎사귀야 니 놈이

둘째 놈 내년 등록금인겨
잘난 내 아들 등록금인겨

벌건 더위야
넙대대한 못난 잎사귀야

너울대거라 힘껏
너울대거라

—「담배꽃」 전문

담배꽃을 보며 한낮의 뜨거운 열기를 쏟아내는 땡볕에서 무더위를 견디며 일을 하시다 서산마루에 걸린 붉은 한숨을 지고 집으로 돌아오시곤 했던 아버지, 오로지 가족과 자식 걱정으로 평생을 사셨던 아버지를 연상한다. 그리고 그 사랑은 이제껏 아프다고 가슴팍을 후볐던 사랑의 깊이보다 더 넓은 사랑으로 다가온다. 위 시 6연에서는 아버지가 담뱃잎에게 "너울대거라 힘껏/ 너울대거라"고 이른 듯하지만 결국은 어려운 농사일로 키워낸 당신의 잘난 둘째 놈에게 거는 희망인 것이다. 그 이름만으로도 미치게 그리운 이의 삶의 의미였던 것을 시인 또한 모르지 않는다.

바람도 가까스로 기어올랐던
아스라한 비탈길을 숨소리도 없이
끌어안았다 부둥켜안았다

어머니의 어머니가
아버지의 아버지가 그랬던 것처럼
가난을 안았고 자식을 품었던 것처럼
야물게 부둥켜안았다
눈물로 기어올랐다

아슬하게 넘어왔다
뒤돌아볼 새 없이 오르고
숨소리조차 사치스러워
이제사 배시시 보라색 꽃 한 송이
피어 놓고 어거지로 한번 웃어 보였다
―「칡꽃」 전문

  마음이 순했던 아들은 가난했지만 부모님이 품어주었던 따순 사랑의 온도 때문에 칡넝쿨 얼키설키 꼬여드는 다사다난한 세상에서 겪는 고통에서 아슬아슬 넘어올 수 있었음을 시인한다. 그래서 다시 일어설 힘을 얻고 '이제사 배시시 보라색 꽃 한송이'로 피어난 칡꽃을 '피어놓고 어거지로'라도 한번 웃어 보일 용기를 갖는 것이다.

4. 침묵의 더께를 빠져나오며

  살다보면 참으로 많은 길을 만나게 된다. 가파른 고갯길을 오를 때도 있고, 아무도 없는 호젓한 오솔길을 걸을 때도 있다. 평평한 한길을 걷다가 두 갈래 세 갈래로 갈라지는 갈림길을 만나기도 한다. 그 많은 길 가운데 에움길이라는 것이 있다. 지름길과는 반대로 빙 둘러서 돌아가는 굽은 길이 에움길이다. 이 세상에 단 하나뿐인 사랑을 찾아가는 길이 있다면 그건 바로 에움길이 아닐까. 눈 감고 내 마음을 가만히 들여다보면 그 안에 있는 길이 보이기도 한다. 그 길을 따라가다 보면 절망의 계곡을 지나기도 하고 뜻하지 않은 슬픔의 늪에 빠지기도 하며 때로는 즐거움이 녹아나기도 하고 기쁨의 강을 거슬러 오르다 보면 폭포 같은 낭떠러지를 만나기도 한다. 시를 쓰는 작업 또한 어떤 길이 기다리고 있을지 한치 앞도 보이지 않는 길이기도 하다.

긴 침묵의 더께를 젖히며 우리에게 찾아온 유재용 시인의 숲에 녹음이 지지 않는 시의 나무가 울울창창하여 지치고 힘든 이들에게 쉬어갈 수 있는 쉼터가 되기를 기대한다.

감상의 짜깁기로 시인의 넓은 시세계에 접근하지 못했음을 고백한다. 모두를 어우르지 못한 부분은 독자의 넓은 시안(詩眼)에 맡기며 "목숨 걸고 살아보지요/ 뒷산 개꽃 피고 지면/ 엎어질 인생 그래도/ 고개 꼿꼿이 세우고/ 잠시만 달디단 봄 햇살 아래/ 당당히 흔들려 보"겠다는 시인과 함께 '독새기'처럼 다시 일어나 한 걸음 더 떼어놓고 싶다.

이든시인선 027

신촌일기

ⓒ유재용, 2019

1판1쇄 | 2019년 2월 26일
2쇄 | 2019년 7월 10일
3쇄 | 2022년 3월 10일

지은이　유재용
발행인　이영옥

펴낸곳　이든북
출판등록　제2001-000003호
주소　34625 대전광역시 동구 태전로 43-1 (의지빌딩 201호)
전화번호　(042)222-2536 | **팩스**(042)222-2530
전자우편　eden-book@daum.net

ISBN 979-11-87833-91-8　03810
값 10,000원

* 이 책의 판권은 지은이와 이든북에 있습니다.
* 이 책 내용의 전부 또는 일부를 재사용하려면 반드시 양측에 서면 동의를 받아야 합니다.

* 이 도서의 국립중앙도서관 출판예정도서목록(CIP)은 서지정보 유통지원시스템 홈페이지(http://seoji.nl.go.kr)와 국가자료종합목록시스템(http://www.nl.go.kr/kolisnet)에서 이용하실 수 있습니다. (CIP제어번호 : CIP2019005413)